影视艺术与传媒应用型教材
戏剧与影视学学科系列教材

媒介导论

MEIJIE DAOLUN

杨　茜　陈淑娟　冯　帆/主　编
赵　珣　杨雪梅　武　文　那　鑫/副主编

北京师范大学出版集团
BEIJING NORMAL UNIVERSITY PUBLISHING GROUP
北京师范大学出版社

图书在版编目（CIP）数据

媒介导论/杨茜，陈淑娟，冯帆主编．—北京：北京师范大学出版社，2022.3

（影视艺术与传媒应用型教材）

ISBN 978-7-303-27484-0

Ⅰ.①媒… Ⅱ.①杨… ②陈… ③冯… Ⅲ.①传播媒介－高等学校－教材 Ⅳ.①G206.2

中国版本图书馆 CIP 数据核字（2021）第 251529 号

营　销　中　心　电　话　010-58807651
北师大出版社高等教育分社微信公众号　新外大街拾玖号

MEIJIE DAOLUN

出版发行：北京师范大学出版社　www.bnup.com
　　　　　北京市西城区新街口外大街 12-3 号
　　　　　邮政编码：100088

印　　刷：三河市兴达印务有限公司
经　　销：全国新华书店
开　　本：787 mm×1 092 mm　1/16
印　　张：14.25
字　　数：260 千字
版　　次：2022 年 3 月第 1 版
印　　次：2022 年 3 月第 1 次印刷
定　　价：49.80 元

策划编辑：周　粟　李　明　　责任编辑：赵雯婧　冯祥君
美术编辑：李向昕　　装帧设计：李向昕
责任校对：丁念慈　　责任印制：马　洁

内容简介

本教材分为上下两篇：上篇为媒介技术变革及相应社会影响的介绍，下篇为媒介内容的鉴别与分析。

教材内容以媒介发展历史现象、理论思辨、业界操作及前沿知识为研究主线，具体介绍媒介发展及融合背景下的媒介概念，媒介功能，媒介性质，媒介融合引发社会变迁，媒介内容的区分、分析、评价等知识。特别是在信息社会中国家高度重视媒介发展和媒体融合的大背景下，本教材增加了对人工智能、区块链技术、5G等新技术的介绍及人文思考。教材内容旨在引导学生从媒介角度理解国家政策，提高专业素养，积极投身媒介产业、内容产业，并勉励学生在专业基础上肩负起传播主流文化的社会责任，坚定爱国主义信念。

本教材为新闻传播类基础理论教材，也可作为自学人员学习基本理论的参考用书。

前 言

本教材的写作背景正是媒介对社会影响无处不在的时期，当今社会媒介从信息传播中介转变成为社会生产力要素，传媒业对社会、生活影响深入，新闻传播学科从隐性走向显性。本教材以媒介研究作为理论的出发点，通过分析媒介理论、研究内容生产，学习者能够具备应对媒介产业、内容产业等文化产业需求的理论知识及思辨能力。

本教材的指导思想是河北传媒学院新闻传播学院的“三论合一论”理念，即将原有的《广播电视概论》《新媒体概论》《媒介融合导论》的知识内容进行整合，以使理论的体系及传播适应当下媒介融合发展的现实。同时，随着媒介对生活的影响日益深入，媒介理论越来越多地被学习者甚至非专业人士重视，所以本教材在写作上既保持专业性，也注意语言的深入浅出，使理论的传播更有效。

本教材的编写者均为一线教师，有过多年授课及课程改革经验。全书分上下两篇共十三章，编写者分工为：杨茜负责第一、第十一、第十三章，赵珣负责第二、第八章，陈淑娟负责第三、第五章，杨雪梅负责第四、第七章，那鑫负责第六章，冯帆负责第九、第十章，武文负责第十二章。

目　录

上篇　媒介技术形态

下篇　媒介内容生产

上篇　媒介技术形态

第一章　媒介概念解读

人类的发展史从某种意义上说也是一部媒介发展史。从猿到人的转变发生在相当严酷的自然条件下，这不仅需要人类的祖先个体在体力上、智力上作出极大的努力，而且要求个体必须结成大大小小的群体，人从一诞生就是社会动物。但是人不具备任何超自然的能力去传播信息，无法做到像科幻影视剧中的人物那样脑波一发、眼神一触，瞬间就能理解。人只能借助各种各样的中介物质去传达，进而形成交流，这个交流的中介物质就是我们对媒介最开始的理解。

第一节　媒介概念分析

什么是媒介？媒介在不同的学科领域有着不同的解释。在物理学中，媒介被理解为一种用于传输的中间介质，比如声音的传播有赖于介质，光线通过不同的媒介会产生折射现象。在医学中，媒介常常被视为一种载体，如感冒病毒是通过空气传播的，蚊虫是传播一些疾病的媒介。在艺术领域，媒介即介质，指艺术家所采用的表现手段或技法，如艺术家用大理石、青铜、陶土和木材等介质雕塑他们的作品。在文化传播方面，媒介常常以一种关系纽带的概念出现，如丝绸、瓷器是代表中华文明被传播到西方的媒介，又如四大发明作为一种文化纽带代表中华文明被传播到世界各地，这里文化就成为联系中国和世界的某种媒介。在大众生活当中，人们往往将媒介理解为将信息从一端传送至另一端的载体，如猎头公司、婚姻介绍所、房屋中介机构等。总之，在社会生活的方方面面，无论是人还是物，只要发生联系，就要产生各种接触，这些接触都要通过有形或者无形的中间载体来完成，媒介最基础的概念就是这种中间载体。

一、被定义为中介的传播媒介

人们对于媒介的普遍认识是信息传播的中介。《诗经·卫风·氓》所载“匪我愆期，子无良媒”，这个“媒”是媒人。杜预在《春秋左氏经传集解》中使用了“媒介”这个词，分别是“公不由媒介，自与齐侯会而成昏，非礼也”和“言已，介达之，介音界，媒介也”。韩愈在《雨中寄孟刑部几道联句》一诗中写道：“念初相遭逢，幸免因媒介。”《旧唐书》载：“观古今用人，必因媒介。”这些“媒”是媒人意思的引申。而把媒介当作中介，是因为它们是事物发生的诱因，就是使双方发生关系的人或事物，我国最大的综合性辞典《辞海》中对媒介也是如此定义的。

英语中的“媒介（medium）”一词的主要含义是使事物之间发生关系的中介体、手段、工具等。此词的词源可以追溯到拉丁语中的“medius”，意为“中心”“中间”“居于中间”。12 世纪以后，西方的“媒介”的意义是指从事某事的方式。在 18—19 世纪的招魂术中，媒介是一个中间人，主要是能够同鬼魂打交道的通灵者。现代意义上的媒介概念大约在 20 世纪 20 年代开始应用，意为“媒介物”，指事物之间的沟通桥梁。

说到中介，很多人想到的是房屋中介、地产中介。旧时，我国房产中介被称为“房牙子”。“牙”指牙商，是替人介绍买卖、从中赚取佣金的人。这样的人还有一个称呼，叫作“掮客”，但是“掮客”也常隐喻投机者。所以在重农抑商的封建社会，“房牙子”也好，“掮客”也好，似乎都不是什么特别崇高的职业。今天，人们对中介这个行业也延续了这样的印象。可是抛开印象来看，其实房地产中介存在于房地产业生产、流通和消费过程的始终，是行业的重要组成部分。所以，是历史原因、行业现实、固有印象等综合因素的作用让我们对中介缺乏了解和好感。

中介一直存在于事物发展过程中，但是人们对其的重视程度似乎不高，在传播学的发展过程中也是如此。媒介成为一门学科被专门研究，是人类进入大众传播时代后的事情，早期传播学研究者们对于传播内容的重视程度远远高于对于传播媒介的重视程度。因此，从中介内涵的角度来解读媒介，能发现媒介一直存在，受重视程度是渐渐加深的。这也能作为解释为什么现在传播学上的媒介概念不断变化并且没有一个公认的定义的依据。

二、被定义为信息承载物的媒介

今天，人们对媒介这个词再熟悉不过。比如我们天天拿的手机叫作媒介，它传递了信息和知识；现在我们偶尔打开的电视也叫作媒介。现在的“媒介”，是从 20 世纪 60 年代末电视占据大众传播媒介的主导地位之后，才开始作为一种普遍被接受的学科语言而被使用。

当然，在电视媒介之前还有几种大众传播媒介，对大众传播媒介的简单理解就是可以实现少数人对多数人传播的媒介。首先是报纸，它被大众接受是在 19 世纪 30 年代出现了廉价的“人人都看的”报纸之后，然后还出现了定期的纸质出版物——杂志。其次是从 19 世纪三四十年代开始，有了电子媒介，从电报、电话、电影到 20 世纪 20 年代出现的广播。电视媒介之后的重要媒介就是 20 世纪 60 年代出现的互联网和其后出现的手机。这些媒介经常被使用，它们发挥着传播信息、提供娱乐、凝聚舆论等作用，所以媒介的地位越来越受重视。

我们今天提到的媒介，其实更多的是指信息承载物，其定义为“通过一对一或一对多等方式，传递信息、资讯、文本等的通道”。清华大学李彬教授认为，媒介是指“传递信息的手段、方式或载体，如语言、文字、报纸、书刊、广播、电视、电脑、电话、电报等”。这样的定义非常具有指向性，告诉我们媒介是承载并传递信息的物理形式。

报纸传递图文信息、广播传递声音信息、电视传递声画结合的信息。所以很多人认为媒介就是报纸、广播、电视、杂志、互联网、手机等，它们通过技术实现了少数人对多数人的传播，是大众传播媒介。但大众传播媒介其实只是媒介的一部分，如果从信息渠道这个角度来观察，只要是能承载并传递信息的事物，都可以叫作媒介。比如小说传播作者的思想、绘画传递画家的意图、电影传达拍摄者的理念，所以小说、绘画、电影也可以被当作媒介。这样，媒介概念的外延必然非常广泛，那么应该如何理解媒介概念呢？

不管媒介有多少种形式，其大体由三部分构成：实体、信息和符号。如果媒介是信息承载物的物质实体的话，那信息是什么？符号又是什么？在这里要分清几个概念，即信息、符号、媒介、讯息、意义。

（一）信息是物质的客观表征

信息论的奠基人数学家申农于1948年在《通信的数学理论》一文中指出，“信息是用来消除随机不定性的东西”。人们也常把信息理解为“对不确定性的消除”。[①] 信息科学认为，信息是一切“表述”或“反映”事物的内部或外部互动状态或关系的东西。[②] 信息的存在使得一个事物与其他事物相区别，人们通过信息的表征认识世界。

信息是物质的普遍属性，是一种客观存在的物质运动形式。它在物质运动过程中所起的作用是表述它所属的物质系统在同其他任何物质系统相互作用或联系的过程中，以质、能波动的形式所呈现的结构、状态和历史。比如，宇宙中存在无数的星球，每个星球有其自身的样貌、特征、运动规律、诞生和衰落的轨迹等。这些状态客观存在着，不以人的意志为转移，不管有没有人的存在，这些星球都如此存在着、运动着。而人存在之后，需要对客观世界进行认识和理解，因此首先认识到了各种客观事物的信息，比如天文学家通过观测、认识并区别星球的样貌、特征、运动规律等去理解、分析它们。所以唯物主义告诉我们，世界是物质的，物质是运动的，物质运动是有规律的，物质及其运动规律在一定条件下可以被认识。但是物质及其运动规律被人理解和认识，必须依靠自身表现出来的且被人感知、掌握的各种信息。

物质、能量、信息是构成现实世界的三大要素，美国哈佛大学的研究小组提出过著名的资源三角形：没有物质，什么都不存在；没有能量，什么都不会发生；没有信

① 周小普：《广播电视概论》，1页，北京，中国人民大学出版社，2014。

② 郭庆光：《传播学教程(第二版)》，38—39页，北京，中国人民大学出版社，2011。

息，任何事物都没有意义。但是信息既不是物质，也不是能量。控制论的创始人维纳认为：信息与物质、能量有区别，但信息与物质、能量之间也存在着密切的关系。信息可以被感知、采集、储存、传递，信息只有在交流中才有价值，信息在当今人类社会中具有资源属性。信息资源是指人类社会信息活动中积累起来的以信息为核心的各类信息活动要素，如信息技术、设备、设施、生产者等的集合。所谓资源属性是指信息具有使用价值，能够满足人们的特殊需要，可以用来为社会服务。在一定的时间、地点、条件下，信息能够像其他资源一样产生经济价值以提高人类当前和未来的福利。但是，人们认识到信息是一种独立的资源还是自20世纪80年代以来的事情。

（二）符号是人对信息的表达

“人和动物最大的区别就在于人类具有以符号来思考的能力，这种能力和语言进化是不可分的，因为在语言的发展过程中，字眼不只是单纯的信号，而且是字眼以外其他东西的符指（signifiers）。”[①]英国学者约翰·伯格的论述让我们看到了符号对人的意义。

符号基本能够理解为可以指代其他事物的事物，英国学者特伦斯·霍克斯认为，“任何事物，只要它独立存在，并和另一事物有联系，而且可以被‘解释’，那么它的功能就是符号”。[②] 符号具有三个基本特征：它必须有某种物质形式、它必须指涉自身之外的某种东西、它必须可以被解释并被人们作为某种符号承认与使用。在传播学中，符号的意义非常广泛。罗兰·巴特（Roland Barthes）举玫瑰为例：通常情况下，一朵玫瑰就是一枝花，但如果某位年轻男子将它献给女朋友，那么它就成为一种符号，因为它代表他的浪漫激情，而她也承认玫瑰的这种意义。[③]

（三）符号本身可理解为媒介

符号学认为符号即媒介，如文字是人们创制的一套媒介系统，但是文字本身也是符号。符号学家赵毅衡对此早有论述，他在《符号学：原理与推演》一书中指出：“符号依托于一定的物质载体，载体的物质类别称为媒介（medium，又译为‘中介’），媒介是储存与传送符号的工具。”具体地说，媒介就是“符号的可感知部分，索绪尔称为能指，皮尔斯称为再现体，在符号学讨论中也常被直接称为符号”。所以，他实际说的是符号即媒介。

（四）讯息是符号表达的意义

讯息是指在传播过程中得到传递的东西，是发送者借以影响接受者的手段。它被

---

① ［英］约翰·伯格：《看》，刘惠媛译，7页，南宁，广西师范大学出版社，2005。

② ［英］特伦斯·霍克斯：《结构主义与符号学》，瞿铁鹏译，132页，上海，上海译文出版社，1987。

③ ［美］约翰·费斯克等：《关键概念：传播与文化研究辞典》，李彬译，258页，北京，新华出版社，2003。

视为一种存在于编码之前与解码之后的初始内容，编码将它转换成能被传递的形式，而解码则将它还原为初始状态(假定编码、解码与传递均按高效率运作)。① 传播学中的讯息被定义为：由一组相互关联的有意义的符号组成的，能够表达某种完整意义的信息。

（五）意义是人对世界的理解

意义是传播的产物或结果。在人类社会的传播中，任何符号都与一定的意义相联系。人类传播在现象上表现为符号的交流，而实质上是交流精神内容，即意义。所谓意义，就是人对自然事物或社会事物的认识，是人赋予对象事物的含义，是人类以符号形式传递和交流的精神内容。意义本身是抽象的和无形的，但可以通过语言以及其他符号得到表达和传递。因此，符号是意义的载体和表现形态。②

在上述概念的基础上再看“媒介”，就不难理解：媒介是一定的物质实体，媒介承载符号，符号表达为信息，人们通过收集信息解析符号，从而掌握讯息，以达成对于意义的理解。

三、被定义为人的延伸的媒介

加拿大传播学者马歇尔·麦克卢汉在《理解媒介——论人的延伸》中曾提出“媒介是人的延伸”的观点，他认为媒介是那些延伸人类器官的所有工具、技术和活动，即媒介是人的感觉能力的延伸或扩展，比如印刷媒介是视觉的延伸、广播媒介是听觉的延伸等，也就是说万物皆媒介。

“媒介是万物，万物皆媒介，一切能使人与人、人与事、事与事、物与物发生关系的物质都是媒介，而所有媒介都是人体某种器官功能的延伸，石斧是手的延伸，车轮是脚的延伸，服装、住宅是皮肤的延伸，印刷品是眼睛的延伸，电话、广播是耳朵的延伸，电视则是眼睛和耳朵的同时延伸……”凡是能使人与人、人与事物或事物与事物之间产生关系的物质，都是广义的媒介。在麦克卢汉这里，媒介更像一种外化的技术工具。

麦克卢汉还提出“媒介即讯息”的观点。③ 他认为，对于社会来说，真正有意义、有价值的讯息不是各个时代的媒介所传播的内容，而是媒介本身，即这个时代所使用的传播工具的性质、它所开创的可能性以及带来的社会变革。

麦克卢汉认为媒介是“事情所以然的动因，而不是使人知其然的动因”，他的这一观点主要从功能和效果两个层面来阐明。在功能层面上，他认为任何媒介的“内容”总

---

① [美]约翰·费斯克等：《关键概念：传播与文化研究辞典》，李彬译，164页，北京，新华出版社，2003。

② 郭庆光：《传播学教程(第二版)》，38—39页，北京，中国人民大学出版社，2011。

③ [加]马歇尔·麦克卢汉：《理解媒介——论人的延伸》，何道宽译，17页，南京，译林出版社，2011。

是另一媒介；在效果层面上，他认为一种新的媒介一旦出现，无论它传递的是什么样的讯息，这种媒介本身就会引起人类社会生活的变化、引起社会结构的变化。真正有意义、有价值的讯息不是各个时代的传播内容，而是这个时代所使用的传播工具的性质、它所开创的可能性以及带来的社会变革。最具有影响力的是媒介本身，媒介产生直接的结果是在实践社会中会产生新的标准和行为方式，这种标准和行为方式不是媒介内容所决定的。任何媒介对个人和社会的任何影响，都是由于新产生的尺度而导致的。我们的任何一种新技术都要引进一种新尺度，任何媒介或技术的讯息都是由它引入的事物的尺度变化、速度变化和模式变化而产生的，可以说媒介本身就预示着时代的某种讯息。比如，由于自动化这一媒介的诞生，人的组合的新型模式往往要减少一些就业机会。在麦克卢汉的体系里，媒介本身才是真正有意义的讯息，人类只有在拥有了某种媒介之后才有可能从事与之相适应的传播和其他社会活动。媒介最重要的作用就是“影响了我们理解和思考的习惯”。

四、被定义为生产方式的媒介

美国学者约翰·费斯克认为，“从本质上说，媒介是将讯息转化成可以通过渠道传递的信号的技术或物理手段”。① 丹麦传播学者延森认为，到 20 世纪 60 年代，“媒介”才成为一个术语，用于描述实现跨时空社会交往的不同技术与机构。② 除了是信息的载体、传播的渠道，“媒介还是行为的方式——无论在开始还是结束阶段，传播都具有施为性。”“媒介同时是物质的载体、表达的话语或情态形式(modal forms)以及全社会对于交互活动的形成与限制加以规范的制度。”③“人的身体，它是面对面的交流活动得以实现的物质平台；大众传播的技术性生产手段，它以模拟信号传输为特征；数字技术，它催生了一对一、一对多以及多对多的网络化交流。”④

如果把媒介当作一种技术手段的话，其在社会中就具有基本生产力的价值。生产力是人类改造自然、创造财富的能力，进而我们也可以理解为：媒介是人类改造自然、创造财富的手段。这样的认识是人类进入信息社会之后达成的，人们脱离工业化社会以后，信息在社会运行发展中起主要作用的社会形态是信息社会。在信息社会中，信息和数据的采集、处理、存储技术有至关重要的意义。

许多国家都意识到了信息社会中媒介的价值，我国也在国家层面承认互联网这种媒介技术具有巨大的社会生产力方面的价值。2015 年，李克强总理在政府工作报告中

---

① [美]约翰·费斯克：《传播研究导论：过程与符号》，许静译，15 页，北京，北京大学出版社，2008。

② [丹]克劳斯·布鲁恩·延森：《媒介融合——网络传播、大众传播和人际传播的三重维度》，刘君译，59—60 页，上海，复旦大学出版社，2014。

③ 同上书，43 页。

④ 同上书，62 页。

首次提出“互联网＋”行动计划，即“制定‘互联网＋’行动计划，推动移动互联网、云计算、大数据、物联网等与现代制造业结合，促进电子商务、工业互联网和互联网金融健康发展，引导互联网企业拓展国际市场”。2020年，李克强总理在政府工作报告中再次提出全面推进“互联网＋”，打造数字经济新优势。①

“互联网＋”简单说就是“互联网＋传统行业”，随着科学技术的发展，利用信息和互联网平台，将互联网与传统行业进行融合，利用互联网的优势特点，创造新的发展机会。

五、媒介概念的内涵和外延

媒介的出现源出于人的本能和需求；媒介的发展来自远古，带人走向未来。总结媒介概念的不同维度可以认识到，媒介概念的外延其实非常广泛，一切事物都有可能是媒介。很多人知道Google Glass、知道iwatch，当眼镜、手表和互联网相连、传递信息时，也可以成为媒介，名为“可穿戴媒介”。一件家具和互联网连接起来，能够提示家具里的物品的信息或者其他信息，可以称之为“智能家具”，智能家具也是媒介。未来，我们日常生活中常见的东西可能都会变成媒介，因为它们和互联网相连，拥有处理和传递信息的能力，变得越来越智能。

媒介概念的内涵有狭义和广义之分。

从狭义上说，媒介就是大家了解的具体媒介，是承载并传递信息的物理形式，如报纸、广播、电视、互联网等。

从广义上说，媒介无时不在、无处不在，凡是能使人与人、人与事物或事物与事物之间发生联系、产生关系的物质、介质或者工具，都是媒介。或者说，任何有形的物质实体，只要承载并传递了信息且为人所用，都可以称为媒介。

媒介一直伴随着人们的生活，因为人是社会性动物，必须要和其他人进行交流，进行信息交换。而人又没有传递信息的特异本领，只能通过种种外化的传递信息的工具表达自己的想法。媒介是有形的、具体的物质实体，通过承载人们可感知的符号来传递各种各样的信息。媒介的本质就是把人与人、人与事物、人与社会连接起来。

理解媒介概念，还要理解以下媒介特性：

实体性——在大众传播中，媒介(如报纸、书刊、电视等)是用于传播的实体，是具体的、真实的、有形的物质存在。

中介性——媒介居于传播者与受众之间，使传受双方通过它交流信息、建立联系。

负载性(也为承载性)——负载符号既是媒介的特点，也是媒介存在的前提和必须完成的使命。

---

① 李克强：《政府工作报告——2020年5月22日在第十三届全国人民代表大会第三次会议上》，http：//www.xinhuanet.com/politics/2020lh/2020-05/22/c_1126018545.htm?，访问日期：2020-11-12。

还原性（也为真实性）——媒介在传播过程中要保持所负载符号的原声、原形、原样，而不应该对符号作扭曲、变形和嫁接处理。

扩张性（也为放大性）——媒介不仅可以使传受双方产生关系，还可以将一个人的思想、感情和所见所闻扩张开来，为更多人所共享。

第二节　媒介与媒体——需要区分的概念

前文已解释了媒介、符号、信息等概念，可以说，媒介必须包含实体、符号、信息这些要素。

媒介与实体：传播媒介的形式可以多种多样，但必须是物质的。这种物质我们的感官可能无法直接感觉，但一定可以通过相应的技术手段加以控制和利用。没有具体而实在的特质实体，任何信息都无法传播。

媒介与符号：符号也是媒介，媒介承载符号。

媒介与信息：信息传播是传播媒介的基本功能，任何有序、完整的符号都蕴含着特定的信息。此外，信息也是传播者与受众发生关系、形成互动的理由和前提，没有信息就没有必要传播，传播媒介也就不需要存在了。

因为媒介必须是物质实体，所以在理解媒介概念时，也常常会将媒介概念与媒体概念相对比。

一、媒介和媒体的概念有差别

在口语中，媒介和媒体两个词常常混用，人们常说“电视媒介”，也常说“电视媒体”。但是在学术领域，媒介和媒体还是有区别的。

清华大学李彬教授认为，按照通常的理解，传播媒介有两种含义：第一，它是指传递信息的手段、方式或载体；第二，它是指从事信息采集、加工、制作和传播的社会组织即传媒机构。在传播学中，传播媒介包括以上两种含义。细分起来，如果是指传播活动的手段、方式或载体，那么一般就用“媒介”这个词；如果是指传播活动的组织、机构或人员，那么一般就用“媒体”这个词。

所以，媒介强调传播技术，它对人来说具有工具性；媒体的“体”字有“机体”“个体”之意，更多地是指大众传播媒介的组织结构。媒体更侧重机构的概念，是大众传播时代对传播者、传播机构、传播制度等主体性和社会性因素关注和重视的产物。比如我们有电视媒介，这是一种传播声像信息的技术，那么电视台就是媒体，是拥有电视媒介这种技术工具的机构。

再以人们口头常混用的“新闻媒介”和“新闻媒体”举例说明。“新闻媒介”是新闻传播媒介的简称，主要指报纸、广播、电视、网络等用于传播新闻的大众传播媒介。“新闻媒体”是新闻传播媒体的简称，主要指报社、广播电台、电视台、网站、通信社等从事新闻传播活动的组织机构。

作为社会组织实体，“新闻媒体”的有形构成要素是人、财、物。其中人员是核心要素，没有人员则不能构成社会组织；然后是资金、技术设备等要素。新闻媒体是被组织起来的社会群体，是为了达到某种共同的目标将人们的行为联合并协调起来形成的社会团体。每个新闻媒体都有确定的组织目标，其中的每个成员也都有各自的目标和任务；每个新闻媒体都有特定的组织系统、技术结构和运行机制，都要运用权力和领导行为、依靠决策和沟通来推动自身的正常运行和管理。无论是新闻媒体内部的运行，还是新闻媒体与社会环境系统的交流，都是有结构的整体性的组织行为。

二、媒介史不同于媒体发展史

人类究竟使用过多少种媒介？如果依照麦克卢汉所述的“万物皆媒介”的话，人类使用过的媒介不计其数。中国古代有飞鸽传书、烽火狼烟，飞鸽、狼烟就是传播媒介；国外历史记述了游吟诗人、巫师招魂，诗人、巫师也是传播媒介。尽管媒介的外延非常广泛，但是我们还是可以通过不同的标准和维度对媒介进行大致的分类，以帮助我们区分不同媒介的发展历史和价值。通过回顾历史也能体会到：在人类漫长的历史进程中，人们对媒介的认识要远久于人们对传播媒体尤其是大众传播媒体的认识，媒介史不同于各个媒体机构的发展史。

从类人猿运用媒介与世界打交道①，到今天手机、互联网已经和很多人的生活密不可分，媒介无处不在。在历经数百万年的人类发展史中，人们使用过的媒介多种多样。法国哲学家雷吉斯·德布雷曾从媒介的角度将人类社会定义为三个时代：书写时代、印刷时代和视听时代；清华大学学者郭庆光根据媒介区分传播行为，认为人们曾经历过口语传播时代、文字传播时代、印刷传播时代、电子传播时代②；在人类媒介发展史上，有五个公认的重要历程，这些历程的出现改变了人类的面貌，它们是语言的形成和使用、文字的创制和使用、印刷术的发明和使用、无线电的发明与应用、计算机技术的应用。综合各种分析，对人类的媒介使用大致可以做如下理解。

（一）前语言时期的信息传播依靠身体器官和体外媒介传播

旧石器时代距今约 300 万年，是以使用打制石器为标志的人类物质文明发展阶段。据传播学的建立者威尔伯·施拉姆说，距今 10 万年前，才出现了原始的语言。而在旧石器时代的漫长岁月里，人们使用的传播媒介主要是身体语言和原始的声、光、图示等。

身体语言指非词语性的身体符号，可以传递许多信息，包括目光与面部表情、身

① 毕东海：《类人猿有使用符号语言的能力》，载《世界科学译刊》，1979(11)。

② 郭庆光：《传播学教程(第二版)》，23—26 页，北京，中国人民大学出版社，2011。

体运动与触摸、身体间的距离等。比如今天人们更多的是把舞蹈当作艺术来欣赏，而原始的舞蹈最早就是一种身体语言，由部落集体完成，用以表达对天神的敬畏。人类祖先的手是最先得到进化、最发达的身体部位，因此他们在发音器官还不发达的时候使用手来交流思想。非洲卡拉哈里沙漠的一个部落至今仍保留着原始生活方式，他们在狩猎时一旦发现兽迹，就悄悄地跟进，相互间用手势传递信息。因此，在人类进化初期，手势完全有可能作为一种主要的传递信息的手段。

图像媒介的传播是人类进行物质生产的同时创造的一种精神生产活动，它紧随着人类文明的进化，同时扮演着催发人类文明的进化的先锋角色。在没有文字语言的年代，原始人类用智慧将信息浓缩于图像中。根据考古学界的发现，人类用图形或绘画来传递信息从旧石器时代晚期就开始了，那时人们将对自然界和自身的认识绘成简单的图画，刻在岩壁或各种石器上。

记号也是语言出现之前的传播媒介，传播记号就是能引起注意、易于记忆与辨识的标记，其作用是帮助记忆、方便查看。除了身体器官、岩画、记号，原始社会的人们还利用一切可利用的媒介达到交流传播的目的。

（二）语言的产生是人类媒介史上的重要里程碑

我国学界认为，四五十万年前的北京人已经能用分音节语言对话①，但更普遍的认识是距今10万年前②，人类有了说话的能力。语言学家对口语产生的原因进行了多角度的解释：摹声说认为，语言起源于人类对外界各种声音的模仿，如“汪汪”理论认为语言是通过模仿自然界的声音而产生的，但这种观点只能解释摹声词的产生，无法说明人类语言的起源；社会契约说认为，语言起源于人们的彼此约定，这种观点注意到了语言的社会属性和语言符号的任意性，但无法解释没有语言的情况下人们是如何彼此约定的；手势说认为，人类使用有声语言之前曾经历过一个手势语言的阶段，但这种观点无法解释手势语言是如何发展为有声语言的；感叹说认为，人类的有声语言是从抒发感情的各种叫喊声演变来的，是在表达感情如高兴、害怕等的过程中偶然产生的。其中，“唱歌”理论认为语言是从原始的没有言语的、用以传播感情和欢庆事件的歌声中演变出来的；“哟—嗨—嗬”理论认为语言是由原始人使劲发出的声音演变而来的，如在求偶、惊恐或攻击时本能地发出的声响；“约克—约克”理论认为语言是由原始人在遇到特别重要或特别令他们兴奋的事件时偶然发出的声音演变而来的。但感叹说无法解释叹词是如何发展成具有理性意义的其他词语的。不管语言是如何产生的，它一定是偶然的现象，但这种偶然却逐渐将人体的重要器官改造为传播媒介。

现代科学认为，语言的起源必须具备三方面条件：首先，人类的思维能力要发展

---

① 陶大镛：《社会发展史》，13页，北京，人民出版社，1982。

② 李葆嘉：《现代语言起源的化石解剖学和分子遗传学思考》，载《南京师大学报(社会科学版)》，2000(4)。

到一定的水平，能够对客观世界的事物进行分类和概括，并具有一定的记忆和想象、判断和推理的能力；其次，人类要具备一定的生理条件，其喉头和口腔声道必须进化到能够发出清晰的声音，才有可能产生有声语言；最后，人类社会的发展必须达到“彼此间有些什么非说不可的地步了”，具备了这样的社会条件，才有必要产生语言。

恩格斯在《劳动在从猿到人转变过程中的作用》中深刻地阐述了从自然辩证法向社会历史辩证法过渡的道理和规律，“语言是从劳动中并和劳动一起产生的”。劳动提出了产生语言的社会需要，为语言的产生提供了必要的心理上的条件；劳动也改善了原始人的发音器官，为语言的产生提供了必要的生理上的条件。对于语言这种媒介，可做如下理解。

1. 语言的出现并未取代人类已有的传播媒介

即使在以口语传播为主的时代，口语也并不是唯一的传播手段。为了适应越来越复杂的社会生活和越来越大的环境空间，人类在延续使用早期媒介工具的同时，不断发明新的媒介工具。总结起来，原始人体外记事常用的媒介包括实物记事、契刻记事、图画记事、结绳记事四种。

发现于1940年的法国拉斯科洞窟中的动物壁画是人类美术史上最早的绘画。1940年的一天，法国西南部多尔多涅省乡村的四个儿童带着狗追逐野兔，突然野兔不见了，狗也不见了。孩子们发现野兔和狗跑进了一个山洞，他们进入洞里，结果发现了一个原始人的画廊。它由通道连接而成，其中一个外形不规则的圆厅最为壮观，洞顶画有65头大型动物的形象，有2米到3米长的野马、野牛、鹿，还有4头巨大的公牛，最长的有5米以上。拉斯科洞窟壁画被誉为“史前的卢浮宫”，壁画中的打猎场面里有约100种动物，描绘细致、色彩丰富、栩栩如生。

然而，拉斯科洞窟壁画的位置非常隐蔽，从远古时代起，洞口就被障碍物全部堵塞。远古的洞穴岩画为何要画在如此隐蔽的地方呢？考古学者为我们解释了洞穴岩画的场景。旧石器时代的学生没有课本和教室，但他们必须迅速掌握许多重要课程内容，包括部落的历史和信仰、获取食物以维持部落生存的工具和方法、自然界的各种迹象等。要使这些课程内容被年轻人牢牢掌握，没有什么比以黑暗的洞穴为背景，使学习情境绝对崭新、无法预期并使人印象深刻更好的方法了。在洞穴中，老师可以带领学生到达某一位置，使他们能在某种角度或火光的照明下看见壁画而印象深刻；长者可以要求学生爬行穿过深坑与狭窄的通道，让他们看见栩栩如生的巨大兽类图而铭记在心。使年轻人牢牢记住这些经历，正是先人选择以洞穴作为教学场所的真正目的。绘有壁画的洞穴在旧石器时代先民心目中的地位，可能就如同教堂在今日西方人心目中的地位。可见，拉斯科洞窟壁画更像一部史前丛林生活指南，起到了传播与教化的作用。

2. 语言形塑原始社会人的关系

语言的出现扩大了人们的交往范围，但是语言绝不仅仅是把之前原始人用身势语或简单图形传播的内容口语化而已。德国著名释义学者加达默尔认为，语言本身就是一种世界观，人类有了语言，所以有了一个世界，同世界有了一种“关系”，对世界有了一种特殊的态度。人类驾驭了语言，也就拥有了一个更加丰富的“语义世界”。由此可知，口语最初仅仅是一种将声音与周围事物或环境联系起来的符号，在人类认识世界和改造世界的社会实践中，它的抽象能力逐渐提高，成了一种能够表达复杂含义的声音符号系统。美国传播学家德弗勒认为，语言与思维是不可分割地联系在一起的，思维的规则与说话的规则相同，思维也就是内向操作语言。而思维特别是抽象思维是人类与动物最本质的区别，语言使这一本质区别得以落实，使人类有了作为高级生物的独立的意义。语言的出现让人类社会完成了质的飞跃，因为社会具有了口语媒介的特征。

首先，语言的传播有局限性，人们必须面对面交流，这产生了强互动、重共享的特征。个人生活在自然环境或社会环境当中，要保证生存与发展，就必须及时了解环境的变化，并据此不断调节自己的行为以适应新的变化。这种信息需求是人类生存和发展的必然要求，而语言的产生使这种要求得到了满足。尤其是在以口语传播为主的时代，人类主要处于原始社会时期，以小规模、近距离的群体生活、部落生活为主。此时社会生产力低下，个人的生存能力也较为薄弱。语言使人们能够有效地组织在一起，共同抵御自然灾害，或相互协作进行农耕、渔猎等社会生产。这种群体的行动使社会生产力得以提高，并发展了人类的社会性。口语使人们有效地连接起来，使社会偏向于社群性与外向性。

其次，语言贴近生活，高度具象可感，表达内容常常十分生动形象。“断竹，续竹；飞土，逐肉。”这首二言诗名为《弹歌》，反映了原始社会的狩猎生活，载于《吴越春秋》。《弹歌》产生于原始社会和奴隶社会早期，是先民口头创作的民间歌谣，具有字句简短、语言质朴和节奏明快的特点。整首诗由四个动宾词组依次排列而成，形象生动地描写了原始先民截竹系竹、制作弹射工具以驱逐和猎取野兽的生产劳动的全过程，可以说是对原始先民狩猎生活的直接观照。诗的节奏全为二拍子节奏，也就是劳动过程中手脚自然运动的节奏。二拍子节奏虽然简单，却随人体运动而有着强弱变化、反复连接和起伏回应，是劳动的最基本节奏，也是诗歌的最基本节奏。但口语时代抽象思维能力与概括思维能力不足，也是语言发展初期的特点。

最后，口语是头脑的延伸，因为缺少外化工具帮助记忆，所以口语时代人们有强大的记忆能力。① 据说，澳大利亚昆士兰的土著们在根本不懂这种语言的情况下，却能够准确无误地演唱同一支长达五夜才能唱完的歌。② 荷马史诗是由古希腊盲诗人荷马创作的两部长篇史诗《伊利亚特》和《奥德赛》的统称，两部史诗都包括 24 卷，其传播完全

① 陈含章：《结绳记事的终结》，载《河南图书馆学刊》，2003(6)。

② [法]列维·布留尔：《原始思维》，丁由译，105 页，北京，商务印书馆，1981。

是靠乐师的背诵。

总之，口语的产生无疑大大加速了人类社会的进化和发展。直到今天，口语依然是人类最基本、最常用和最灵活的交流手段。

3. 语言有其媒介局限性

作为声音符号的口语是有其局限性的。第一，口语只能在很近的距离内传递和交流；第二，口语信息转瞬即逝，记录性较差，其保存和积累只能依赖人脑的记忆能力。因此，口语受到空间和时间的巨大限制，只适用于小规模的社会群体或部落内的信息传播。当社会发展到一定程度时，单纯的口语传播便无法满足客观的需要。

（三）文字——“文明发展史中根本性重大事件”

一种广泛的认识是文字起源于记账，它从长期存在的黏土符物的记账系统演绎而来，是经济扩张的直接产物。根据这一认识，二维的符号取代三维的符物是走向文字的第一步。

文字是人类发展史上第二座重大的里程碑，是文明的主要标志。如果说语言的产生使人类摆脱了动物状态，那么文字的出现则使人类进入了更高的文明发展阶段。摩尔根认为，文明社会始于标音字母的使用和文字记载的出现。[①] 文字之所以具有如此崇高的地位，与它在传播上的优越性密不可分。英国历史学家巴勒克拉夫在《泰晤士世界历史地图集》中指出，文字使人们能够把行政文献保存下来，把消息传递到遥远的地方，也就使中央政府能够把大量的人口组织起来。它还成为记载知识并使之世代相传的工具。

1. 文字并非凭空出现

学术界一致认为，文字的发展包括三个阶段：记事符号、图形记事、语段文字。

文字是在结绳符号、原始图画的基础上发展而来的。在我国，《周易・系辞下》中有“上古结绳而治，后世圣人易之以书契”的记载；日本历史上则有过“结绳时代”。在文字产生以前，世界上许多国家都经历过结绳记事的时期。结绳记事发生在语言产生以后、文字出现之前，大致是旧石器时代晚期。《易・九家言》载中国古代有结绳记事，“事大，大结其绳；事小，小结其绳，之多少，随物众寡”，即根据事件的性质、规模或所涉数量的不同，系出不同的绳结。结绳只能记录事件数量和大小。今天的人习惯低估古人的智慧，把“结”同记号混为一谈。但是记号一般要附带场景才能有特定的意义，而结绳记事已经脱离了场景，单独成为记事的“篇章”。从文字学角度看，“结”有名词性的含义，也有动词性即“编织”的含义，而“编织”包含了手法，故“结”不应该是简单的记号。现在已知结绳可以计量、记事、通信，可充当契约、凭证、见证，几乎涵盖旧石器时代晚期社会生活的记载、传播、交流等方方面面。

中国有个古老的术语叫作“书画同源”，这说明早期图形符号同样是文字的重要来

---

① 参见[美]路易斯・亨利・摩尔根：《古代社会》，杨东莼等译，北京，商务印书馆，1997。

源。根据考古学界的发现，人类用图形或绘画来传递信息从旧石器时代晚期就开始了，那时人们将对自然界和自身的认识绘成简单的图画，刻在岩壁或各种石器上。到了新石器和铜石并用时代，这些早期绘画已经发展成一种图画文字。

2. 文字具有双面性

一方面，文字是对口语媒介的重要补充。文字和识字被认为是一劳永逸的力量，读书识字者比目不识丁者有更多获得成功的机会。首先，文字克服了口语转瞬即逝的缺陷，能够把信息长久保留下来，使知识、经验的积累、储存不再单纯依靠人脑有限的记忆力；其次，文字能够把信息传播到更远的地方，打破了距离的限制，扩大了人类交流和社会活动的空间；最后，文字的出现使人类文化的传承不再依赖容易变形的神话，有了确切可靠的资料和文献依据。一句话，文字的产生使人类信息的传播在时间和空间两个领域都发生了重大变革，这种变革进而影响到人类社会的各个方面。在政治上，文字使大规模的行政统治成为可能，法律政令、官僚系统都可以有效地组织起来；在经济上，文字促进了社会生产，并使不同地域间的经济交往变得简单方便，商品经济因此获得较大发展；在文化上，文字使人类的精神遗产得以保存和延续，文明因此得到持续性的发展。总之，文字有效地促进了人类社会的进步。不同民族所拥有的独特的文字，都对本民族有至关重要的意义。以我国为例，秦始皇在统一中国时的一项重要措施就是实行“书同文、车同轨”的制度，大大推进了各地区政治、经济和文化的交流与融合。可见，汉字在中华民族和中国文化的形成和发展过程中发挥了巨大的作用。

另一方面，文字传播的历史具有正反两面：文字既被用来讲真话，又被用来撒谎；既被用来教育人，又被用来欺骗人；既拓展头脑的思考范围，又使头脑懒散。苏格拉底一针见血地挑明了我们对文字爱恨交织的感情，用一句话总结就是文字既让我们了解了这个世界并知道了许多事情，也让我们认识到在充满信息的世界里，这些只是冰山一角，我们对大多数事情还是一无所知。

同时，文字开始强调去除口语中常见的套语与重复的成分，将传播者与受众分离开来，导致了互动的终结，语调对象常常是虚构的。文字缺乏语调、语气等表现手段，并且手工抄写文字效率低下，难尽人意。

文字造就的书面文化也带来了一些社会后果。它使传播趋于不公平、知识被垄断，并与阶级的出现相伴随，使控制成为可能；书写文字常常成为一种专门的职业；文字培养人们的抽象思考能力，使社会变得更加科层化。

（四）印刷媒介的发明扩大了人类的传播

7—8 世纪，中国开始出现雕版印刷术，但是这种印刷技术成本很高。1450 年，德国工匠古登堡发明了凸版印刷术，这是一种金属活字印刷技术，提高了印刷的效率，降低了印刷的成本，使得印刷文本能广泛传播。古登堡的印刷术于 1466 年传入罗马，1476 年传到英国，1502 年就传到了新大陆。

印刷文本更为清晰流畅、排列整齐，彻底将语词从声音世界迁移到视觉空间，促成了静默阅读和线性思维习惯，促进了人的思考。它在一定意义上使人存在于一个由阅读构建起的封闭空间中。

美国学者伊丽莎白·爱森斯坦在《作为变革动因的印刷机》一书中对印刷术进行了热情的赞颂，认为印刷术在文艺复兴时期扩大了人文思想的传播，由此引发宗教改革、知识传播，进而为全球探险、文化普及、科学兴起打下基础。伴随着印刷文本的普及，现代资本主义最终确立并发展起来。印刷术的出现是人类传播历史上一次革命性的媒介变革。

印刷业的出现直接引发了报纸与新闻业的产生。1590 年，德国《观察周刊》问世，这是世界上最早的周报，一期只登一条新闻。1620 年，由荷兰人创办、印刷，运往英国销售的《科兰特》问世，等同于荷兰报纸的英文版。1660 年，德国《莱比锡新闻》问世，这是世界上最早的日报。

商业报刊与煽情新闻兴起于 19 世纪，《纽约太阳报》1833 年 9 月 3 日创刊，因严重亏损，于 2008 年 9 月 30 日停刊。《纽约时报》于 1896 年提出“刊载一切适合发表的新闻”，此后报业集团不断涌现。在印刷机的不断转动与报纸的每日发行中，现代社会兴起，文化的普及与民主意识高涨，国际化进程加速。

（五）电子媒介的演进与计算机技术的应用

电子传播时代的到来与发展是人类传播史上的重大飞跃，电子媒介经历了多次更迭与创新。

1. 电报的出现

1844 年 5 月 24 日，美国发明家塞缪尔·莫尔斯(1791—1872)在座无虚席的华盛顿国会大厦联邦最高法院会议厅中，用他自制的电报机向 40 英里以外的巴尔的摩发出了历史上第一份长途电报：“上帝创造了什么?”电报从此诞生。

1858 年 8 月，美国商人赛勒斯·菲尔德历尽千难万险，终于接通第一条跨大西洋的电报电缆。电报之所以受欢迎，重要原因有二。其一，它极大地改变了人们的速度感：从史料上看，即使到 19 世纪初，横渡大西洋最快也要 15 天，而大多数船只仍需五六周之久。在电报发明之前，信息的传递时间基本上与人的旅行时间是一致的。其二，它使人们认为世界上存在一种宗教的力量：“幽灵般的、神秘的和难以理解的。它生活在太空中，并且似乎联系着精神和物质两个世界。”

电报的传播学意义是改变了人们的互动方式、改变了时间与空间的关系、改变了传播与物质相关联的通信方式，使传播与运输真正分离。

电报作为一种社会力量，改变着人们的生活：它使得国际化观念盛行，加快了社会的节奏，导致了经济的垄断、催生出信息经济。

电报也影响了现代传播体系的构建，因为它极大地提高了新闻传播的时效性，使新闻的时间竞争拉开序幕。

1848 年，纽约六家报纸(《纽约先驱报》《纽约太阳报》《纽约论坛报》《纽约商业日报》《快报》《纽约信使及问询报》)的代表举行联席会议，决定在纽约成立两个合作性新闻搜集机构，一个是“港口新闻社”，另一个是“纽约报业联合会”。但后者并未成型，因而只保留了前者。“港口新闻社”是合作性质的组织，不以赢利为目的，一切费用由各家平均分摊。1851 年，由于电讯新闻的重要性，“港口新闻社”签署新协议，改名为“电讯与综合新闻联合社”，向新闻的集中化迈出了重要的一步。在新闻内容写作中，电报淘汰了详细描述并分析内容的做法，代之以单纯提供事实。

但是，电报的标准化发布方式也导致了方言、写作者富有个人色彩的幽默、夸张的笔触等报道风格的消失。

2. 电话的出现

1876 年的一天，电话的发明者亚历山大·格雷厄姆·贝尔对他的助手、在另一个房间的华生通过电流请求道：“华生先生，来这里，我想见你。”

电话最初是被当作广播来使用，后来又成为传递信息的大众传媒。在一些国家，其商业用途受到电报的打压。最后大家才发现电话真正的用途是社会交往，它是口语传播的一次革命性变革。

电话的社会功用是使信息传播的模式渗透到人们的日常生活中，如社区分布、城市规划、商业模式的变革与服务行业的兴起。电话的发明有利于社会的组织与控制。

3. 广播、电影、电视——从声音到影像

在摄影技术兴起以后，1871 年，理查德·麦多克斯发明了溴化胶镀干处理技术；1888 年，乔治·伊斯特曼发明了胶卷。

爱迪生 1877 年发明了留声机以后，试图将活动照片连接起来并改进他的留声机，以产生声像结合的效果。1891 年，爱迪生向美国人放映了第一部电影短片《弗雷特·奥特的喷嚏》。此后，这种电影短片被到处推广，并发展成了活动西洋镜。

1895 年 12 月 28 日，法国的卢米埃尔兄弟邀请了世界上首批电影观众到巴黎的一家咖啡屋观看包括《火车进站》在内的一系列电影短片。也许是不能完全适应这种新鲜事物，当出现火车迎面驶来的镜头时，观众们总是惊叫不已，仿佛火车真的向他们迎面驶来。就在这惊叫声中，电影从此走向千家万户。

随着三色处理技术与维他风技术的逐渐成熟与推广，彩色电影与有声电影在 20 世纪 20 年代登上了历史舞台，并为电影技术的重大突破和完善画上了句号。

电影是第一种具有复制特征的大众艺术，真正展示了虚拟世界的图景，彻底改变了人们的业余生活方式。大众文化与宣传的兴起使文化产业登上历史舞台，也使电影深深地影响了受众。

1896 年 4 月，在纽约一家名为“考斯与拜尔堂”的戏院中，举行了美国历史上首次商业性的电影放映。到了当年的夏天，电影已经走进了全美的戏院、剧场、游乐园甚至教会团体中。当时的电影时长约为 15 分钟，每天放映一部，从早看到晚只需要几美分。有人干脆把这时的电影院形象地称为“镍币影院”。

广播和电视出现后，也具备独特的传播特点：第一，传播对象广泛；第二，传播迅速及时；第三，以丰富的视听语言作为传播符号，具有强烈的直观性和感染力；第四，接受方式随意；第五，线性传播，顺序接收，具有强烈的“现在进行时”的视听效果；第六，转瞬即逝，难以保留。

（六）新媒体时代

1. 互联网的诞生

互联网诞生于1969年的美国，是网络与网络所串联成的庞大网络。这些网络以一组通用的协议相连，形成逻辑上单一且巨大的覆盖全球的网络。互联网是一种公用信息的载体，这种大众传媒的传播速度比以往的任何一种通信媒体都要快。

互联网诞生之前，有几个网络的出现已经为它打下基础，包括1969年投入使用的阿帕网，它是美国国防部高级研究计划局组建的计算机网。万维网于20世纪90年代诞生于瑞士的欧洲粒子物理实验室。

最早被认为是网络新闻媒体的是借助互联网发布新闻和进行新闻信息服务的站点，它通过网络传输手段进行运作。

1975年，在互联网上形成多点传输的讨论组，成为最早的网络社区形式之一。紧接着，互联网上有了电子公告牌BBS。1987年，世界上第一份网络报纸《圣何塞信使报》在美国诞生。

当然，现在的互联网不仅可以用来发布新闻，还提供范围广泛的信息资源和服务，拥有点对点网络，可以支持文件共享以及进行IP电话服务等。网络可谓开辟了人类社会的新纪元，网络化生存渐渐成为一种常态。人们在现实生活中结合而形成了一个社会，在网络上渐渐有了一个与其相映照、相联系的全新社会。

社会运行需要满足三个条件——每个社会成员都有自己的标识，人们有共同的语言和行为体系，人们有彼此联系的渠道。互联网的诞生和发展过程与人类社会的形成和发展过程类似，通信线路把世界各地分散、孤立的计算机联结起来，实现了资源共享，形成一个巨大的信息系统。2020年上半年，清华大学沈阳教授的团队研究发现，每个人每天花在网络上的平均时间超过10小时，按他们之前的推算，这个时间长度的出现提早了8年。网络信息获取、网络社交、网络商业、网络情感体验等都变成了人们日常生活的一部分，网络实实在在地变成了人们生存的空间。

2. 手机新媒体

20世纪70年代发明的手机，可以看作是对电话功能的一种延续和补救，这种延续和补救引发了革命性的转变。手机促进了实时传播的出现，但也使得使用者无时无刻不在担心被传播；手机将使用者从办公室与家宅中解放出来，但也使得骚扰无处不在。

在媒介融合的今天，手机将各种功能聚集于一身，成为新一代的媒体平台。手机引发了自媒体的出现。自媒体的英文为We-Media，意为“我们即媒体”，也叫“个人媒体”，特指以普泛化和自主化为特征的草根网民以简易的电子化手段和数码技术为支撑，无须经过专业编辑的过滤，在私人的独立空间内向特定或不特定的个人或群体传递和分享信息的新型媒体。

自媒体的典型表现就是催生出各种各样的传播、分享、评价信息的社交媒体，但社交媒体容易滋生谣言，具有煽动性，不够客观和冷静。因此，随着时间的推移，其价值也在降低。可以说，任何新的媒介的出现都或多或少弥补了之前的媒介的缺陷，但是每一种媒介都有局限与不足之处。

三、媒介发展规律统领媒体进化

简要回顾人类媒介发展史，我们不难发现：媒介发展规律与人类社会发展规律同步、统领着媒体进化的过程。

（一）媒介的发展与人类文明的发展具有同轨性，两者的关系表现为相互促进、相互依赖

电子媒介出现以来，媒介技术以加速的方式发展。施拉姆曾经提出“最后 7 分钟”比喻，他说如果人类的历史共有 100 万年，假设这等于 1 天，则 1 小时＝41666.67 年，1 秒＝11.57 年。那么一天中，人类文明的进展如下：晚上 9 点 33 分，出现了原始语言(10 万年前)；晚上 11 点，出现了正式语言(4 万年前)；晚上 11 点 53 分，出现了文字(3500 年前)；午夜前 46 秒，古登堡发明了近代印刷术(1450 年)；午夜前 5 秒，电视首次公开展出(1926 年)；午夜前 3 秒，电子计算机、晶体管、人造卫星问世(分别为 1946 年、1947 年、1957 年)。这个比喻似乎在预示人类的媒介发展呈现加速的态势。因此，施拉姆说，一天的前 23 小时在人类传播史上几乎全部是空白，一切重大的发展都集中在这一天的最后 7 分钟。

摩尔定律也告诉了人们技术的变化是如何日新月异。摩尔定律由英特尔创始人之一戈登·摩尔提出，其内容为：集成电路上可容纳的晶体管数目每隔约 18 个月便会增加一倍，性能也将提升一倍，而价格将下降一半；或者说，一美元所能买到的电脑性能将每隔约 18 个月翻两番。这一定律揭示了信息技术进步的速度。

与媒介发展相对应的是人类社会的飞速发展、人类生活质量的不断提高、人类文明的进步。

（二）媒介传播方式与媒介形式不是相互取代的，而是叠加的，并呈现出逐渐融合的趋势

《参考消息》2017 年 10 月 16 日报道，英媒称，流行装备(智能手机)可取代地图、信用卡、日记本等必需品，能让人每天上班上学时减轻大约 75 磅的负重。

英国《明星日报》网站 2017 年 10 月 12 日报道，尽管高档手机价格飙升，但数字表明，它其实可以节省约 650 英镑。购买 50 件物品如手表、照相机、摄像机、便携音箱、笔记本等要花约 1400 英镑，总重量约 75 磅；而买部 iPhone 的花费是 750 英镑，

重量只有不到 0.45 磅。一部小巧的手机集人类用过的多种媒介的功能于一体，甚至代替了人们使用的许多测量传感工具。所以，媒介发展——或者更广泛地说，人们的体外工具的发展——有着融合一体的趋势。

（三）传播媒介的发展打破了时间、空间的限制，呈现出从单一媒介向多元化媒介发展的趋势

大数据的概念可以帮我们理解媒介多元化的表现。大数据也称作巨量资料，指需要新的处理模式才能具有更强的决策力、洞察力和流程优化能力的海量、高增长率和多样化的信息资产。大数据是人们获得新的认识、创造新的价值的源泉，还是改变市场、组织机构以及政府与公民的关系的方法。①

大数据究竟有多大呢？现在很多同学用的电脑硬盘是 500GB(也就是 500 千兆字节)，而描述大数据的计量单位通常是 PB(也就是千万亿字节)、EB(也就是百亿亿字节)，甚至是 ZB(也就是十万亿亿字节)。1PB＝1048576GB，1EB＝1073741824GB。假设手机播放 MP3 的编码速度为平均每分钟 1MB，那么 1PB 歌曲可以连续播放 2000 年。

这么大的数据量是怎么搜集来的呢？今天，几乎每个人的口袋里都有一个手机、每个手机里都装载大量的 APP、每个办公场所都有局域网，许多城市提供免费移动互联网络接入服务，任何能够接入网络的设备都可以成为媒介，也就是信息采集系统。当我们用终端设备向网络发出请求的时候，数据已经发布到网上，这些数据汇聚成信息，与每个人的日常生活息息相关。可以说，媒介无处不在、无时不有。互联网时代，多元化媒介每时每刻都在传递、储存、分析着信息。

第三节　理解媒介融合

“媒介融合”这一概念简要说是指消除不同媒介之间的区隔。自 20 世纪 70 年代晚期至 80 年代早期个人电脑出现后，技术爱好者们就呼唤着媒介融合的到来。② 在大众生活形态不断变化的背景下，媒介融合已经成为一股无法阻挡的洪流、一种无处不在的影响巨大的现象。

一般认为，媒介融合理论是在 20 世纪 70 年代末萌芽于美国未来学家、麻省理工学院媒体实验室创始人尼古拉斯·尼葛洛庞帝提出的“三个重叠的圆圈”观点，即“广播电视业”“电脑业”和“印刷出版业”将在数字化浪潮下呈现交叠重合的发展趋势。美国麻

---

① 参见[美]维克托·迈尔—舍恩伯格、肯尼斯·库克耶：《大数据时代——生活工作与思维的大变革》，盛杨燕、周涛译，杭州，浙江人民出版社，2013。

② [美]斯坦利·巴兰、丹尼斯·戴维斯：《大众传播理论：基础、争鸣与未来》，曹书乐译，24 页，北京，清华大学出版社，2004。

省理工学院教授伊契尔·索勒·普尔认为，媒介融合就是指各种媒介呈现出多功能一体化的发展趋势。

媒介融合是技术发展的产物，但又不仅仅局限在技术领域，还受到政策、经济、文化等其他因素的影响。如从迈阿密大学传播学院的 Bruce Garrison 教授和 Michel Dupagne 教授设计的媒介融合模型中可以看出，融合效果的产生是技术、经济和规制三者共同作用的结果。

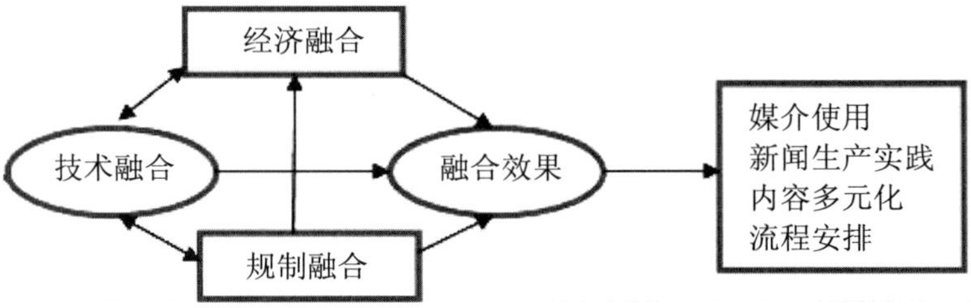

图 1-1　媒介融合模型(Bruce Garrison，Michel Dupagne 制，陈映译)

《传媒经济学》一书指出，媒介融合是指报刊、广播电视、互联网所依赖的技术越来越趋同，以信息技术为中介，以卫星、电缆、计算机技术等为传输手段，数字技术改变了获得数据、现象和语言三种基本信息的时间、空间及成本。各种信息在同一个平台上得到整合，不同形式的媒介之间的互换性与互联性得到了加强，媒介一体化的趋势日益明显。

狭义的媒介融合是指不同的媒介形态融合在一起，产生“质变”，形成一种新的媒介形态，如电子杂志、博客新闻、网络电视等。广义的媒介融合是指一切媒介及其相关要素的结合、汇聚甚至融合，不仅包括媒介形态的融合，还包括媒介的功能、传播手段、所有权、组织结构等要素的融合。

20 世纪 50 年代以后，分散的媒介系统在各自的领域得到了充分的发展，功能也越来越多。我们现在所处的时代不是单一的传媒时代，而是混合媒介时代。在这个时代，媒介的容量空前扩大。而且，20 世纪 90 年代以来，一个最明显的变化就是各种不同的媒介功能出现了融合的趋势。过去由分散的媒介系统所执行的不同功能，今后将会被整合到互联网“信息高速公路”这一综合的信息传播系统中。

1978 年，尼葛洛庞帝用“三个重叠的圆圈”来描述广播电视、电脑和印刷出版三者的关系，认为三个圆圈的交叉处将成为成长最快、创新最多的领域。而通信技术的进一步发展和个人电脑普及所带来的互联网的广泛应用，又推进了出版、电影、教育等行业卷入合并的浪潮。这表明，信息通信业正作为庞大的产业而不断融合。

一、媒介融合的几种定义

尼葛洛庞帝为我们描述了各媒介相互交叉、相互渗透的发展趋势，并由此提出了一个崭新的概念——媒介融合。但是媒介融合的具体定义是什么？目前还没有一个统一的描述，许多专家都依据各自的研究领域提出不同的看法。

最早提出“媒介融合”一词的尼葛洛庞帝指出，媒介融合是在计算机技术和网络技术二者融合的基础上用一种终端和网络来传输数字形态的信息，由此带来不同媒体之间的互换性与互联性。① 他以预言的形式提出了融合的方向，对人们开始从融合的角度关注传播形态的发展起到先驱的作用。

媒介融合这一概念最早由普尔于1983年在其著作《自由的科技》一书中提出。他认为，过去由一种媒体所提供的服务，如今可由不同的媒体提供②，数码电子科技的发展是导致历来泾渭分明的传播形态聚合的原因。其本意是指各种媒介呈现出多功能一体化的趋势，这种对于媒介融合的理解集中于将电视、报刊等传统媒介融合在一起。该定义是基于多功能、数字化的产业融合视角来阐述媒介融合现象。

在普尔的基础上，詹金斯将媒体融合定义为“跨越多个媒介平台的内容流动，多种媒介产业之间的合作，以及受众行为的转移”。博尔特和格鲁辛从再媒介化的角度出发，认为媒体融合是“至少三种重要技术——电话、电视和电脑的互相再媒介化，它们中的每一个都是各种技术、社会和经济实践的杂合”。美国南卡罗来纳大学的华人学者魏然将媒体融合定义为“在内容(包括新闻、信息、娱乐节目和数据)的制作、播出和传播上，传统媒体与具有互动性的新媒体相结合”。美国新闻学会媒介研究中心主任安德鲁·那钦森则将媒介融合定义为“印刷的、音频的、视频的、互动性数字媒体组织之间的战略的、操作的、文化的联盟”，他强调的媒介融合更多地是指各个媒介之间的合作和联盟③，这是从多媒介经营方式的角度来定义的。

相比较而言，国内学术界对媒介融合的界定的研究较为薄弱。虽然国内有关媒介融合的探讨极为热烈，但绝大多数论文将媒介融合视为一个不证自明的概念，几乎没有对其进行严格界定，就开始探讨相关问题。在为数不多的关于媒介融合概念的讨论中，刘鹏指出，所谓“融合”意味着边际界限的模糊、交叉、突破、浸润，媒介融合不仅仅是媒介介质的融合，更是移动互联网环境下产品形态的融合、经营模式的融合、产业发展的融合。宋建武则认为，媒介融合的过程实际上是持续发展的互联网技术及其应用迫使传统媒体从过去单一的传播渠道、内容和方式向平台化方向发展的过程。更多的学者则采取了官方表述，将媒介融合称为“传统媒体和新兴媒体融合发展”。

二、媒介融合的基本形态

媒介融合是一个涉及传媒产业各领域的复杂的传媒现象，包括内容融合、网络融

---

① 王菲：《媒介大融合》，4页，广州，南方日报出版社，2007。

② 乔新玉：《媒介融合：数字时代的必然趋势》，载《青年记者》，2010(35)。

③ 刘宗慧：《媒介融合背景下的图书品牌营销策略》，载《中国新闻出版报》，2009-09-04。

合和终端融合三种基本形态，这三种基本形态囊括了整个传媒产业链中各单位的多种融合现象。

（一）内容融合

所谓内容融合就是不同媒介形态的生产依托数字技术形成跨平台、跨媒体的使用，利用数字化终端形成多层次、多类型的内容融合产品。

由于消费者对内容消费的规模化需求，同时数字化技术使大规模内容生产成为可能，产生了以内容产业作为生产形态的融合性生产，从而形成了内容融合。① 内容融合主要包括由融合性生产所带来的内容生产融合、内容形态融合和内容应用融合三种形式。②

以数字技术和网络技术为代表的技术变革，从以下三个方面促进了内容融合的形成：首先，数字技术和网络技术的不断发展和成熟，使得原来由各种媒体单独生产的文字、图片、动画和声音等各自独立的信息内容形式都可以转化成“0”和“1”这样的数字形态，方便高效；其次，数字技术和网络技术打破了原来平面媒体、广电媒体和网络媒体之间在内容生产上的巨大鸿沟，使内容生产可以在一个共同的信息平台上进行，实现了信息采集和内容共享，使原始信息素材具有通用性、内容生产更具专业性和规模性；最后，数字技术和网络技术的应用，使得即使进入信息泛滥的时代，仍然能够满足我们对特定信息的需求。

（二）网络融合

网络融合主要是指媒介传播渠道的融合。传输网络一方面连接着内容生产商，另一方面连接着广大受众，在传播活动中举足轻重。随着内容融合的发展，内容产业得以形成，信息内容可以进行规模化生产，海量信息内容产品的传播亟须更多渠道。同时，广大受众面对海量内容，也希望能够有更多不同的渠道来获取个性化的信息内容，这也要求传播渠道进一步扩大。面对来自两方面的需求，过去单一的传输网络显然已不能满足，所以要以技术为先导将原有的网络进行融合。

说到网络融合，人们首先就会想到“三网融合”的概念。所谓“三网融合”，一般理解为电信网、广电网和互联网的相互渗透、互相兼容，并逐步整合成为全世界统一的信息通信网络。电信网采用电路交换的通信方式，主要用于用户间双向、一对一的实时语音交换，虽具有较强的实时性，但由于用户在通信过程中对线路资源的独占，易造成资源的浪费。广电网主要用于语音和图像的广播，采用总线连接的方式，使得所有用户共享一个信道而不需要进行交换，但所有的信息都是以广播的形式单向传输，用户只能被动接收，无法进行双向互动。互联网作为一种点对点的网络，主要采用分组交换方式进行通信，通过 TCP/IP 协议实现各用户间的数据传输和信息共享。由此

---

① 邓瑜：《媒介融合与表达自由》，63 页，北京，中国传媒大学出版社，2011。

② 王菲：《媒介大融合》，53 页，广州，南方日报出版社，2007。

可见，三网各有其特定的网络资源组成方式、固定的功能和业务。由于多种协议、结构不同的网络共存，这种“一种业务，一种网络”的格局导致网络管理和维护成本过高，不利于资源共享、不便于提供跨网络多功能综合业务等，严重影响了媒介间的信息传输和共享，阻碍了媒介融合的进一步发展。因此，网络融合是媒介融合的一个重要实施条件。通过“三网融合”，可以实现网络资源的共享，避免低水平的重复建设，形成适应性强、容易维护、费用低的高速宽带多媒体基础平台。

随着技术不断发展，三网之间出现了技术上的交融，其所涉及的技术主要包括数字化技术、IP 技术和光通信技术，这三种技术的进步为“三网融合”提供了必要的支持条件、奠定了坚实的技术基础。数字化技术将三网原先各自传输的数据都转化成了由“0”和“1”构成的符号，使传输的内容实现统一；IP 技术将原先独立的网络资源统一起来，构成了一个统一的网络平台，各种业务、服务、软硬件资源以及协议在此平台上得到融合；光通信技术极大地提高了网络的传输速度，使得各种多媒体信息可以通过电信网和互联网进行实时传输，三网的传输介质得到统一。正是由于技术的不断进步、不断融合，三网自身在技术融合的基础之上进行相关改造，逐步向彼此的业务领域渗透，才促成整个网络功能的融合——电信网从只能传输语音转向可以向用户实时传送广电网和互联网的音视频信息；广电网采用数字技术的电视机可以接收电信网和互联网的数据信号，并能双向传输；包含广播电视节目的数字信号放到互联网上后变成数字媒体流，使用户能够通过互联网终端设备和相应的软硬件来获取并播放节目。因此，“三网融合”的一个重要方面就是技术融合。

（三）终端融合

终端融合即所谓的“3C”融合，也可以看作媒介形态的融合，主要指受众获取传媒产品的终端硬件的融合，包括电信、计算机和消费者电子产品的三合一，具体是指利用数字信息技术激活其中任何一个环节，通过协议使“3C”的三个方面实现信息资源的共享和互联互通，从而使人们能够在任何时间、任何地点通过信息关联应用来满足自己生活中的需求。① 目前来说，终端融合主要是指“三屏”融合，即电视屏、电脑屏和手机屏。

终端融合包括两层含义：一是终端设备的融合，如电脑与电视等家电的融合推动了信息家电市场的发展，电脑技术同电信设备的融合使各种手持终端设备层出不穷，各种数码影音设备与手机、电脑、电视的融合发展迅速。② 二是终端设备所带来的信息平台和服务内容的融合，如 IPTV 业务就是将电脑和电视的信息渠道与服务内容进行整合。

---

① 张俊虎、马传琦：《3C 融合和三网融合——国际消费电子技术未来发展趋势》，载《科技信息（科学教研）》，2008(18)。

② 王菲：《媒介大融合》，124 页，广州，南方日报出版社，2007。

终端融合是内容融合和网络融合的要求和必然结果。通过内容融合，受众可以获得海量信息，而且信息在内容和形式上都得到了提升，受众的内容选择余地变得非常大；通过网络融合，受众获取信息不再局限于某一特定渠道，也不再受时间、地点的限制，可以以多种形式、从多种渠道获取信息产品。这必然导致受众产生对获取信息的“个性化”和“便捷化”的需求。其中，“个性化”要求媒介所提供的信息内容在形式上多种多样，而且在提供内容的同时还要向受众提供各种以内容为主导的多样化服务；“便捷化”就是受众在面对多种内容和服务时能够通过一个设备或一个平台来获取，这就要求终端设备具有多功能、一体化和轻便、小巧、价格低廉等特点，因此这种多功能一体机是终端融合的必然趋势。

终端融合同样依赖技术的支持，其中最核心的技术就是IP技术和无线网络技术。早期的IP技术使原本互不连通的局域网络可以进行信息交换，从而使互联网可以充分利用各种通信媒介，将全球范围内的计算机网络通过统一的IP协议连在一起。现在在融合的基础上，IP技术进一步发展，可以承载更多种类的信息服务。各种终端设备只要使用IP技术进行通信，就能使所有的终端设备彼此连通，实现信息通信和资源共享。通过无线网络技术，各种终端设备之间摆脱了笨重的实体连接线路的束缚，真正做到了发送和接收信息数据打破地域和时间限制，实现了数据、资源的共享。无线网络所具有的这种灵活性、移动性为受众提供了实时、移动、便捷的信息获取平台，可以保证受众随时随地以各自希望的方式来获取信息内容，实现最大范围、最大自由度的资源共享。

第二章　媒介功能解读

媒介是社会系统的一部分，它连接了个人、群体和社会。我们应当把媒介放入整个社会和文化的背景中去认识它对于社会的价值，这就产生了对媒介功能的解读。1948年，传播学学科四大奠基人之一哈罗德·拉斯韦尔在《传播在社会中的结构与功能》一文中提出了传播功能的经典论述，他认为大众媒介最主要的功能包括监视环境、协调社会、传承文化。除此之外，美国学者赖特认为其还有第四个功能——提供娱乐。当时学者们对媒介功能的解读锁定在传播行为带来的社会作用上，而如今我们可以理解，传播的功能是基于媒介能承载传播信息的特性和人们对大众媒介的期待及利用。人们对媒介功能的认识与人们对媒介概念的认识都是逐步推进的，并且“媒介”一词的定义多数都是对功能的描述。

第一节　中介——传播学早期观点

大众媒介主要是指报纸、杂志、广播、电视、网络等人们借以表达思想和意愿，同时传播各种信息的舆论工具。换言之，大众媒介在新闻传播过程中调节着新闻传播者与受众之间的行为和关系，我们将这个功能称为“中介”功能。中介在一般意义上可以理解为具有双重性质的、连接主体与客体或者两个相互区分的要素的介质。中介是介于两者之间的角色，起到了中间载体的作用。[①] 在媒介研究中，中介强调的是一种纽带、桥梁的关系，是一种转换，它被视为大众媒介的基本功能之一。

一、信息传播的载体：大众媒介

媒介的发展经历了不同的阶段，根据传播技术的不同，可以分为面对面的口语传

---

① 周翔、李镓：《网络社会中的“媒介化”问题：理论、实践与展望》，载《国际新闻界》，2017(4)。

播、以文字为载体的传播、以印刷技术为载体的传播以及电子传播和网络信息传播。在技术的更迭进化中，大众媒介的“中介”功能得到了全方位的展现。

口语传播：约10万年前，语言成为人类最自然的信息交流载体。随着人类语言能力的发展以及实践的需要，人类的语言越来越丰富，更多的表现方式被创造出来。口语传播架起了劳动和文明的桥梁，对社会的发展具有深远意义。然而，口语传播也具有明显的不足，传播的数量和范围都受到时间和空间的限制，稳定性也无法得到很好的保障。

文字传播：约3500年前，人们学会了将声音同发出声音的人分离开来，就产生了文字。文字将信息与传播信息的人分割开来，成为一种独立的载体。文字克服了口语传播转瞬即逝的不足，使信息能够被长久地保存下来，从而使人类的知识和经验不再单纯地依赖人脑记忆进行有限储存。但是，文字的传播手段比较单一，缺乏语调和语气的表现手段，而且手写文字传播效率较低，因此成本较高，不容易被普及。

印刷传播：造纸术和印刷术的发明使得文化的扩展、传播和保存成为可能。以印刷技术为载体，人类开始对信息进行批量的生产，使报纸、书籍、杂志迅速普及，超越时间和空间，到达人们的手中。

电子传播：西方资本主义国家在19世纪开始了第一次工业革命，电子时代也随之来临。新技术带来新的传播中介，人类的广播电视事业开始发展。电子媒介加快了信息传递的速度，不仅彻底突破了时间和空间的限制，而且挣脱了印刷传播对物质运输的束缚。信息传播瞬间万里，开辟了一条高效、便捷、省钱、省力的空中通道。

网络信息传播：进入20世纪80年代，经济结构和社会形态发生巨大变化，呈现出信息化趋势。网络信息传播是指利用先进网络技术进行信息传播，具体是指以电脑为载体、以多媒体为辅助，能通过多种网络传播方式来提供多种功能的信息传播活动。计算机技术渗透到大众媒介之中，引起大众传播形态、结构的巨大变化，使原有的报刊、广播、电影、电视等也朝着网络化、数字化的方向发展。

纵观上述变化，媒介的发展与人类文明的发展具有同轨性，两者的关系表现为相互促进、相互依赖。人类的传播由纯粹的声音传播发展到声音与文字的传播，再衍变为拥有声音、文字及影像的传播。同时，造纸术、印刷术以及现代媒介的问世使得传播得以打破时间的限制，媒体的“中介”功能也逐渐多样化和多元化。

二、信息再传播的解码者：意见领袖

拉扎斯菲尔德最早在《人民的选择》中对“意见领袖”做出定义：大众传播中的信息中介、人际传播中的活跃分子，经常为受众提供信息和观点，是对他人产生影响的人物。

意见领袖是人群中首先或较多接触大众媒介信息并将经过自己再加工的信息传播给其他人的人，他们的介入加快了传播的速度并扩大了传播的影响。意见领袖并不集中在特定的群体和阶层，而是均匀分布在社会上任何群体和阶层中。作为信息的中介和过滤环节，意见领袖对传播效果能够产生直接的影响，是大众传播中不可缺少的一部分。

意见领袖的“中介”功能体现在对信息的加工与解释、扩散与传播、支配与引导、协调或干扰。在新媒体环境下，海量、碎片化的信息占据着大众的生活时间，受众为减少信息环境中的不确定性产生需求，而意见领袖则是分类消除不确定性的解码者，受众在某种程度上依旧依赖于意见领袖解读信息。例如，我国知名的网络问答社区知乎拥有大量的认证用户，一部分是早期通过撰写高质量的答案来吸引粉丝的人，另一部分则是国内外重点高校的博士，他们有着专业化的眼光和通俗化的写作水平，能够更好、更有效地与受众进行沟通。

在生活领域，无论是淘宝、京东，还是小红书、大众点评等，都非常注重意见领袖的评价。宏观而言，面对诸如中美关系这种国际重大事件，微博各领域大V、人民日报这类机构账号对传递官方意见、稳定网络舆论起到了重要的作用。

由此可见，意见领袖的“中介”功能是复杂的，是多方面、多层次的，其性质可能是积极的、进步的，也可能是消极的、具有破坏性的。大众媒介的任务就是引导人们正确地认识它、评价它，进而合理地利用它。

第二节　冲击——媒介环境学派的关注

一、媒介环境学派

媒介环境学这个术语由马歇尔·麦克卢汉提出，但他没有公开使用。1968年，尼尔·波兹曼首次公开使用这个术语。1970年，波兹曼听从麦克卢汉的建议，在纽约大学创建媒介环境学的博士点。

该理论学派最早从麦克卢汉的“媒介即讯息”出发，研究媒介在社会中的作用。波兹曼认为媒介是复杂的讯息系统，媒介环境学试图揭示媒介隐含而固有的结构，从而揭示其对人的感知、理解和感情的影响。

（一）发展历程

媒介环境学已经走完了三代人的生命历程。20世纪30年代，媒介环境学最早在北美出现，50年代以后逐渐成熟，到70年代形成了传播学派。经过三代学者的努力，它已成为与经验学派和批判学派鼎立的第三学派。该学科的先驱和奠基人有帕特里克·格迪斯、路易斯·芒福德、本杰明·李·沃尔夫、苏珊·朗格等人。

第一代的代表人物有埃里克·哈弗洛克、哈罗德·英尼斯和马歇尔·麦克卢汉。

第二代的代表人物在20世纪70年代以后日趋活跃，有尼尔·波兹曼、沃尔特·

翁、詹姆斯·凯利。

第三代的代表人物有保罗·莱文森、约书亚·梅罗维茨、兰斯·斯特雷特、林文刚、埃里克·麦克卢汉、德里克·德克霍夫，他们大部分在20世纪90年代以后登场，目前活跃在世界各地。

（二）学派重要人物

媒介环境学逐渐成熟于20世纪50年代以后，由尼尔·波兹曼创建，哈罗德·英尼斯是奠基人，马歇尔·麦克卢汉则是旗手。

英尼斯主攻政治经济学，擅长加拿大经济史，在芝加哥大学取得政治经济学博士后回多伦多大学执教。20世纪20年代，他已经成为著名的经济史学家。40年代以后，他将研究重点转向传播学。50年代初，他出版了《帝国与传播》和《传播的偏向》，成为著名的历史哲学家、媒介理论家和传播学家。但是他在1952年英年早逝，留下1000余页的“传播史”手稿，可惜未刊。英尼斯最突出的贡献是提出“媒介偏向论”，认为任何媒介都有时间偏向和空间偏向。

麦克卢汉的著作有《机器新娘》《古登堡星系》《理解媒介》等，其中《理解媒介》的发表成为他一生的转折点。麦克卢汉的“媒介讯息论”可以看作英尼斯的“媒介偏向论”的发展。麦克卢汉非常推崇英尼斯，在传播英尼斯的思想上起到了关键性的作用。麦克卢汉的主要理论有“媒介是人的延伸”“媒介即讯息”“冷热媒介”以及“地球村”，对后世影响深远。尤其是到了20世纪90年代，互联网的兴起使人们再次关注到麦克卢汉。

波兹曼是世界著名的媒体文化研究者和批评家，生前一直在纽约大学任教。1970年，他听从麦克卢汉的建议，在纽约大学创建媒介环境学的博士点。波兹曼的著作《娱乐至死》《童年的消逝》《技术垄断》等，成为第二代学者的代表作。《娱乐至死》是波兹曼最著名的作品之一，于1985年初次发行，阐述了电视声像逐渐取代语言书写的过程。波兹曼深化了麦克卢汉的观点，认为不同的传媒适合传播不同的信息。

如今，活跃的第三代的代表人物有莱文森、梅罗维茨、斯特雷特和林文刚。莱文森是数字时代的麦克卢汉，任媒介环境学会顾问，他的传播学名著在国内均已被翻译出版。梅罗维茨的《消失的地域》也已传入中国，是媒介情景论的代表性作品。梅罗维茨嫁接麦克卢汉的媒介理论和社会学家欧文·戈夫曼的戏剧分析手法，提出情景理论，成为媒介环境学的标志性成果之一。

二、对“媒介是条鱼”的误读与更正

根据波兹曼的定义，媒介环境学就是“把媒介当作环境的研究”，探究媒介与人类社会文化的关系。长期以来，学者对媒介环境学存在广泛的误读，比较知名的就是“媒介是条鱼”的比喻。把媒介比喻为鱼，认为媒介环境学研究的是媒介生存的社会环境如政治、经济、文化等对媒介的影响，这是一种错误的理解。实际上，媒介环境学是把媒介看作人的一种生存环境，来研究媒介环境对人和社会的影响。麦克卢汉也曾说“鱼到了岸上才知道水的存在”[①]，其意思是说我们享受着技术创造的环境，但是对环境却浑然不觉，直到出现了问题才有所醒悟。媒介环境学视野中的“鱼”是人而非媒介，“我们是鱼，生活在如水的媒介环境中”。

可见，媒介环境学派旨在探究技术和媒介对人和社会心理的长效影响，重新审视媒介发展史及各种媒介曾经对社会产生的冲击，进而认识到媒介对于人类社会的作用。

三、媒介环境学派的现实意义

在媒介环境学的基本命题上，中国学者也形成了自己的观点。下面这段论述就较为准确地描述了该学派的核心观点：“传播技术的意义并不是单纯加入信息发送者与接受者之间，而是强调传播者生活在一种环境当中，这种环境从根本上影响了人们互动的性质。媒介从根本上影响了被传输或交换的信息的意义，它对传播技术本身进行了系统性的分析，把媒介置于社会的轴心和人类文化及思想形成过程中的首要地位，关注社会关系、个体心灵和人们的心理关系模式如何受制于不同的媒介类型，认为媒介结构从根本上影响了我们所构想的‘我们是谁’以及如何与他人联系的问题。”[②]这一表述阐释了媒介环境学的主议题，即研究媒介技术对人和社会所造成的影响，尤其是媒介对社会和文化的影响。

新媒体时代，媒介技术日新月异，媒介环境学派也展示出新的生命力。从 Web1.0 到 Web3.0，网络媒介和移动媒介渐成主流，产生了更多新的信息中介形式。多元的媒介形态带来的是全新的传播实践，媒介研究也需要跟随社会实践的发展而更新，充分体现了当代信息社会的特征。这时，成功预言网络时代“地球村”的麦克卢汉及其所属的媒介环境学派，自然走入学界的视野。[③]

媒介技术的发展大大提高了传播的效率，很多媒体迅速出现在人们的视野中，又无声地消失。人们的注意力被分散、人际关系淡漠、信息碎片化等问题愈加突出。同时，我国的政务新媒体发展态势喜人，尤其是微博、微信、抖音等社交媒体的普及，让大众能够广泛地参与到政治事务的讨论中、更加便捷地发表和分享自己的观点，形成热烈和复杂的公共讨论氛围。对于执政者来说，他们时刻被大量的网民观点包裹，被监督的压力增大。可见，无论是新媒体技术带来的影响，还是社交媒体对我国政治及社会结构的影响，都为媒介环境学提出了新的研究方向。

同时，媒介环境学对今天的媒介融合也具有借鉴意义。根据英尼斯著名的贡献“媒介偏向论”，在媒介融合中，各种媒介亦有所偏向——传统媒体偏向时间，新媒体和户外媒体偏向空间。专注于研究新媒体形态的莱文森认为，技术发展的趋势越来越人性

---

① McLuhan, M., *Culture Is Our Business*, New York, McGraw-Hill, 1970, p. 191.

② 王冰：《北美媒介环境学的理论想象》，117 页，北京，光明日报出版社，2010。

③ 陈力丹、毛湛文：《媒介环境学在中国接受的过程和社会语境》，载《现代传播》，2013(10)。

化，技术在模仿甚至是复制人体的某些功能，特别是人的感知模式和认知模式。这说明传统媒体通过媒体融合能向更具人性化的趋势发展，以更好地满足用户需求、赢得用户，最终实现媒介与人融合的过程。但他的观点带有技术乐观主义色彩，其论述中缺少对新媒体环境造成的消极影响的关注。而生活在电子媒介时代的波兹曼则是技术悲观主义的代表，其著作《娱乐至死》《技术垄断》的命题能够对网络环境下的问题做出一定的解释。

第三节　当代传播学视域下的媒介社会职能

大众媒介的作用无处不在，不论人们是否愿意，它都与人们生活的方方面面紧密关联在一起。作为一种公众舆论的载体，大众媒介在每一个历史阶段都发挥着特有的社会作用、肩负着重要的社会责任，因此它具有独特的社会功能。拉斯韦尔认为，大众媒介最主要的功能包括监视环境、协调社会、传承文化。在此观点之外，赖特还增加了第四个功能——提供娱乐。施拉姆也对前人的研究进行过归纳和总结。

大众媒介的功能的发挥与其所处的社会系统联系密切，不同的社会环境、政治体制、经济发展和文化背景对媒介功能的实现产生着直接的影响。随着互联网技术发展，媒体融合步伐加快，媒介社会职能也日益多元和丰富起来。

一、监视环境功能

无论社会如何发展，人的一切活动都与周围的客观世界有着不可分割的联系。人们必须不断地监测和了解自己所处的生活环境，设法确定自己所处社会的政治、经济、生活等条件和自己所面临或可能面临的问题、危机，找到处理方法，确定自己的目标及实现目标的机会、方式等。施拉姆把媒介的这种监视环境功能形象地比喻为“社会雷达”。

监视环境讲究准确、客观和及时，这是媒介报道新闻最基本的要求。在这个议题上，普利策具有类似的观点，他认为媒介在监视环境过程中扮演着一种“瞭望者”的角色。他曾说过，倘若一个国家是一条航行在大海上的船，新闻记者就是船头的瞭望者，他要在一望无际的海面上观察一切，审视海上的不测风云和浅滩暗礁，及时发出警报。监视环境功能在动物群体中同样存在，如拉斯韦尔所描述的，动物们往往会指派某些成员担任群体的“哨兵”，一旦四周发生变化，就发出警报。

尤其是当公共危机发生时，公众会希望从媒体中获取更多的信息，在这个时候，媒体提供的不只是信息，还有维持心理平衡和生存所需要的安抚。2020 年伊始，新冠肺炎疫情暴发并迅速在全国蔓延。作为一种具有高风险性和高复杂性的事件，公共危机的发生会给社会大众造成巨大的恐慌，大众媒介的监视环境功能在此次疫情中得到凸显，其作为信息集散平台和舆论引导平台，对此次公共危机的化解起着重要作用。

疫情期间，不确定因素增多。面对纷乱如麻的信息流，作为连接政府和人民群众的桥梁，以人民日报、央视新闻为代表的主流媒体主动发声，积极设置议题，第一时间更新疫情动态、发布权威信息。无论是中央党媒、市场化媒体还是自媒体，面对物理隔离等状况，大批媒体工作者都利用其核心资源深入“第一现场”，将抗疫前线的图景真实、及时地展现给大众。同时，各级媒体充分利用新媒体形式，整合防疫专家资源，通过 H5、Vlog 等形式向民众提供有效建议、科普防疫知识。

很显然，大众媒介的监视环境功能使其对自然灾害、公共危机等能够及时发出预警信息，并且提供各种真实有效的生活指南，为人们提供信息支撑。但是，为了营造和谐环境，媒体有时会出现诚信缺失、过度粉饰现实的情况。例如，疫情期间，为了弘扬全国医护工作者逆向前进、支援武汉的无畏精神，有些媒体出现“流产 10 天，90 后护士重回一线”“甘肃医疗队女医护人员集体剃光头”等报道，刻意煽情渲染、忽视人文关怀，遭到了其他媒体和大众的抵制。

二、协调社会功能

人们经常把媒介比作“桥梁”或是“纽带”，认为媒介具有联系社会、协调解释的功能。如果说监视环境功能着眼于真实和迅速，协调社会功能则侧重于意见的沟通。大众媒介在协调社会方面有得天独厚的优势。通过传播的广泛性和权威性，意见能够在社会上得到表达与沟通，从而达成最大程度上的理解和共识。

人们的生存环境复杂多变，有些时候，仅有客观报道并不能完全解决问题，还需要媒体的分析和解释。主流媒体的协调功能就体现在通过报道和舆论引导平衡民众的情绪，弥合社会的分歧。在 2020 年疫情期间，主流媒体的传播价值体现在发布权威信息以及为民众提供有效且实用的防疫建议。

2020 年 1 月 20 日，中央广播电视总台央视《新闻 1+1》栏目推出新型冠状病毒肺炎专题报道，主持人白岩松连线中国工程院院士、国家卫健委最高级别专家组组长钟南山，证实病毒存在人传人现象，并在传播层面让疫情得到全国各地高度重视。此后，媒体报道数量急速增加，1 月 23 日，武汉封城，报道量达到第一个峰值。1 月 26 日起，总台央视新闻频道推出《战疫情特别报道》，持续聚焦全国抗击疫情动态，及时公布疫情相关最新数据，让百姓心中有数，还实时连线抗疫一线记者，展现各地区、各部门万众一心、抗击疫情的良好精神状态。同时，总台发挥平台优势，共享节目资源。1 月 29 日起，总台央广每天 10 点至 11 点、15 点至 16 点 30 分对央视节目进行同步直播。1 月 27 日起，总台在湖北广播电视台设立“战疫情 · 武汉直播间”，把演播室设在抗击疫情的最前线。总台充分发挥广播在突发公共卫生事件中的应急作用，第一时间启动应急报道预案，加大疫情防控宣传力度，所有节目全天滚动播报新冠肺炎疫情防控进程。每日 19 点至 20 点还推出《中国之声抗击疫情特别报道》，仅 2 月 3 日至 9 日，就发布疫情相关报道1400条次、文字消息近7000条次。

人们需要通过大众媒介的信息来适当调整自己的生活。面对大众媒介对事实的报道和解释，人们需要具备媒介素养，警惕传媒的误导。同时，人们更需要保持理性与客观。新冠肺炎疫情的防控工作是全方位的，大众媒介要面对并及时疏导和化解可能存在的舆论危机，保障群众表达意见的权利，反映群众的呼声，制止消极舆论的传播，倡导积极、正向的言论。

疫情的暴发正值我国春节，节日气氛变得沉重，人们的生活重心转向防控新冠肺炎疫情和保障生命安全。在此舆论环境下，总台立即做出调整，2020年春节联欢晚会播出零彩排的情景报告节目《爱是桥梁》，以情景讲述的形式，展现了在新冠肺炎疫情下医护人员忘我救治、武汉人民坚强应对的感人场景。

图2-1　2020年春节联欢晚会情景报告节目《爱是桥梁》

三、传承文化功能

大众媒介具有传承文化功能，使科学知识、文明理念、文学艺术等得到继承和发扬，能够引导人们脱离愚昧、野蛮、黑暗，走向科学、文明、进步。传递社会文化的职责过去主要由家庭、学校承担，如今在很大程度上由大众媒介承担。

同家庭和学校教育一样，媒体的这种传承功能也可以被视为一种“教育功能”，在互联网技术高度发达的今天，它的影响甚至超过家庭和学校。在被信息包裹的环境中，人们接触和使用媒介的时间大幅增长，潜移默化中，思想认识已经受到其内容和形式的巨大影响。广义上，媒介的教育功能指传播的形式和内容，媒介所负载的内容本身就是对文化素养、道德伦理、审美情趣、人格形成、法制行为方式等的一种传播；狭义上，媒介的教育功能指媒介直接传播专门的知识，如法制电视节目中的知识性内容、图书期刊所传达的信息等。

这样来看，媒体扮演着“承前”和“启后”的双重角色，即我们所说的社会化传承作用。这也对媒体工作者提出了更高的社会责任与素质要求：媒体必须自律，对社会负有道德责任和义务，不能把个人利益或集团利益置于公众利益之上；媒体有责任倡导社会公序良俗，捍卫社会公德，阐明社会目标和价值观；受众有权要求媒体从事高品位的健康传播活动，防止信息传播的虚假化、浅薄化、煽情化、庸俗化。

在2020年的新冠肺炎疫情期间，对于普通大众来讲，保护好自己是重中之重，而作为新闻媒体，倡导如何防护是发挥教育作用的一个重要内容。年龄、经济水平、生活背景、知识阅历等因素都影响着人们对科普知识的选择和理解，而融媒体对社会资源的调配功能很好地解决了这个问题。首先是对生理常识的普及，“勤洗手、多通风、戴口罩”等防疫常识迅速通过各个电视台、广播电台以及网络平台扩散开。其次是对与病毒相关的病理性内容的普及，生理常识已经不能满足大众对信息的渴求，更高质量的科普、更真实的事件叙述才能更好地稳定民心。例如，以“你的当代生活说明书”为标杆的科普自媒体“回形针 Paper Clip”，在2020年2月2日发表了科普视频《关于新冠肺炎的一切》，用严肃的内容、丰富的视觉效果将病毒的传播原理、疫情的发展过程表述出来。视频在短时间内的播放量就达到了10万+，其中微博播放量约8000万、微信阅读量约3000万。随后，该自媒体又发布了《你为什么要献血》《你为什么买不到口罩》等视频，让处在恐慌期、对事实不清楚的人们平静下来。①

四、提供娱乐功能

过去，媒介的主要功能是对信息和文化知识的传播，学者和大众关注得更多的是媒介作为社会公器的角色和功能，而其刺激人们感知的娱乐功能常常被忽视。因为在电视媒体诞生之前，并不是人人都能平等地享受娱乐的权利，大众媒介掌握在少数人的手中，这时的娱乐是建立在经济基础和社会阶层之上的。随着电视媒体的发展和普及，大众媒介的娱乐功能被释放，大众享受娱乐的门槛降低。1975年，赖特在《大众传播的社会学观点》一书中对拉斯韦尔的“三大功能学说”做了补充，增加了媒介具有提供娱乐功能，并将其视为媒介最显著、最有力的功能。

媒介的提供娱乐功能具有情绪发泄的替代性作用。随着社会的快速发展，人们所处的生活环境愈加复杂和多变，激烈的竞争加大了人们的精神压力，人与人之间的关系逐渐疏远。在这种情况下，大众媒介无疑是最佳的情绪发泄渠道。就普通受众而言，他们接触媒介的初衷在于放松休闲、娱乐身心，媒介在制作内容时也会尽可能地考虑满足受众的基本需求。大众媒介的娱乐功能的实现，是通过娱乐节目和娱乐化的“软新闻”。

同时我们应该看到，媒介的娱乐性是一把双刃剑。当下非常流行的一个说法“媒体的泛娱乐化”，指的就是在全球范围内，大众媒体为了追求经济效益和商业价值，偏离

① 裴萌琪、彭毓姬：《融媒体在疫情期间的科普功能》，载《中国传媒科技》，2020(2)。

了娱乐化的正常轨道，在广度和深度上都超越了正常的娱乐范畴。对传播内容低俗化、片段化甚至是暴力化的处理方式，致使内容浅薄空洞、形式粗鄙搞怪，只为吸引大众的眼球、提高节目视听率。很多学者都针对媒介的提供娱乐功能做过研究，“容器人”“电视人”“拟态环境”等理论都是针对娱乐的负面效应提出的。波兹曼在《娱乐至死》中指出，一切公众话语日渐以娱乐的方式出现，并成为一种文化精神。我们的政治、宗教、新闻、体育、教育和商业都心甘情愿地成为娱乐的附庸，毫无怨言，甚至无声无息，其结果是我们成了一个娱乐至死的物种。这段对 20 世纪 80 年代电视媒介环境的描述，在今天这个网络新媒体时代更加深刻、发人深省。

网络新媒体中遍布娱乐因素，Vlog、短视频、网络小说等媒介中的娱乐手段无处不在，它们的主要目的是使人们放松身心，因而能在短短几年中高速发展。传统媒体也积极应用新媒体技术，开通微博、微信公众号、今日头条号等，入驻抖音、快手等短视频平台，或者是自主建立客户端、研发互动网页 H5 等。在这其中也随处可见娱乐的影子，具体体现在以下几个方面。

形式上，首先表现为追求新闻事件的趣味性和故事性，刻意进行对比或制造悬念，侧重对个人命运、性格的描写，强调细节，加强事件的戏剧性和冲突性，制造煽情或刺激的效果。其次是为了第一时间吸引受众、增加曝光率，部分网络媒体过分追求新闻标题的新奇，甚至不惜放弃真实和客观的原则。

内容上，首先是硬新闻比例减少，暴力、犯罪、娱乐八卦等软性内容增多。其次是严肃新闻采写手法变为从硬题材中寻找软性内容，从政治热点、经济现象、文化事件中挖掘娱乐价值。

功能上，网络媒体的交互性也加速了新闻的娱乐化。新闻由单向传播变成多方向、多视角的传播，受众可以自由地发表观点，但是容易受到多元的影响，可能导致新闻事件和人物遭到非理性对待。例如网络恶搞和网络用语的盛行，使得一些严肃的素材也沦为大众娱乐的对象。在社交媒体的催化之下，“××控”“逼格”“屌丝”等网络用语传入现实生活中，这种语言被大量使用，甚至被用来进行人身攻击。网络媒体的这种娱乐过度的现象会对我们的语言文化造成冲击，其成因包括以下几个方面。

第一，受众需求和受众地位发生转变。

人们为了暂时逃避工作、学习带来的繁忙与紧张，往往需要休闲娱乐，相比之下，大众媒介是最经济、最方便的娱乐活动。网民上网的主要目的从单纯的获取信息转变为寻求娱乐。2017 年以来，短视频行业发展迅速，其方便快捷且兼具娱乐性的特点吸引了大批用户。根据苹果和安卓手机免费软件下载排行榜，抖音、快手等短视频 APP 的下载量均名列前茅。2019 年 1 月 22 日，中国新闻史学会应用新闻传播学研究委员会发布《媒体抖音元年：2018 发展研究报告》。该报告显示，2018 年，抖音上经过认证的媒体账号超过 1340 个，累计发布短视频超过 15 万个，累计播放次数超过 775.6 亿，累计获赞次数超过 26.3 亿。其中，休闲娱乐类的信息最易被受众点击、转发。正是由于受众需求的转变，对于处在经济利益驱动下的网络媒体而言，追求娱乐化便成为不可逆转的趋势。受众需求的转变是网络媒体泛娱乐化的根源。

受众在信息传播机制中的地位也发生了改变，从原来的受众追逐媒体变成今天的媒体追逐受众，受众从被动的信息接收者转变为主动的参与者和创造者，话语权大幅增加。相比严肃性的新闻素材，人们对娱乐性的话题更感兴趣。于是，为了满足受众的猎奇心理，更多媒体选择将各种信息以娱乐化的形式呈现给受众，以获得经济效益。

第二，市场竞争加剧，利益驱动加速。

受到国内市场竞争压力的影响，媒体加快了对经济利益的追求速度。受众在哪里，广告商在哪里，媒体就在哪里，对受众投其所好也变得迫切且具有现实意义。因此，各媒体竞相生产娱乐化内容，导致网络上娱乐化内容积聚膨胀，最终形成网络媒体泛娱乐化的局面。

第三，网络传播中“把关人”缺失。

这是一个人人皆媒体的时代，每个人都是信息的发布者，网络信息以海量形式呈现。然而对数量庞大的信息却缺乏有效把关，导致低价值信息泛滥、虚假报道频现、网络恶搞大行其道。由于具有轻松愉快的特征，这类信息又往往会博得大量关注，导致网络媒体泛娱乐化进一步加重。

五、大众媒介的负面影响

（一）拟态环境出现

此观点最早由美国政论家李普曼在《公众舆论》一书中提出。拟态环境是指由大众传播活动形成的信息环境，并不是客观环境的镜子式的再现，而是大众传播媒介通过对新闻和信息的选择、加工和报道重新加以结构化后的环境。我们应注意这些幻象对真实生活产生的影响。

（二）信息庸俗化

媒体为了迎合大众对庸俗、野蛮行为的渴求心理，每天都在为社会大批量生产粗俗、低劣的传播品，也就是垃圾信息。

（三）思维机械化

无论是广播、电视媒体还是网络新媒体，都直接作用于人的视听感官，在不知不觉中消磨着人们阅读印刷品的耐心。繁多的信息加剧了时空紧张感，使人习惯于浮光掠影式的信息接收、满足于浅层次的表象思维，而疏于主动深入思考，只接收不判断。

（四）文化殖民化

国际经济、技术发展的不平衡造成了国际传播的不均衡。一方面，少数发达国家凭借强大的媒介输出能力垄断了信息传播市场，导致文化交流中存在不合理的单向流动现象。另一方面，它们又利用国际传播中存在的信息流动格局，使大众媒介成为它们对其他国家进行思想同化和文化渗透的重要手段。

第四节　未来——媒介技术对生命哲学的改造

在日常生活中，我们的衣食住行等方面无不体现出身体与媒体技术相伴相生。人们通过强大的实践经验和技术手段将各种媒介与人类的行为、智力、习惯和思考方式联合起来，激活媒介与人之间更深层次的联系，进而对新技术环境下人的生存状态、交往形式以及中介化的现实展开探索。

身体与媒介存在着互相促进、互相交融、互相支配的空间关系。当今社会，人们的行动与体验离不开媒介技术，媒介技术的更新也产生于人与技术交互的过程中。近年来，快速发展的语音识别、人脸识别、运动追踪等技术被运用于各种移动智能终端中，它们具有强大的交互功能，可以"自然"地与人交流，给人良好的媒介体验。① 比如，人们通过与 Siri、Google Assistant、百度小度之类的虚拟"管家"对话，进行信息搜索与语音互动；一些可穿戴设备和智能 APP 通过在人体表面嵌入运动传感器，记录与分析人的行走步数、消耗热量、心跳频率等。这些移动智能终端不仅轻便小巧，还具备生物兼容性和集成性，使得人体与智能装置交互通畅，从而更轻松地调整自身的运动、学习与生活起居。同时，这些用户数据的大量生产、存储和交互也帮助智能化媒介进行深度学习，促使社交、医疗、教育等平台建立标准化和可互动操作的程序与方法，加强个人隐私的数据保护与社会化功能的智能建构。

可见，在人的意志和媒介技术的强势助推之下，社会发展甚至是生命发展都会发生巨大的变革。在知觉层面，媒介技术向人解释或揭示世界，同时呈现出对世界认知的某种颠覆或变形，显现出了未知与想象的力量。在一定程度上，人体与智能技术的结合大大拓展了人的全身性功能感知。

人不能穿越时空，但是媒介技术也许能让人的体验进行"穿越"。如 Kissenger(远距离亲吻信使)内置了压力感应器和制动器，用户在远程视频聊天的过程中对手机下方的感应器亲吻的时候，感应器会记录下这个动作所产生的力度以及压力的方向来源，然后通过网络实时传递给另一台连接手机的 Kissenger 设备，最大限度地为对方还原这个吻的触感。

人们已经形成的体验、情感、生死观，也许都会因为新媒介的产生而发生改变。以移动智能终端、互联网与人工智能技术为代表的新媒介技术已经深入到真实的生活中，在未来将成为人们的社会实践和交往的常态。而各种媒介融合、物联网与万物智联等传播现象的未来走势，发展中出现的问题以及如何解决这些问题，更加值得我们深思。

---

① 杜丹：《共生、转译与交互：探索媒介物的中介化》，载《国际新闻界》，2020(5)。

第三章　技术变革是媒介融合的肇始

21 世纪是一个高度信息化的时代，是信息经济和知识经济占主导地位的时代。清华大学彭兰教授认为，信息经济和知识经济有两大支柱，一是以高新技术为代表的传播技术产业，二是从事新闻和信息产品生产的媒体产业。

传媒技术的发展无疑给人们的生活带来了巨大变化。中国互联网络信息中心发布的第 45 次《中国互联网络发展状况统计报告》显示，截至 2020 年 3 月，我国网民数量达 9.04 亿，互联网普及率达 64.5%。我国手机网民数量达 8.97 亿，我国网民使用手机上网的比例达 99.3%。有网友比喻说，手机是人的心肝脾胃肾，如果有半天没带手机，很多人可能会坐立不安。手机作为移动端，已渗透至人类消费生活的方方面面。在移动互联时代，人们对信息的需求没有变，但需求被满足的方式发生了变化，传统媒体与用户的连接发生了变化。

2017 年 1 月 5 日，时任中宣部部长刘奇葆在推进媒体深度融合工作座谈会上说，现在已进入移动互联时代，“终端随人走、信息围人转”成为信息传播的新态势。可以预见，随着 5G、人工智能、可穿戴设备等技术的不断演进，移动媒体必将进入加速发展的新阶段。目前来看，新闻客户端功能比较完备、信息容量大、方便易用。推动媒体融合发展，必须顺应移动化大趋势，强化移动优先意识，实施移动优先战略，紧盯移动技术前沿。技术是融合发展的重要推动力，也是媒体亟待补齐的短板。推动媒体深度融合，必须以先进技术为支撑，用最好、最新的技术提升采编能力，拓宽传播领域。一方面，要用好现有技术。充分运用数据抓取、云计算、大数据分析等技术，整合内容资源，提升数据挖掘、存储、利用能力；充分运用 4G 传输、流媒体传输、移动直播、无人机采集、全景拍摄等技术，获取充足信息，提升信息传播的效率和稳定性；充分运用虚拟现实、3D、H5 等技术，丰富表现形式，提高信息呈现的质量，增强冲击力。另一方面，要研发急需的技术。在已经出现的用户画像、场景匹配、人工智能等技术的基础上，研究适用于新闻领域的个性分析、即时推送、机器人写作等技术应用。要密切关注 5G 传输、全息投影、增强现实、物联网、可穿戴设备等前沿技术发展动态，积极谋划和布局未来移动传播终端，着力增强相关技术研发应用能力，抢占利用移动技术发展应用的先机。技术是为内容服务的，运用任何信息传播的新技术，都要加强技术把关、内容把关，确保新闻真实准确。

2019 年 1 月 25 日，中共中央政治局新年的第一次集体学习就将主题定为“全媒体时代和媒体融合发展”，还把“课堂”设在了人民日报社媒体融合发展的第一线，强调“推动媒体融合发展、建设全媒体成为我们面临的一项紧迫课题”，再次凸显媒体融合工作在当前国家战略中的重要地位。在这一背景下，媒体融合在中国大地上全速推进。从中央到地方，各新闻单位积极探索传统媒体和新兴媒体在内容、渠道、平台、经营、管理等方面的融合。

第一节　媒介技术变革决定媒介融合始终

一、媒介技术的概念

（一）技术的概念

技术是人们从现实到达理想目标必须遵循的综合操作方法，包括相关的真理性认知、科学理论、经验、工具、设施、环境等，是人类为了满足自身的需求和愿望，遵循自然规律，在长期利用和改造自然的过程中积累起来的知识、经验、技巧和手段，是人类利用自然、改造自然的方法、技能和手段的总和。“技术”的英文“technology”由希腊文“techne”和“logos”构成，意为对工艺、技能的论述。这个词最早出现在英文中是 17 世纪，当时仅指各种应用工艺。到 20 世纪初，技术的含义逐渐扩大，涉及工具、机器及其使用方法。直到 20 世纪后半叶，技术的定义才确定为目前的内容。

在古代，科学和技术是分开的。科学知识专属于贵族、哲学家，技术则由工匠掌握。中世纪后，商业快速发展，社会经济发展迅速，促使科学和技术互相接近。到 19 世纪，技术逐渐以科学作为基础，进入新的发展时期。从人类早期开始，技术就和宇宙、自然、社会一起构成人类生活的四个环境要素。几千年来，它在很大程度上改变了社会的面貌。

（二）媒介技术的概念

媒介技术是人类为驾驭信息传播、不断提高信息的生产与传播效率所采用的工具、手段、知识和操作技艺的总称。

人类传播从使用语言这一媒介开始，经历了语言媒介、文字媒介、印刷媒介、电子媒介，再到现在的网络媒介。10 万年前发明的语言无愧为一种原始而不可或缺的媒介技术。语言结构的差异会导致所谓“世界观”的不同，人们怎样看待时间和空间、怎样理解事物和过程，都会受到语言中的语法特征的重要影响。

文字的发明从时间的久远和空间的广阔上实现了对语言传播的超越。以文字为核心的人类第一套体外化信息系统的形成和扩展，大大促进了经济、政治和文化的交流与融合，使社会结构发生了重大变革，也使大规模的社会管理和控制成为可能。虽然文字是语言的产物，但是每一种媒介都为思考、表达思想和抒发情感提供了新的方式，从而创造出独特的话语符号。印刷术的发明使传媒开始由“贵族”面向大众，人类传播进入了一个崭新的大众传播时代。

电子技术的出现和发展，使人类进入了电子媒介时代。电子媒介将我们带入了一个崭新的传播时代，形成了人类体外化的声音和影像信息系统。印刷时代逐渐没落、电视时代蒸蒸日上，这种转换从根本上不可逆转地改变了公众话语的内容和意义，因为这两种截然不同的媒介不可能传达同样的思想。随着印刷术影响的减弱，政治、宗教、教育和其他构成公共事务的领域都要改变其内容，并且用最适用于电视的表达方式去重新定义，这就是麦克卢汉提出的观点“媒介即讯息”。

媒介的独特之处在于：虽然它指导着我们看待和了解事物，但它的这种介入却往往不为人所注意。麦克卢汉的“媒介即讯息”从感官和心理的角度强调了媒介技术对个人与社会的决定性影响，指出对社会来说媒介才是一种最重要的讯息。这一观点的合理内涵在于肯定了媒介技术对于社会发展的推动作用，是对传播媒介在人类社会发展中的地位和作用的一种高度概括。

人类只有有了某种媒介，才有可能从事与之相适应的传播和其他社会活动。媒介是社会发展的基本动力，每一种新媒介的产生都开创了人类交往和社会生活的新方式。媒介是社会发展和社会形态变化的决定性因素，是区分不同社会形态的标志。

二、媒体融合的层面及表现都以技术为先声

媒体融合是一个多层面的概念，不局限于技术层面。虽然新传播技术特别是数字技术和网络技术的确是促成媒体融合快速发展的关键因素，而且人们提到媒体融合时最容易想到的也是技术介质的融合，但媒体融合所涉及的层面远远不止技术。可以说，人类传播活动关涉的所有方面——技术、经济、主体、内容、规范，都是媒体融合的重要部分。

（一）技术层面

技术不仅是媒体融合的核心动力，也是媒体融合的首要体现。推动媒体融合的核心技术是数字技术。经过二进制代码的转换，数字技术可以对原来只能通过报纸、广播、电视进行传播的文字、声音和图像内容进行数字化处理，变成电脑可以识别、处理和呈现的内容，打破了传统媒体间的界限。詹金斯将媒体融合定义为“跨越多个媒介平台的内容流动，多种媒介产业之间的合作，以及受众行为的转移”，这些传统媒体的数字化和网络化使媒介间的界限更加模糊，形成了詹金斯的定义中的“跨越多个媒介平台的内容流动”。

博尔特和格鲁辛认为，媒体融合是“至少三种重要技术——电话、电视和电脑——

的互相再媒介化，它们中的每一个都是各种技术、社会和经济实践的杂合”。作为体现，技术层面的媒体融合主要包括网络融合、设备融合和应用融合。网络融合即各种不同传播网络之间界限的模糊，博尔特和格鲁辛提到的电话、电视和电脑的互相再媒介化，就是网络融合的典型代表。在中国，我们所熟知的就是“三网融合”。设备融合包括两层含义，一是原来功能单一的设备变成多功能设备，例如手机、电视也开始具备电脑的某些功能；二是不同设备之间的信息共享和互动更加频繁，例如在云技术的推动下，手机、电脑、平板和电视之间能够更加便捷地共享内容。应用融合是指在网络融合和设备融合的基础上，各种具体应用和服务也能够同时由不同的设备提供，例如 IPTV 服务可以同时由电视、电脑和手机提供。

（二）经济层面

经济层面的融合主要包括企业融合和产业融合。企业融合是指传媒企业内部的战术融合，通过内部结构和资源的重组，实现融合式的内容生产、推广和经营。同一媒体机构的触角延伸至生产、发行、推广等传播的各个层面，成为全传播链条的传媒企业。这一过程也被称为纵向整合。

产业融合又称市场融合，是指原来泾渭分明的媒体产业现在逐渐模糊了界限。原来属于不同产业的媒体公司通过合并、组建跨产业的媒体集团，成为打通全产业链条的媒体巨头。这种产业融合的集团化趋势已经成为当前全球传媒发展的一个鲜明特征。目前，全球最有影响力的媒体集团都是整合了出版、广电、影视、音乐、游戏和网络等传统媒体和新兴媒体的全产业媒体集团。这一过程也被称为横向整合。

（三）主体层面

媒介融合归根结底其实是人的融合。在传播主体层面，媒介融合主要表现为三个方面的融合。一是生产者内部的融合。技术和经济层面界限的模糊，使得专业媒体人内部的界限也日渐模糊。原来异常精细的、限于不同媒介的分工已经无法满足融合环境的需要，能够同时胜任文字、图片、视频甚至编程工作的“融合记者”“全能记者”或“超级记者”应运而生。

二是消费者内部的融合。随着网络融合、设备融合和应用融合的不断深入，不同媒体的消费者之间的界限也变得越来越模糊。传统媒体时代，消费者在日常生活中既会读报纸，也会听广播、看电视，甚至会在同一时间使用这些媒体。而进入融合时代，“第二屏幕”现象或“辅助式同时使用媒体”现象越来越普遍。所谓“第二屏幕”现象，即在看电视的同时使用另外一个电子设备，用户在两个屏幕上关注的议题或内容相同。消费者不仅会在同一时间使用不同设备获取不同的内容，而且会在同一时间使用不同设备获取相同或相关的内容，这种现象揭示了消费者内部的融合的一种新趋势。

三是生产者和消费者之间的融合，这也是主体层面最具革命性的一种融合。詹金斯发现，在电视时代，粉丝社区就开始通过故事和艺术的创作参与到电视内容的生产和制作之中。以互动性为根本特征的互联网的诞生和发展，使原来的受众变成了“生产消费者”。社交媒体的出现进一步加快了生产者和消费者之间的融合，催生出“读写文化”或“参与文化”。生产者和消费者、传者和受者、专业者和业余者的界限被打破，社会关系也由此被重构。

（四）内容层面

内容层面的融合主要包括两个方面。一方面，不同来源的内容日益融合。如前文所述，主体层面的融合特别是生产者和消费者之间的融合，导致媒体内容的来源空前广泛。除了传统的专业媒体人生产的内容之外，用户生产的内容因其广泛性、多元性、贴近性等优势，已经成为当前媒体内容不可或缺的组成部分。此外，随着人工智能技术的发展和应用，机器生产的内容也开始成为媒体内容的重要补充。在“万物皆媒”的时代，由传感器搜集的来自世间万物的信息也将成为内容层面的融合的一个方向。

另一方面，不同形态的内容也相互融合。人们常说的“全媒体”和“跨媒体”，就是指不同形态的内容的融合。一般来说，传统媒体内容和形态较为单一，不是文字就是声音或者图像。融合时代的叙事方式从单一媒体向全媒体或跨媒体转变。一个新闻事件可以通过文字来报道，也可以通过照片、音频、视频等方式来讲述，它们之间还可以通过不同的组合方式形成多种创新的可能。由于任何一种单一形态的内容都有些先天不足，所以不同形态的内容呈现相互区别又相互补充，共同形成一个前所未有的复杂、精密的叙事整体。

（五）规范层面

上述各个层面的融合都需要有规范层面的调整，否则无法保障媒体融合的有序发展及其与社会的良性互动。首先，要制定相应的法律政策来推动和规范媒体融合的发展。在美国，由时任总统克林顿签署的《1996 年电信法》首次将互联网纳入监管范围，并允许跨产业经营，打破了以前不同传媒产业只能在本产业内部竞争的约束，为美国媒体融合发展扫清了障碍。在我国，2014 年 8 月 18 日，中央出台了《关于推动传统媒体和新兴媒体融合发展的指导意见》，成为现阶段指导我国媒体融合发展的纲领性文件。

其次，需要有更加适应媒体融合发展的管理架构。目前，美国媒体融合发展主要由联邦通信委员会监管。英国则于 2003 年成立通信管理局，集合了原来五家不同媒体管理机构的职能，成为英国媒体融合发展的一体化管理部门。同样，加拿大、法国、日本等国也成立了类似机构，对本国媒体融合发展进行管理。2018 年 3 月，中共中央印发了《深化党和国家机构改革方案》，将中宣部的管理权限进一步扩大，将国家新闻出版广电总局的新闻出版管理职责和电影管理职责划入中宣部，同时加强中宣部对中央网信办的领导，使中宣部成为我国媒体融合发展的主要管理机构。

最后，媒介融合是一种不断变化的状态。如詹金斯所言，“媒体融合是一个过程，而不是一个终点”。而且，新旧媒体的相对性也意味着媒体融合是一个永无止境的过程。

第二节　技术变革是媒介融合的肇始

一、正确认识媒介融合的技术先导性

（一）媒介技术与媒介形态的扩展

技术的渗透是全方位的，媒介的发展同样不能置身于技术化的浪潮之外。新的媒介技术的出现，导致了媒介形态的扩展。以音乐为例，电视的出现促进了 MV 的出现、多轨录音技术的出现，使得乐队的录音大大简化，降低了制作成本的音乐可以流传得更广。电子琴、电子合成技术、激光唱机、数字音乐为我们带来了全新的视听享受，随身听、MP3 播放器更使对音乐的欣赏变成一种随身行为。再以电影为例，先进的科学技术一如既往地与电影频频“亲和”，总是以种种先进的科技手段营造奇观，来为人类造梦。

媒介形态和文化形式中，与技术相适应的得以昌盛、不相适应的逐渐走向衰亡。京剧、川剧、黄梅戏等传统的剧种日渐衰落，其原因是多方面的，但是它们不适合与现代传播技术融合也是一个不争的事实。美国的大片、日本的动画片等带给人的视觉刺激，恰恰发挥了技术的魔力。目前居“统治”地位的是视觉、声音和影像，尤其是后者，组织了美学、统率了观众。当代文化正在变成一种视觉文化，而不是一种印刷文化。

网络为我们构建了一个前所未有的虚拟世界。网络不再仅仅是一种基于信息技术的文化形态，而成为人类生存的新空间，即虚拟社会。在这个社会中，生产力核心要素的演化由实到虚、由硬到软、由有形到无形、由实物形态到虚拟形态。以物质、资本等有形稀缺资源获取财富的方式，被主要以信息知识的无形再生资源获取财富的方式所取代。网络小说、网络歌曲、IP 剧无不是技术的产物。很多小说是先在网上流行，然后再出版或被拍成影视剧。即使在网上流行也是过程性的，即作者不是将小说写完以后才发布到网上，而是边写边发布，读者在阅读的过程中可以参与讨论。这种方式不仅使写作模式发生了改变，也使阅读模式发生了改变。

（二）媒介融合的技术先导性

传媒发展是技术进步直接推动的结果，正因为如此，媒介融合所产生的媒介形态也必然建立在技术发展的基础之上。造纸术和印刷术的发明与改进直接促成纸质平面媒体的出现和发展；电子技术的出现和进步造就了广播电视媒体的兴起和繁荣；网络技术、移动通信技术、数字技术不仅直接创造出网络媒体、手机媒体等新兴媒体形态，更进一步将各种既有媒介连接贯通，造就了具备融合特性的新媒体。网络报纸、网络杂志、网络广播电视等新兴媒介形态，无不是在新技术的支持下诞生和发展的。

科技是第一生产力，是媒体融合的直接推动因素。随着数字技术、卫星技术、互联网技术、多媒体技术的进步，这些技术在传媒领域的应用日益成熟，而以数字技术为代表的新技术的高度渗透性和无边界性使得相同技术可以应用于不同媒体终端，新的媒体形态不断出现。无论是早期传统媒体与新媒体之间的融合，还是不同新媒体之间的融合，媒介融合的过程都表现出明显的技术先导性。技术在媒介融合的兴起和发展过程中起到导向性的作用。

技术对媒介融合的推动作用突出表现在新媒体上。以数字技术为例，作为新媒体的基础技术，它也是推动新媒体与其他媒体融合的最关键的技术形式。尼葛洛庞帝在《数字化生存》中这样解释数字技术的作用：数字化生存为生存和活动于现实社会的人提供进行信息传播和交流的平台，不过，这个平台是借助于“数字化”构造的，虽是虚拟的，却是真实的而非想象的，是一种“真实”的虚拟空间。① 数字技术本身具有融合特质，“0”和“1”的排列组合让数字技术能够突破媒介的形态壁垒，消融媒介边界，为媒介融合提供基础条件和纵深动力。正是由于这种虚拟性和建构性，才使得采用数字技术的各种新媒体形态能够相互交融、相互贯通。网络技术也具有同数字技术一样的虚拟性和建构性，无论何种媒介，只要采用相同标准的网络技术，都能够实现互联互通。IP 技术是最重要的网络技术，它的成熟和普及实现了网络媒体产业基础技术标准的统一。“由于 IP 技术的发展，世界电信业才有了发展的可能性，使有线网络和无线网络不断走向融合”。②

技术不仅是媒体融合的核心动力，也是媒体融合的首要体现。媒介融合中最明显的融合就是传播技术的融合。传播技术的融合既是媒介融合的基础，也是媒介融合最为鲜明的特点。这些技术包括数字排版、数字印刷、数字合成、数字编辑、虚拟现实技术、增强现实技术等，它们的产生和使用极大地改变了信息采集和传播方式。在多媒体时代，通过数字技术的处理，任何形态的信息都可以整合为统一的数字化信息，传媒一体化的趋势日益明显，媒体之间的融合得到了技术保障。同时，传播新技术的使用还催生出许多新兴的传媒产品，如网络报刊、手机广播、网络电视等，这些复合的传媒形态无法被简单地归结为任何一种传统媒体形态。

二、推动媒介融合的三大技术

在所有推动媒介融合的技术条件中，尤以网络技术、通信技术和数字技术产生的影响最为突出。

（一）网络技术及其发展脉络

此前的媒介传播遵循着一对一或者一对多的传播模式，媒介本身都是相对独立的

---

① ［美］尼葛洛庞帝：《数字化生存》，胡泳等译，140 页，海口，海南出版社，1997。

② 王菲：《媒介大融合》，11 页，广州，南方日报出版社，2007。

个体，比如一本书、一部电话、一台电视等。而网络媒介实现了多对多的信息传输方式。

所谓“计算机网络”，是指若干台地理位置不同且具有独立功能的计算机通过通信设备和线路相互连接起来，以实现信息传输和资源共享的一种计算机系统。网络上的每一台计算机被称为一个节点。网络互联的目的是使用户能够访问其他网络的资源，以及使不同网络上的用户能够互换信息。

互联网是目前世界上最大的国际性互联网络，它由大大小小的成千上万个网络连接而成。虽然从技术的角度讲，互联网与网络是两个概念，但在非计算机领域，人们所说的网络通常就是指互联网。

1. 互联网的诞生及互联网发展的两次技术变革

最早的互联网由美国国防部高级研究计划局于 1969 年建立，目的是为了减少因遭遇外国核武器打击给本国控制系统所带来的损伤，即使网络中的某一物理层遭到破坏，整个网络系统依然能够正常运行。

1972 年，文顿·瑟夫和鲍勃·坎提出了 TCP/IP 协议。1983 年，该协议被指定为互联网的标准协议，意味着互联网世界有了统一的“语言”。这也被认为是全球互联网正式诞生的标志，是互联网发展的第一次技术变革。

伴随着技术的进一步变革，对互联网的研究和应用逐渐走出实验室。从技术上讲，欧洲粒子物理实验室的蒂姆·伯纳斯·李在 1989 年提出的万维网的技术构想从根本上为互联网成为一种传播媒介奠定了基础，这也可看作是互联网发展的第二次技术变革。

作为互联网的一种主要应用形式，万维网的主要思想是利用互联网传送文字、图像、声音、视频等多媒体信息，同时通过超链接将网络中的信息相互连接。万维网的出现使得原本只能由技术人员使用的互联网技术变得平民化，也使得网络作为一种媒介在传播中得到广泛应用。

2. 新一代互联网的核心技术

万维网使互联网技术在 20 世纪 90 年代进入高速成长期，但技术发展永远不会停止。2005 年以来，新一代互联网的核心技术主要包括 IPv6、网格计算、P2P 技术以及语义网技术。

(1)IPv6

目前互联网采取的地址结构为 IPv4，即网际网协议第 4 版——Internet Protocol version 4 的缩写。IPv4 被定义为一个跨越异种网络互联的超级网，它为网际网的每个节点分配全球唯一的 IP 地址。IPv4 使用 32 位表达一个地址，地址最多是 2^{32} 个，约为 43 亿个。采用 IPv6 结构，将大大提高下一代互联网的地址容量。而且，在这样的基础上，互联网的价值将得到大大提高。对于普通人来说，IPv6 带来的可见的影响就是家里的每一件电器都可以联网，使网络速度空前提高。第二代中国教育和科研计算机网正式采用了 IPv6 技术，目前它以每秒 10G 的传输速率(相当于每秒传送 15 张 VCD 光盘存储的信息)连接全国主要城市的核心节点，为全国几百所高校和科研单位提供高速网络接入服务。这种技术可以使中国在未来的互联网竞争中占据更为有利的位置。

(2)网格计算

网格计算即分布式计算，是利用计算机的 CPU 的闲置处理能力来解决大型计算问题的一门计算科学。它研究如何把一个需要非常巨大的计算能力才能解决的问题分成许多小的部分，然后把这些部分分配给许多计算机进行处理，最后把这些计算结果综合起来得到最终结果。

网格计算意味着应用程序不再“绑定”到具体的物理系统和平台软件上，数据和程序能够在计算节点间“流动”起来。因此，网格计算是网络计算技术的一个新发展，是伴随着互联网迅速发展起来的专门针对复杂科学计算的新型计算模式。网络计算技术的水平，反映了网络处理信息能力的高低。

(3)P2P 技术

P2P 技术也称对等网络技术，是与目前万维网所采用的客户端/服务器结构方式有本质区别的一种网络结构。该技术摒弃只能从服务器获得资源的观念，认为每台电脑都是一个 peer，都可以从其他 peer 上获取自己想要的资源，同时自己也在同他人共享自己的资源。在 P2P 网络中，每一个节点所拥有的权利和义务都是对等的。

让 P2P 思想深入人心的是成立于 1999 年的美国 Napster 公司。该公司提供的服务是让网民们交流音乐文件，但在 Napster 的服务器上却没有一首歌曲。它只是提供了一个软件，乐迷利用这个软件可以在自己的硬盘上共享音乐文件、搜索和下载其他使用了 Napster 服务的用户共享的音乐文件。Napster 短时间内吸引了几千万用户，尽管该公司被五大唱片公司以侵权罪名告上法庭，但 Napster 的这项技术让人们看到了 P2P 技术在互联网上巨大的应用潜力。

我国大部分用户都使用路由器或交换器之类的其他 NAT 设备来共享网络，这使得不同内网上的用户之间交流起来十分困难。P2P 技术的出现确实令交流变得可行和简便，极大地节省了服务器的带宽。

(4)语义网技术

在万维网诞生之初，网络上的数据只有人类可读，计算机无法理解和处理。比如，我们浏览一个网页时能够轻松理解网页上的内容，而计算机只知道这是一个网页。网页里面有图片、有链接，但是计算机并不知道图片是关于什么的，也不清楚链接指向的页面和当前页面有何关系。语义网正是为了使网络上的数据变得机器可读而提出的一个通用框架。

语义网(Semantic Web)是万维网之父蒂姆·伯纳斯·李在 1998 年提出的一个概念，其核心是通过给万维网上的文档添加能够被计算机所理解的语义“元数据”，使整个互联网成为一个通用的信息交换媒介。“Semantic”就是用更丰富的方式来表达数据背后的含义，让机器能够理解数据。“Web”则是希望这些数据相互链接，组成一个庞大的信息网络，正如互联网中相互链接的网页，只不过基本单位变为粒度更小的数据。

简单地说，语义网就是一种能够根据语义进行判断的智能网络。在语义网上连接的每一部电脑不但能够理解词语和概念，还能够理解它们之间的逻辑关系，可以使交流变得更有效率，实现人与电脑之间的无障碍沟通。语义网中的计算机能利用自己的智能软件，在万维网上的海量资源中找到用户所需要的信息，从而将一个个信息孤岛发展成一个巨大的数据库。

语义网是对未来网络的一个设想，涉及人工智能领域的部分与 Web3.0 智能网络的理念不谋而合。因此，语义网的初步实现也成为 Web3.0 的重要特征之一。但是语义网想要成为网络上的超级大脑，需要长期的研究。这意味着语义网的相关目标的实现会成为网络发展进程的重要部分，并且延续数个网络时代，其将逐渐转化成“智能网”。

3. 从 Web1.0、Web2.0 到 Web3.0

Web 是用于发布、浏览、查询信息的网络信息服务系统，是存储在 Internet 计算机中的数量巨大的文档的集合。这些文档被称为页面，是一种超文本信息，可以用于描述文本、图形、音频、视频等多媒体。Web 技术的发明极大地方便了人们对网上资源的组织和访问。

(1)以网络数据检索为主要特征的 Web1.0 时代

20 世纪 90 年代，互联网进入民用领域，美国的报纸开始大量推出网络版。对读者来说，网络令他们一夜之间接触到大量的信息，但缺乏一种对信息有效整合的渠道。20 世纪 90 年代后期，门户网站开始在美国出现，典型代表是 Yahoo 和 Excite。门户网站根植于搜索引擎或内容整合商，通过整合信息吸引大量读者，并向读者提供搜索、邮件、购物、聊天等附加服务，同时通过网络广告等形式从大量读者资源中获益。以搜索引擎、门户网站为典型代表的网络时代被学界称为 Web1.0 时代。

在 Web1.0 时代，网站提供的信息只能阅读，不能修改，作用相当于图书馆。所以，Web1.0 只解决了人对信息搜索、聚合的需求。此时的网络是少数媒体或者公司的信息发布渠道，与大众距离很远。因此，Web1.0 的本质是信息，Web1.0 时代的重要特点是内容整合、单向的信息传递。但 Web1.0 没有满足人与人之间沟通、互动、交往、参与的需求，所以 Web2.0 应运而生。

(2)以媒介形态多元、网际协作普及为主要特征的 Web2.0 时代

Web2.0 的概念由一个名叫 Dale Dougherty 的美国人于 2002 年第一次提出，他是美国 O'Reilly & Associates 科技出版公司的副总裁。①

如果说 Web1.0 主要满足的是人对于信息的需求，那么 Web2.0 主要满足的就是人与人之间沟通、互动、交往、参与的需求。Web2.0 的兴起强调互联网的应用要以人为

① 熊澄宇：《媒介史纲》，188 页，北京，清华大学出版社，2011。

中心、去中心化，Web2.0 模式下的典型应用包括 Blog、RSS、Tag、Wiki、SNS、P2P、IM 等。

由此我们不难理解，Web2.0 的核心特点就是内容服务的个性化、用户的主动性和交互性。它鼓励用户创造内容，让网民参与信息产品的创造、传播和分享，增强了信息源的广泛性和信息内容的草根化。Web2.0 在模式上由单纯的“读”向“写”以及“共同建设”发展，用户由被动接收互联网信息向主动创造互联网信息发展，不仅是网站使用者和信息接收者，而且能参与其中，成为信息内容的制造者。这就像一个庞大的朋友和熟人圈子，用户仍然可以用它来获取信息，还可以参与到会话中，让会话变得更丰富。

同时，Web2.0 也存在诸多问题和争议。比如，用户提供的信息的质量很难与专业媒体人提供的信息相比，还有版权以及信息安全等问题。另外，鼓励用户创造内容给网络舆论管理带来了更大挑战。而且 Web2.0 没有考虑如何使用户的参与实现赢利，所以也很难保证用户参与度。因此，Web2.0 无法完全取代 Web1.0，两者互为补充。

(3)以聚融为主要特征的 Web3.0 时代

Web2.0 让网民参与信息产品的创造、传播和分享，特别是在内容上的创造。这个过程是有价值的，人们在创造中获得更多的荣誉、认同，包括财富和地位。正是因为更多人参与了有价值的创造劳动，“要求互联网价值重新分配”是一种必然趋势。而 Web2.0 的缺点就是没有体现出网民劳动的价值，所以它很脆弱，因而必然催生新一代互联网，这就是 Web3.0。

Web3.0 面对的最大问题就是解决海量信息在细化后的定向搜索与获利机制问题。[①] 它最大的特点是将谁能更好地利用网络资源谁就是赢家的规则，变成了谁更懂得与人合作并转化资源谁就是获胜者。Web3.0 为用户提供了更好的自我整合能力，这意味着其能够成为一个围绕用户服务的更好的整合中心，具有极强的凝聚性和扩张性。

在 Web1.0 时代和 Web2.0 时代，我们通过搜索关键词找到各种相关的信息，而后需要自己进行筛选；而在 Web3.0 时代，互联网可以帮我们做出选择，直接给出方案。碎片化的信息和个人都没有战斗力，有组织的信息和个人才有战斗力。当我们在网上搜索时，浏览器会逐渐了解我们的兴趣爱好，从而为我们提供个性化的方案。我们越经常使用互联网，浏览器就越了解我们，也就越有可能帮我们得出满意的答案。比如，当我们通过浏览器询问“我适合买什么手机”后，浏览器会查阅我们的各项网络活动记录，综合分析各项与“手机”相关的数据，如手机上网的流量和对手机品牌、价格及颜色的偏好等，最后生成最符合我们兴趣偏好的答案。

因此，Web3.0 是一个全新的以服务为内容的互联网系统，其最明显的特征就是主

---

① 熊澄宇：《媒介史纲》，188 页，北京，清华大学出版社，2011。

动性，即强调网站对用户需求的主动满足，提供用户所需要的资源。这样，用户通过互联网不仅能获取答案，还能直接接受服务，以便满足更复杂的需求。Web3.0是Web2.0的进一步发展和延伸，是在Web2.0的基础上，通过第三方信息平台同时对多家网站的信息进行整合使用，对杂乱的微内容进行最小单位的继续拆分，做到标准化、结构化，实现微信息间的互动和微内容间基于语义的链接。Web3.0能够进一步深度挖掘信息，并使其直接从底层数据库进行互通，把散布在互联网上的各种信息点以及用户的需求点聚合和对接起来，通过在网页上添加元数据使机器能够理解网页内容，从而提供基于语义的检索与匹配，使用户的检索更加个性化、精准化和智能化。Web3.0在广告中的运用被人们冠以“精准营销”的名号，其实质是通过对消费者的上网行为进行分析，帮助推送精准有效且受消费者喜欢的广告。因此，Web3.0的核心就是语义网的思想，也就是让网络“能思考”“有智能”。其先进的技术和独特的信息服务方式，使更好地实现个性化信息服务成为可能。

表 3-1　Web3.0与Web1.0、Web2.0的区别

	Web1.0	Web2.0	Web3.0
用户参与角度	以静态、单向阅读为主，用户仅是被动参与	通过以分享为特征的实时网络，用户可以实现互动参与，但这种互动仍然是有限度的	以网络化和个性化为特征，可提供更多人工智能服务，用户可实现实时参与
技术角度	动态HTML和静态HTML网页技术	RSS、XML、AJAX等技术和理论	综合性的，关键技术是语义Web、本体
应用角度	搜索引擎、门户网站	Blog、Wiki、SNS、IM等	受众引擎、精准营销
传播学角度	单向信息传递，提供巨量新闻，改变新闻供求关系，主要满足人对信息的需求；用户是信息消费者	用户不仅是信息消费者，还开始拥有信息生产者的权利，无形中影响了社会信息传播和舆论导向，彻底改写了一对多的传统传播路径，带来了信息的双向和多向流动	给供大于求的过量信息提供解决方案，实质成为技术上的信息“守门人”

Web1.0主要满足人对于信息的需求，Web2.0主要满足人与人之间沟通、互动、交往、参与的需求，而Web3.0主要满足用户对机器理解、信息集成和语义服务的需求。Web技术从Web1.0发展到Web3.0，使用户得到了更好的服务。Web3.0时代让互联网真正互联起来，使人与互联网的融合更加和谐。

（二）通信技术——4G技术、5G技术

1. 从1G到3G

随着手机与互联网技术的结合，原本只是人们在移动中作为人际传播的通信工具的手机，现在已成为重要的大众传播媒介。手机通信标准经历了四代的发展。

第一代模拟制式手机是指模拟语音的移动电话，以20世纪70年代末出现的模拟

蜂窝移动电话等为标志。它只能进行语音通信，而且由于受到传输带宽的限制，不能进行移动通信的长途漫游，只是一种区域性的移动通信系统。

第二代移动通信系统“数字移动通信系统”(2G)在20世纪80年代末开始出现。它以数字语音传输技术为核心，避免了模拟方式在进行远距离传输时可能发生的信号衰弱现象，同时能够增加蜂窝单元内的用户数量，并且可以通过加密来提高传输安全性以保护隐私。2G的代表就是我们熟知的CRM系统。2G手机为现实生活带来的最突出的改变是出现短信功能，世界上第一条短信诞生于1992年12月，诞生地点是英国电信企业沃达丰公司，诞生的方式主要是借助CRM网络将消息从一台电脑传递到一部手机。2000年5月，中国移动正式开通了短信(SMS)服务，发出了中国第一条短信。此后，短信成为移动通信公司发展最快的经济增长点，一时间也成为年轻人之间最流行的沟通方式。

2G时代，网络提供的带宽仍然比较有限，用户体验速率大约为9.6kb/s。现在大家通常认为在2G时代和3G时代中间存在一个缓冲期——2.5G时代，此时的代表技术包括GPRS、CDMA、WAP、蓝牙等。GPRS作为第二代移动通信技术GSM向第三代移动通信系统(3G)发展的过渡技术，是由英国BT Cellnet公司在1993年提出的。GPRS是在原有的GSM网络的基础上叠加一个新的网络，同时在网络设备上增加硬件，并对原软件升级，形成了一个新的网络逻辑实体。虽然在传输内容上没有更大的突破，但此时的带宽在40～100kb/s，传输速度也进一步提高，可以让原有的GSM网络更轻易地实现高速数据的接入。WAP协议即无线应用协议，是一个专门为移动应用而设计的小型浏览器协议。WAP手机即在手机中预装了客户应用软件，这种软件能够把移动通信网和互联网连接起来，实现无线上网。人们能通过手机内置的微浏览器访问网上站点，随时随地获取信息、收发邮件，进行一定的电子商务活动。作为针对移动通信设备接入互联网而设计的规范标准，WAP已成为各种无线终端上网的全球标准。2000年5月17日“世界电信日”前夕，中国电信开通了WAP无线上网“随身169”服务，中国电信WAP门户站点也开始向无线上网用户提供在移动状态下处理和使用信息的条件、手段和环境。

2003年9月1日，我国江苏省的《扬子晚报》以简洁的文字、图片等形式将报纸内容通过彩信、WAP等方式发送到用户终端。2004年年初，国内其他媒体也陆续试水手机报。手机报的迅速发展体现出其方便、快捷、简洁的特点，虽然无法和互联网以及传统媒体的海量信息相提并论，但是对城市中忙碌的工作者而言，通过简单的“标题式阅读”或者“摘要式阅读”能够快速了解一天的新闻，这无疑是不错的选择。

第三代移动通信技术与前两代相比，有更高的带宽，不仅能传输语音，还能传输数据，主要特征是能够实现高速数据传输和宽带多媒体服务。在高速移动环境下，3G能够支持144kb/s以上的速率；在步行和慢速移动环境下支持384kb/s，在静止时支持2Mb/s，并且可以保证服务质量，为用户提供更经济、内容更丰富的无线通信服务。

但第三代移动通信技术难以达到较高的通信效率，不能满足用户对高速多媒体业务的要求，难以提供动态高速率业务，也难以实现不同频段的不同业务环境间的无缝漫游。因此，第三代移动通信技术仍无法满足人们参与网络、享受网络生活的通信需求，并且网络的智能化程度仍有待提高。

2. 4G 手机通信标准

2013 年 12 月 4 日，工业和信息化部正式发放 4G 牌照，宣告我国通信行业进入 4G 时代。第四代宽带和多功能集成手机集 3G 与 WLAN 于一体，并能够快速传输数据、音频、视频和图像等。4G 能够以 100Mb/s 以上的速度下载，比此前的家用宽带 ADSL 快 25 倍，上传的速度也能达到 20Mb/s，并能够满足几乎所有用户对无线服务的要求。此外，4G 可以在 DSL 和有线电视调制解调器没有覆盖的地方部署，然后再扩展到整个地区。

表 3-2　4G 与 3G 的特征比较①

特征	3G	4G
业务	语音、数据业务	融合数据和 VOIP
网络结构	蜂窝小区	混合结构(包括 Wi-Fi/蓝牙等)
频率范围	1.6～2.5GHz	2～8GHz，800MHz 低频
带宽	5～20MHz	100＋MHz
速率	384kb/s～2Mb/s	20～100Mb/s
接入方式	WCDMA \ CDMA2000 \ TD	MC-CDMA 或 OFDM
交换方式	电路交换 \ 包交换	包交换
移动性能	200Kmph	200Kmph
IP 性能	包含 IP	全 IP(IPv6)

4G 与 3G 系统相比：

(1)通信速度更快。从全球范围的测试和运行的结果看，4G 网络的速度大致可比 3G 网络快 10 倍，这意味着 4G 能够传输高质量视频图像。

(2)增值服务更多。3G 主要是以 CDMA 为核心技术，4G 则以正交多任务分频技术最受瞩目，利用这种技术可以实现无线区域环路、数字音讯广播等方面的无线通信增值服务。

(3)技术融合更强。4G 不再局限于电信行业，还可以应用于金融、医疗、教育、交通等行业，使局域网、互联网、电信网、广播网、卫星网等能够融为一体，组成一个通播网，提供高品质的信息服务，向宽带无线化和无线宽带化演进。

① 闻立群、胡海波、庾志成：《4G 技术发展特征及趋势分析》，载《通信世界》，2008(2)。

4G 新业务发展分析：

从 2G 到 3G 再到 4G，每一次技术升级都为产业的发展注入新的活力。从用户的角度讲，最直观的感受是服务质量不断提升、服务类型更加多样。2G 时代，用户主要用手机打电话、发短信，至多登录 WAP 网、浏览近期的新闻；3G 时代，数据业务快速发展，用户开始用手机浏览网页、收发邮件，利用社交应用与好友互通有无；4G 时代，流量业务成为运营商业务收入的重要来源，扩大流量规模与提高流量价值成为 4G 套餐设计过程中的重要考虑因素。

首先，智能手机用户规模的飞速扩张催生出巨大的数据流量使用需求，4G 用户数和基站数保持增长，4G 用户对于移动数据流量资源的惊人需求使数据业务成为 4G 移动通信业务发展的主要动力。

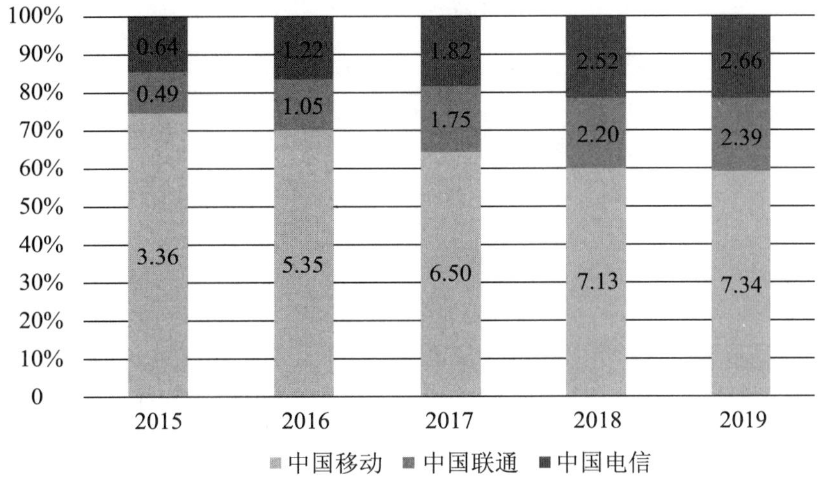

图 3-1　三大运营商 4G 用户数不断提升(亿)

用户基数的快速增长和通信资费的下降有效地刺激了用户对通信服务的需求，4G 用户对于移动数据流量资源的需求十分惊人。在 2014 年上半年，3G 用户的人均流量只有 200MB 左右。工信部公布的数据显示，2018 年 1—11 月，移动互联网累计流量达 624 亿 GB，同比增长 194.3%；11 月当月 DOU(户均移动互联网接入流量)达到 5.79GB，同比增长 142.3%。从整体来看，流量消费呈井喷式发展，相比较 2G 时代和 3G 时代用户对流量的需求，无疑发生了翻天覆地的变化。

移动互联网流量保持高速增长，DOU 进一步提升。自 2015 年起，移动互联网流量逐年高速增长，2016—2018 年增长绝对值分别为 51.7 亿 GB、152.4 亿 GB、465 亿 GB。2019 年以来，各月移动互联网流量保持高速增长，累计流量再创新高，单个用户流量需求维持高增长。

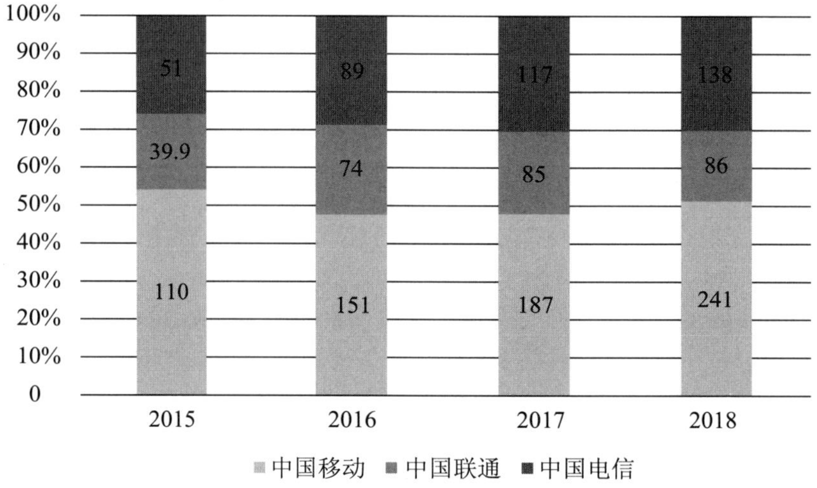

图 3-2　三大运营商 4G 基站数持续提升(万)①

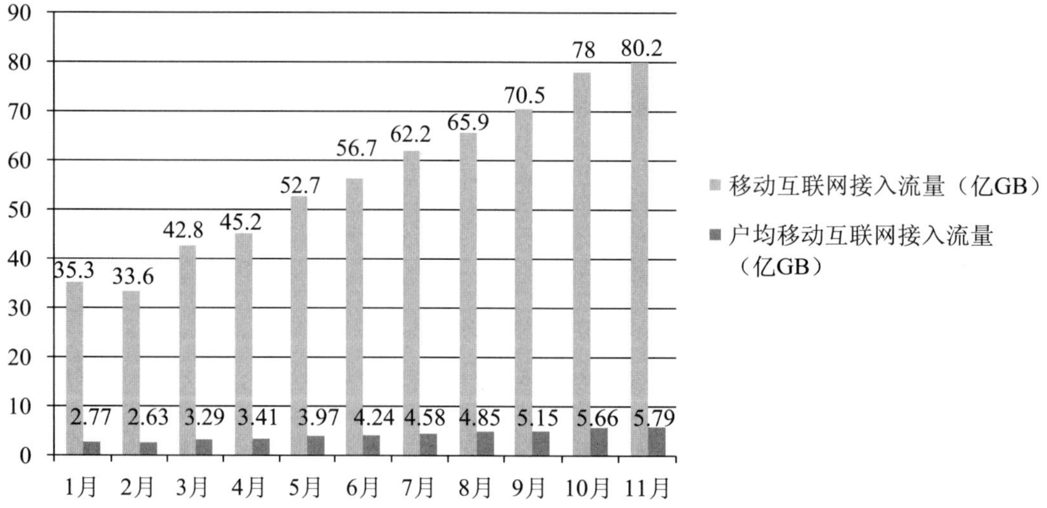

图 3-3　2018 年 1—11 月移动互联网流量消费情况②

数据业务取代语音、短信业务，成为运营商的主要收入来源。从三大运营商 2015 年上半年财报提供的数据看，非语音业务收入占比逐渐增长，语音业务收入占比逐渐下滑。中国联通非语音业务收入达到 68.3%；中国移动数据业务移动数据流量同比增长 154%，收入达到 1515 亿元，占通信服务收入比重上升至 50.6%。从中国移动 2016

① 《2019 年通信行业三大运营商发展现状分析：三大运营商数据业务收入增速下滑》，https：//www.chyxx.com/industry/201911/801768.html，访问日期：2020-11-13。

② 《2018 年三大运营商业绩大 PK：究竟哪家实力更强》，https：//xueqiu.com/3213129193/120156717，访问日期：2020-11-13。

年报显示的用户手机流量情况看，年度无线上网收入较去年上升 43.5%，占通信服务收入比重达到 46.2%，首次超过语音和短彩信收入之和，成为公司第一大收入来源。

从 2018 年三大运营商数据业务中的移动数据业务的情况来看，2015—2017 年，由于用户流量需求提升，该业务收入增速持续提升；2018 年，受到流量单价下降的影响，该业务收入增速下滑。

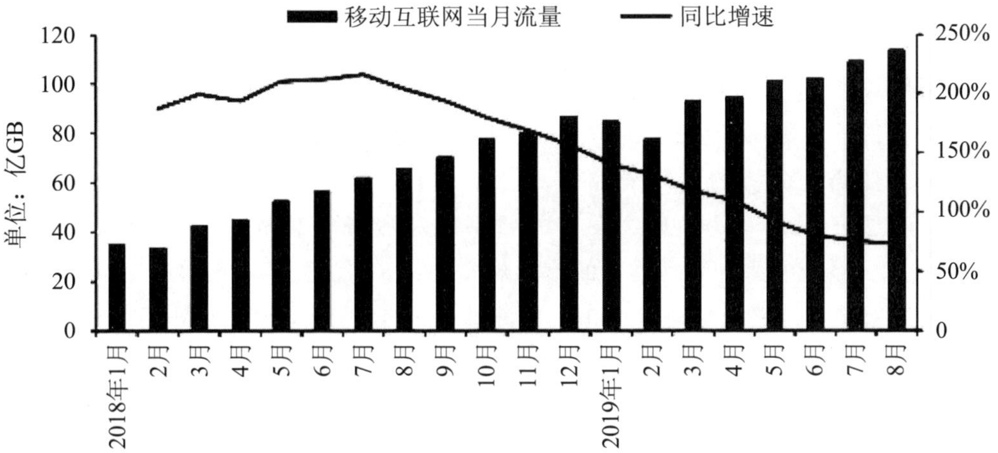

图 3-4　2019 年移动互联网增速保持高增长，累计流量再创新高①

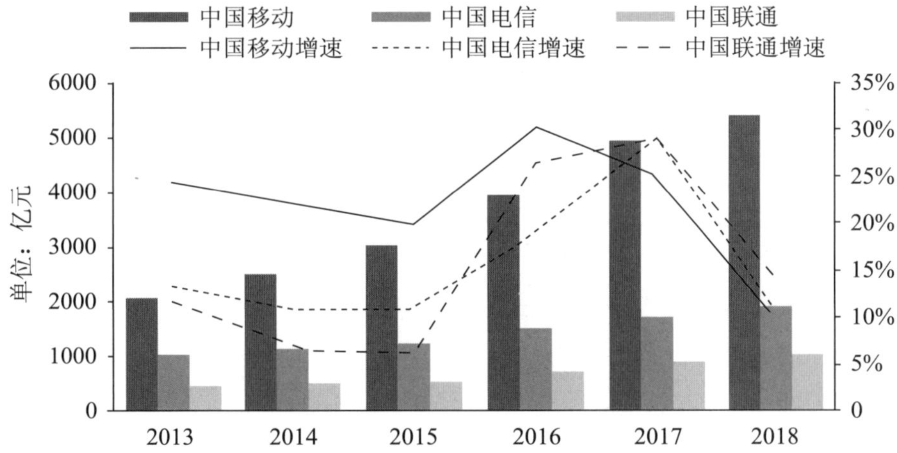

图 3-5　运营商移动数据业务增速下滑②

其次，以视频、云计算为代表的大流量业务成为 4G 业务发展的重点突破口，使产业重心出现转移。一方面，全国移动互联网接入流量规模的提升使用户克服了因流量

---

① 《2019 年通信行业三大运营商发展现状分析：三大运营商数据业务收入增速下滑》，https://www.chyxx.com/industry/201911/801768.html，访问日期：2020-11-13。

② 同上。

资费高昂而不消费流量的心理障碍；另一方面，从产业的角度看，流量的提升使得高带宽应用类流量产品得到广泛应用。相比以往的文字、图片、音乐等形式，视频业务的多媒体属性更强、用户体验更为丰富。

思科全球技术政策副总裁罗伯特·佩珀表示："未来某一天，每个月都会像世界杯月一样，因为视频消费将越来越多。"4G移动视频更加高清、视频内容更加丰富(尤其是由于原创视频的发展)，视频在移动购物、移动教育、移动社交等领域的作用正在不断提升，这使得企业可以在未来基于视频业务建立起一种全新的综合信息服务平台。相比于视频业务是将3G时代的已有产品发扬光大，云计算业务则更多地代表了业务创新的可能。得益于4G网络出色的数据处理能力，基于海量图像数据分析的增强现实服务和基于自然语言分析的在线云翻译、语音助手等业务步入实质性发展阶段，成为O2O市场重要的发展动力。IDC发布的云系统和服务管理软件半年跟踪报告显示，2019年中国云系统和服务管理软件的市场规模达1.51亿美元，同比增长44.2%。IDC预测，受新冠肺炎疫情的影响，该市场在未来五年会受到一定影响，但是规模仍然会保持高速增长，其年复合增长率为30.0%；到2024年，市场规模将达到5.62亿美元。

最后，4G与传感器、物联网结合，对数据进行分析、挖掘以及信息共享，将深刻影响未来物联网产业的发展。目前，全球领先的运营商纷纷尝试打造自己的物联网应用生态系统。运营商越来越重视将4G应用于汽车、金融、家庭安保和移动医疗等领域，开拓物联网市场。如面向家庭市场推出数字生活服务，通过4G网络及各种传感器实现视频监控、自动化控制及安全告警等服务，用户可通过智能终端、PC等多种终端进行控制；Verizon开发了医疗手镯以及用于救护车的移动路由器等产品。

2019年7月25日，工信部公布的2019年上半年通信业经济运行情况显示，传统业务收入增长见顶、新兴业务持续上扬。截至2019年6月底，三家基础电信企业的移动电话用户总数达15.9亿，同比增长5%，其中4G用户数量为12.3亿。由此可见，个人移动市场的红利期已经过去。此外，运营商还要背负电信普遍服务、取消全国漫游费、提速降费、5G建设等重任。

3.5G时代：万物互联的时代

海量的数据需要强大、稳定的网络来支持，作为新一代通信技术，5G正向我们走来。2013年2月，工信部、发改委、科技部联合成立IMT-2020(5G)推进组。"G"是"Generation"的首字母，代表通信技术发展的代数。第一代解决了通话问题，第二代实现了清晰语音及文字传输功能，第三代发展为多媒体及数据传输，第四代在网络速率提升显著的情况下可以流畅观看高清视频节目。而第五代通信技术将能够实现万物互联，无延时地实现终端之间的联系。

对5G而言，2019年是非凡的一年——全球40多家运营商和40多家终端厂商推出了5G网络和产品。对比商用元年的情况，5G部署的速度和规模远远超过了3G和4G，全球众多国家和地区共同推动5G部署，可以说5G引发了全球共振。到2020年年末，全球5G用户数量达到2亿。

工信部负责人2020年1月20日在国新办举行的2019年工业通信业发展情况新闻发布会上介绍，2019年国内市场5G手机出货量超过1377万。此外，我国5G基础设施建设和应用力度加大，截至2019年年底，全国共建成5G基站超13万个。目前我国5G商用产品逐渐丰富，截至2019年年底，已有35款手机终端获得入网许可，国产5G手机芯片投入商用。在超高清视频、AR/VR、智能网联汽车等消费领域，5G应用取得积极成效，工业互联网、医疗、能源等垂直行业或领域积极探索应用场景，已形成部分应用合作试点。值得一提的是，2019年网络强国建设取得扎实进展，超额完成网络提速降费年度任务，“携号转网”全国实行，IPv6基础设施全面就绪。

从目前移动通信行业的实际需要来看，5G比4G有更广阔的应用空间和发展前景。5G的基本特征已经明确：高速率(峰值速率大于每秒20Gb，相当于4G的20倍)，低时延(网络时延从4G的50ms缩减到1ms)，海量设备连接(满足1000亿量级的连接)，低功耗(基站更节能，终端更省电)。5G技术将成为移动互联网以及其他新兴行业发展过程中的重要推力。

英特尔(中国)通信与设备事业部无线标准首席技术专家吴耕说，无人驾驶、虚拟现实、智慧城市、医疗和急救等领域将因5G而释放巨大的潜力。在5G技术推动下，无时不有、无处不在、万物互联正在成为现实。5G技术不仅仅让网速变得更快，还为智能设备的连接提供了无限可能。从智能手机、智能穿戴设备到无人机，再到智能汽车，所有设备都能够通过低时延、高带宽的5G网络紧密连接在一起。

5G时代要求在多个领域实现政策和监管的现代化。政策制定者在5G经济中面临的挑战是：他们必须准备好面对5G技术在日常生活中的普及，避免设立那些妨碍持续创新的体制。创新对5G经济的成功至关重要。保障企业敢于冒险、投资并持续不懈地追求创新的政策，尤其是那些监管知识产权保护的法规，是利用和开发5G经济全部价值的最优载体。

（三）数字技术

在信息化时代，电子技术逐渐被应用到人们生活和生产的各个领域。根据所处理的电子信号的不同，电子技术分为模拟电子技术和数字电子技术。

模拟电子技术处理的信号在时间上或数值上是连续变化的，如温度和速度，这类信号被称为模拟信号。模拟电子技术主要通过连续的模拟信号进行技术处理。模拟信号是一种信号与信息不断变化的物理量表示，其数值在时间和幅度的取值上都是连续的。模拟信号分布于自然界的各个角落，模拟电子技术的应用领域也非常广泛。

在传输效果方面，模拟电子技术需要对所设计的放大器进行增益处理。模拟通信的优点是直观、易于实现，但它有两个主要的缺点：第一，模拟通信尤其是微波通信和有线通信很容易被窃听，根据接收到的模拟信号很容易获得通信信息。第二，在信号接收方面，信号传输时会受到各种噪声的干扰，其内部的通信系统和外部的空间都会产生噪声，这些噪声干扰很难和信号分开，导致通信质量下降。①

数字电子技术指的是运用“0”和“1”两位数字编码，通过电子计算机、光缆、通信卫星等设备来表达、传输和处理所有信息的技术。数字技术也称数字控制技术，一般包括数字编码、数字压缩、数字传输、数字调制与解调等技术，是计算机技术、多媒体技术以及互联网技术的基础，也是实现信息数字化的技术手段。它将客观世界中的事物转换成计算机唯一能识别的机器语言，从而实现后续一系列的加工处理等操作。

数字技术与电子计算机同步发展，两者之间有密切联系。数字技术可以将原来分属于不同网络传输的图像、文字、声音、视频等不同形式的信息转化为电子计算机可以识别的由“0”和“1”组成的二进制数据流，是一项可以对数字信息进行加工、处理、传输、记录、还原的科学技术。数字技术可以将原来的媒介文本内容用数字化的形式体现出来，进行快速的处理和应用，同时可将数据压缩到很小的空间。在数字技术的大力推动下，通过制作方法数字化、信息存储数字化、传输过程数字化、数字处理自动化，传统媒体与手机、互联网不断整合，优化了信息的传播方式，拓展了信息的传播途径和传播范围，在原来的基础上提升了传播效率。

三、媒介技术的变革对媒介融合的影响

在媒介融合形成的三大诱因中，技术诱因是最根本、最直接的，也是媒介融合的必要条件。如果没有现代网络传播技术的支持，各媒体的内容制作、信息传播和受众获取信息的方式等方面依然处于相互隔绝的状态。

（一）信息内容的数字化处理促进内容形态融合

在传统的传媒产业中，信息的内容是由各个传媒实体单独生产的，所以它们互相独立，彼此似乎没有任何联系。但是现代信息技术的产生使传媒活动发生巨大变化，其中最为重要的就是数字化技术的出现。尼葛洛庞帝在《数字化生存》一书中给我们展现了一个信息数字化的世界，在这个世界中，数字化技术将原来由各种媒体单独生产、具有独立形态的文字、图片、声音等信息内容统一成由“0”和“1”构成的数字化信息形态。这使信息内容的形态得到了统一，打破了各传统媒体之间互无联系的局面，为原先分属不同传播实体的内容形态的融合提供了先决条件。因此，以数字技术为核心的现代信息技术一直是内容融合的基础，也对内容融合产生了巨大的影响力。

（二）新闻生产权、传播权甚至解释权发生转移

随着新媒体技术的不断发展，云计算、物联网、大数据、人工智能与媒体的结合不断深入，智能化成为当前媒体发展的重要趋势。这一趋势不断推动着媒体产业的革新，新闻生产也发生了巨大变化。

在一百多年的新闻实践中，由于新闻媒介技术的不断发展，新闻生产经历了专业

① 吴姿英：《模拟电子技术与数字电子技术的比较分析》，载《数字技术与应用》，2017(3)。

化、业余化和智能化三个重要时期。

新闻业的诞生有两个标志：一是大规模、成批量的新闻传播得以发生，新闻生产依靠专业的组织机构进行；二是有专门的人员进行新闻生产，并以此作为职业。

传统的传媒产业链中的内容生产与传播渠道联系在一起，内容生产需要大量的专业设备和专业技能。但是，随着数字技术和网络技术的普及以及各种多媒体设备的不断涌现和功能升级，信息内容的生产成本大大降低，用一部智能手机就可以完成一则新闻的报道。互联网应用的扩展使这些内容可以便捷地在网络上传播，并产生影响力，这就意味着更多的人参与到新闻生产和传播过程中具有了技术上的可行性。新闻信息的生产开始突破报纸、广播、电视时期只允许专业机构、专业生产者参与的局面，非专业人士开始参与到新闻信息的生产环节中。随着互联网的发展，Web2.0 技术出现，其去中心化的特征能够实现交互式传播。“用户生产内容”意味着更大规模的用户参与到了新闻生产的过程之中。随着产业融合的不断推进以及相关政策的逐步调整，原来的网络运营商、网络服务商甚至一些终端生产商都纷纷加入内容生产者的行列中来。大量的新闻聚合类媒体本身甚至不需要传统媒体的采编人员，借助网络爬虫技术就可以完成新闻内容生产，借助大数据算法就可以进行新闻发布。① 在这一时期，专业新闻机构的核心地位、专业新闻生产者的新闻生产权开始被技术的发展所颠覆和重组。从新闻机构的角度来看，新闻生产开始转移到博客、微博等以 Web2.0 技术为支撑的新媒体平台。这些新媒体平台成为新的媒介组织机构，这就造成了新闻生产在组织层面的边界的不断延伸和扩大。从新闻生产者的角度来看，专业化的新闻从业者的力量不断被冲击，普通人成为新闻生产的重要力量，他们提供新闻线索、进行一手爆料，通过自媒体平台传播信息并引导舆论走向。这意味着新闻生产权、传播权甚至解释权都发生了转移。②

（三）智能化新闻生产使用算法自动从结构性数据中生成新闻

随着云计算、物联网、大数据、人工智能技术不断成熟，数据新闻、机器人新闻等成为新闻生产的新探索。技术的使用不仅拓宽了新闻消息的来源、提升了生产和传播的质量和效率，更使这一时期的新闻生产在整个流程的再造上呈现出明显的技术取向。智能化新闻生产以算法为主要的技术支持，进行内容生产、匹配和分发，在新闻线索发现、新闻价值判断及新闻内容采写、存储和编辑的过程中，可以实现更高效、更快速甚至复合式、一体式的生产。

智能化新闻生产时期具有标志性的事件是机器人新闻的诞生，机器人新闻是使用算法自动从结构性数据中生成新闻。2015 年，腾讯财经开发的自动化新闻写作机器人

---

① 邵鹏、虞涵：《技术赋能下的媒体变革》，载《传媒评论》，2019(7)。

② 蔡莜牧：《新华社媒体大脑：技术驱动新闻生产方式变革》，载《传媒》，2018(20)。选入本书时有改动。

Dreamwriter 根据算法第一时间自动生成稿件，在一分钟内将重要资讯推送给用户。同年，新华社也使用机器人"快笔小新"撰写中英文的体育新闻稿件和财经新闻稿件。2017 年 12 月 26 日，新华社面向全球发布了中国第一个媒体人工智能平台"媒体大脑"，同步生产了首条 MGC(机器生产内容)视频新闻。在 2018 年 3 月的全国"两会"上，"媒体大脑"从亿万数据中筛选、梳理出"两会"舆情热词，用 15 秒快速生产发布了全球首条关于"两会"内容的集文字、音频、画面于一体的视频新闻《2018 两会 MGC 舆情热点》。①

（四）各种信息技术和终端的应用促进信息内容应用融合

党的十九大提出，我国社会主要矛盾已经转化为人民日益增长的美好生活需要和不平衡不充分的发展之间的矛盾。互联网进入了下半场，其赖以生存的人口红利已逐渐消失。在此背景下，增强用户忠诚度和产品黏着度对媒介产业来说至关重要。

尼葛洛庞帝说，"计算不再只和计算机有关，它决定我们的生活"。在互联网环境下，媒介产业要深刻认识到变革的必要性和必然性，解决好受众日益增长的媒介消费需求同媒介产业城乡发展不均衡、创新能力不充分之间的矛盾。

随着数字技术、网络技术、VR、AR、MR 等技术的不断发展，人工智能技术的再次兴起使整个社会进入到以大数据、云计算等数字化的信息技术引领发展的信息化时代，人们获取信息的方式也发生了巨大变化。一切智能转型和服务创新都必须围绕不同类型的用户群体的需求和体验进行，进而为用户提供智能化、场景化、个性化的全方位服务。首先，现代传播技术的产生和发展以及内容产业的出现使信息的形态、数量迅速增长。当前已进入到一个信息爆炸的时代，人们对信息内容产品的期望更高，因此单一形式的信息内容已无法满足人们日益增长的对信息内容的要求。其次，面对海量信息，人们愈发需要不受时间、地点的限制，便捷地获取满足自己特定需求的个性化信息。

在技术驱动力的影响下，传媒产业需要以用户为中心提升核心竞争力。在互联网高度竞争的环境中，满足用户需求已经不再是赢得用户青睐的关键，更重要的是要超越用户需求。

物联网技术、爬虫技术以及大数据技术作为推动媒体融合的重要技术因素，助力媒体充分了解用户需求。在大数据时代，每一个人都可能是行走的数据生成器，我们在各种设备和移动终端上的网络信息访问行为都会留下痕迹。数字化时代无处不在的数据微处理器、传感器及互联网，使得人们的生活痕迹以数据的形式被记录，构成了蕴藏巨大的社会、经济、科研价值的大数据。媒体可以通过爬虫技术搜集、通过大数据技术挖掘用户个体在互联网中保存的个人信息与痕迹，从而充分洞察用户的性格、

---

① 蔡筱牧：《新华社媒体大脑：技术驱动新闻生产方式变革》，载《传媒》，2018(20)。选入本书时有改动。

意愿，了解用户的媒体偏好以及消费需求，使大数据媒体的用户形象更为清晰。通过对媒体用户市场的进一步细分，有针对性地找准每一部分用户市场的现实需求，并进行媒体产品的分类与制作。①

自动化新闻满足用户的个性化需求。自动化新闻可在挖掘用户数据的基础上生成个性化稿件，可对用户的阅读内容和习惯进行分析，可将同一内容的信息整合成多篇角度不同、风格迥异的稿件，为用户推送个性化产品，增强用户黏性。例如，《纽约时报》研发的机器人 Blossomblot，在消息推送的功能点上尝试了智能算法。Blossomblot 能够挖掘出更具社交推广效应的内容，并帮助编辑每天从大量的内容中挑选出适合推送给用户的内容，满足了受众的个性化需求。

虚拟现实技术满足用户的沉浸式体验。在“两会”上，新浪网的《人民大会堂全景巡游》用全景照片技术摄制，以手机版 H5 页面形式推出，通过 VR 全景报道。网友只需在手机上点开链接，就可以瞬间置身于“神秘”的人民大会堂内部；通过手机角度的变换，就可以完成人民大会堂内部各个方位的场景体验。

（五）智能化技术改变了传统媒体分发模式

新媒体的发展过程也是内容分发渠道不断兴起的过程。

在传统媒体的分发模式中，“媒介产品的发行与销售是整个媒介产品经营的龙头，制约着产品营销的全过程”。② 报纸、杂志通过各种运输方式送抵报亭、商店或订户的信箱；电视节目通过无线、有线或卫星电视系统进行传递，最后在屏幕上播出；电影需要通过把拷贝送到各个电影院进行放映。在这个分发模式中，媒体制造内容产品，再通过分发和销售传递给受众，整个过程中包含了各级分销商、零售商，无疑限制了媒体成本的降低和效率的提升。

进入门户时代，商业门户网站这样的第三方内容整合平台成为重要的内容分发平台；搜索引擎普及后，它作为内容分发工具的作用也凸显出来；Web2.0 时代的到来，使社交平台成为公共信息传播的一种新渠道；今天，算法分发技术也为内容的传播带来了新的模式与新的平台。

在内容产业中，普通用户能够感知到的最直接的智能化应用是基于算法的内容分发平台。网络技术和数字技术裂变式发展带来了媒体产业从生产方式到分发方式的变迁，“智能＋”时代的“众媒—融媒—智媒”的快速迭代使得内容产品的分发模式全面转向网络和智能。2012 年，运用算法进行内容推荐的今日头条客户端发布。2013 年，采用类似原理的一点资讯上线。2015 年，腾讯推出了天天快报平台。2016 年，统一以推荐算法为核心但被认为代表了“市场下沉”的趣头条推出。

这些以智能化内容分发技术为核心的新的内容聚合平台，利用大数据与算法技术

---

① 张红梅：《大数据驱动与媒体融合创新》，载《开放导报》，2015(4)。选入本书时有改动。

② 邵培仁：《媒介管理学》，275 页，北京，高等教育出版社，2002。

分析用户行为、完善用户模型，根据环境特征，在机器把关的前提下向用户推荐阅读内容。这种模式通过算法对海量内容进行筛选与定向推送，使内容可以更快地到达与之匹配的人群，内容分发的效率得以提升，用户也可以更快捷地获得自己感兴趣的内容。这显然比传统的发行和销售网络更精准、更高效，成本也更为低廉。同时，技术促使社交网络中形成了受众之间相互分享的“二次分发网络”。基于受众感受的“二次分发”成为算法分发模式的重要补充，使内容的分发轻易突破了平台的限制，成为一种网络空间无边界的覆盖。

智能化算法分发主要解决的是人与内容的关联问题，以个性为核心元素来关联人与内容的维度。在未来，除了个性的维度外，分发思路和数据维度等元素将不断拓展，场景和关系也将成为核心的关联维度。

目前的智能分发主要依赖一些集中性的平台，这些平台尽管存在种种问题，仍在市场上形成了突出的影响力。但从长远来看，集中性的平台或许并不能代表智能分发的全部模式。

一方面，内容生产者希望更好地掌握自己的分发渠道，而不受限于某一内容分发平台，他们未来会加强对智能分发技术的应用，谋求多渠道的自主分发。另一方面，未来用户端的信息获取也会走向场景化，而结合场景的智能分发不会只集中于某一平台上，渠道的分散也是必然的。

2018 年 12 月，《南方都市报》将原来定位于写稿机器人的智能工具“小南”全面升级为“智能信息管家”，利于大数据的算法在海量信息中实时筛选出最新最热的资讯，生成最精简的摘要，实时推送到用户移动端，从而满足用户随时随地了解各行各业信息的需求。虽然“小南”的信息管家功能目前还显得比较简单，但这样的思路或许是未来智能分发的一种发展方向。通过适配的终端或渠道，用户可以在任何场景下通过信息管家获得符合自己需要的内容。个性化内容接收的终端也不限于手机，而是可能会向智能家居、智能汽车等空间中的各种智能设备延伸。

早在 20 多年前，尼葛洛庞帝就在《数字化生存》中预测，数字时代会出现一种界面代理人，它可以阅读地球上每一种报纸、每一家通信社的消息，掌握所有广播电视的内容，然后把资料组合成个性化的摘要。这种界面代理人每天只制作一个独一无二的版本，成为“我的日报”。显然，未来信息管家的信息源不会局限于专业媒体，这样的个性化信息管理与服务在智能时代会越来越成为常态。

就像今天的分发平台一样，信息管家同样需要解决个性化需求与公共整合间的平衡。尼葛洛庞帝也认为，在拥有“我的日报”的同时，我们还需要公共性的“我们的日报”。智能技术如何帮助形成与传播“我们的日报”，也是一个值得探索的问题。

（六）新闻内容向多屏渗透，使受众的跨屏媒介使用日益普及

媒介竞争正从电视大屏向电脑中屏和手机小屏迁移，屏端尤其是小屏移动端逐渐成为竞争的主赛场。凯文·凯利在《必然》一书中指出：“我们已经成为屏之民，屏端构成了新的媒介生态系统。”①从言语之民到书籍之民，再到屏幕之民，受众从纸媒向屏媒凝聚。在智能手机日益普及的时代，人们读屏、听屏、看屏，以往通过报刊、广播、电视等媒介传播的内容，如今都汇集屏端。一方屏端成为媒介活动的平台、信息流的端口，屏端尤其是小屏移动端成为注意力的聚集地。

就网络视频而言，《2019 中国网络视听发展研究报告》显示，截至 2018 年 12 月底，中国网络视频(含短视频)用户数量达 7.25 亿，占整体网民的 87.5%。其中短视频用户数量 6.48 亿，网民使用率为 78.2%。短视频用户使用时长占总上网时长的 11.4%，超过综合视频(8.3%)，成为仅次于即时通信的第二大应用类型。网络视频成为网络的“C 位”应用，无视频不网络。随着 5G 的普及，网络视听行业将再次迎来突破性发展。

再以媒介接触时长来看，2018 年 12 月，手机网民平均每天上网时长达 5.69 小时，较 2017 年 12 月净增 62.9 分钟。其中，短视频的时长增长贡献了整体时长增量的 33.1%，排在首位；综合视频应用亦贡献了 3.1%的整体时长增量。

随着视频内容和信息服务向多屏渗透，受众的跨屏媒介使用日益普及，其特点主要有三项：一是多时态多场景化，全时空随心使用；二是自主碎片化，受众游走于多个屏端，自由出入和切换；三是多任务整合化，不同屏端的传受和参与等行为互嵌交织。而在所有跨屏媒介使用中，手机都是必不可少的。调查显示，同步跨屏即同时使用两个屏端时，在不同屏端两两组合的使用者排名中，手机名列前三；异步跨屏也一样，在接续使用两个不同屏端时，手机也出现在前三位。

手机的使用呈现出“强渗透＋高黏性＋多组合”的特点。强渗透意味着使用的广泛性和深入性；高黏性意味着使用的忠诚度和高频率，对手机深度依赖；多组合则表明手机在多屏组合中的重要性，其成为与其他屏端的全搭要素。手机作为全能媒介，已经进入受众生活的主场。手机并非完全碎片化地被使用，而是扮演着大块时间使用的主角。随着视频网站的崛起以及短视频的兴起，手机小屏已经成为“兵家必争之地”。

这一背景下的“屏之民”或者说屏端受众，是在多屏并存、小屏崛起的生态下成长起来的，以移动触屏、视觉认知、参与创新为主要特征。移动触屏意味着媒介接触以移动小屏为主，且接触行为与场景时空相关；视觉接触成为受众感知和认知世界的主要方式，注重视觉思维和表达，成为大量视频尤其是短视频蓬勃兴起的动因；而短视频、UGC 等新生事物短期内成为内容市场的主导，与受众的参与创新分不开。移动小屏的主场化，为受众能动性的发挥打开了新空间。

屏端受众与传统的大众受众不同，读屏受众也不同于历史上出现过的阅读公众。他们感知世界和接触现实的方式以及思维模式和行为模式等，基本上属于屏端化乃至小屏化。短视频的风行显示出强烈的后喻文化特征，是一种以年轻人为主导的、前辈向后辈学习的文化。如何发挥其中进取和反哺的积极作用，避免可能出现的逆反和走

---

① [美]凯文·凯利：《必然》，周峰、董理、金阳译，93 页，北京，电子工业出版社，2016。

极端现象，值得认真思考。

此刻，5G 和“智能+”又将开启一轮媒体技术变革的新浪潮。每一场技术革命都裹挟着不安与忌惮，但也迎来了发展的机遇和想象。5G 时代的万物互联意味着媒介产业将迎来更为蓬勃的发展前景，传统媒体所拥有的“在地性”优势或将成为稀缺资源。而当人工智能技术逐渐成熟并日益融入我们的生活时，高质量的媒体内容也将获得更多的流量和资源，拥抱新技术、新趋势的媒体必将从中受益。

第三节　正确理解媒介融合的逻辑特征

就媒介历史的发展而言，“其形态的变化，通常是由于可感知的需要、竞争和政治的压力，以及社会和技术革新的复杂作用引起的”。① 因此，媒介融合也是源于传媒产业对原有技术、规制、市场要素的不断创新。换言之，媒介融合不是凭空而来的，其背后是技术因素、政策因素、生产范畴的经济因素、消费范畴的市场因素共同决定的，并呈现出“媒介融合肇始于技术创新，加速于制度创新，深化于市场创新，表现为产品创新”的逻辑特征。

一、媒介融合肇始于技术创新

数字与目标受众技术的广泛应用，不仅产生了新媒体概念，也让传统媒体逐渐向视听新媒体融合的方向发展。基于技术的壁垒与边界被逐渐消解，构成媒介融合的重要动因便出现了。因此，媒介融合的技术前提是新媒体技术发展成熟。技术的发展必然产生新的消费需求与产业模式，而媒介融合的根本动因正是适应新的消费需求以改革现有的媒体产业模式。可以说，技术既为媒介融合提供了基础条件，又是推动媒介融合的动力因素。

二、媒介融合加速于制度创新

媒介融合不仅需要内在动因，更要有外在条件的支撑。媒介融合必然造成对原有媒介组织及市场体系的改变，因而传媒管理制度的变革是媒介融合得以产生与发展的基本前提。美国《1996 年电信法》解除了对传媒公司跨行业经营的限制，授权联邦通信委员会对广播电视与电信业进行监管，允许广播电视与电信业相互进入对方业务领域。这不仅奠定了后来美国“三网融合”的制度基础，也体现了国际传媒管理体制改革中的一种共同趋势：规制框架从纵向分业规制向横向分层规制转换，规制机构从分立机构向融合机构转变，规制改革的取向是放宽市场准入、倡导竞争、吸纳投资，规制中心

---

① 参见张金海、梅明列：《世界十大传媒集团产业发展报告》，武汉，武汉大学出版社，2007。

从结构规制向行为规制转移。虽然多重属性特征的限制使得中国传媒产业规制的革新具有相应的复杂性，但从产业市场需求出发，促进媒介融合的产生，依然是管理制度改革业已明确的发展方向。

三、媒介融合深化于市场创新，表现为产品创新

从市场角度来讲，媒介融合深化于市场创新，表现为产品创新。融合后，新媒体的特点注定了传媒产品的多样性，其分属三个层次：形式产品层、核心产品层、附加利益层。手机报、电子书、手机电视、楼宇电视、视频点播(VOD)、个人专业信息订制的个性化服务以及在数字技术同化基础上因小众需求衍生的附加利益产品等，均属上述传媒产品概念之列。①

① 朱天、彭泌溢：《试论媒介融合中的"加减之道"——时代华纳与美国在线"世纪婚姻"终结对我国"三网融合"的启示》，载《新闻记者》，2011(7)。选入本书时有改动。

第四章　媒介受众变迁

受众研究长期以来是新闻传播领域的重要研究内容，历史上不乏对受众问题的研究与思考。19 世纪 30 年代大众报刊出现，产生了大量的受众，他们是游走在不同媒介间的听众和观众，是图书、广播、电视等大众媒介的消费者，也是大众传播信息的接受者。随着大众传媒的迅猛发展，尤其是互联网时代的到来，媒介形式不断推陈出新，颠覆旧的传播模式。因此，在媒介融合时代，从历史、社会、经济、心理等多个维度研究受众的样态和角色，分析其特点、把握其变化规律，已成为传媒人学习行业基础理论知识、把握行业发展态势的一项重要任务。

第一节　大众传播语境下的受众

一、受众的历史与演化

受众起源于古希腊或古罗马城邦中体育比赛、戏剧与表演的观众，他们有目的性地聚集在一起观看演出或比赛、参加宗教仪式、聆听公开演讲，聚集在共同的时间和空间，一边听，一边看，一边喝彩、鼓掌、评论甚至谩骂。在受众内部或受众与传播者之间，进行着及时的反馈、积极的互动。

15 世纪中叶，真正意义上的大众媒介的受众出现了。德国工匠古登堡发明金属活字印刷术，从那时起，印刷书籍能够随身携带，人们通过阅读书籍满足自身学习知识、娱乐消遣和提高素养技能等方面的需求。18 世纪初期，定期报纸和杂志出现了，但那时它们还是奢侈品，而社会普通大众文化水平较低，收入也不高，很少有人订阅报纸和杂志。19 世纪，造纸技术与印刷技术的不断完善使得印刷品价格更低廉、种类更丰富。读者的增多以及生活水平的不断提高使得书籍、报纸、杂志领域向着大规模、产业化方向发展，受众规模更加庞大、受众活动更加分散。到了 20 世纪初期，电影和无线广播的出现将受众的历史带入一个新的阶段，连续的声音和动态的图像符号重现了现场竞技、表演等视听传播形态，又能将更大规模的受众聚集在一起，接收同一讯息或观看同一表演。然而，广播的听众、电影的观众与传播者之间实时互动异常困难。电视在20世纪中后期的光芒盖过了电影和无线广播，使得大众化的书籍和报刊也黯然失色，它在之后的半个世纪是影响力最强的媒介，受众人数也是最多的，因此电视媒介着重关注受众的一些大众化特征。在传统媒介时代，受众指大众传播信息的对象或接受者，包括报刊和书籍的读者、广播的听众、电影和电视的观众。随着网络传播的兴起，受众的范围进一步扩大了。

二、媒介中心论与受众中心论

自近代新闻传播成为一门显学起，谁在新闻传播活动中占据主体地位是众多学者研究和讨论的焦点之一。20世纪初至20世纪30年代末，早期研究学者从宣传的角度出发，认为信息传播者——大众媒介在新闻传播活动中居于中心地位，先后提出了“枪弹论”“强大效果论”等理论。其实质就是把受众看作被动的信息接收者，认为：“传播媒介拥有不可抵抗的强大力量，它们所传递的信息就像子弹击中躯体、药剂注入皮肤一样，可以引起直接、速效的反应；它们能够左右人们的态度和意见，甚至直接支配人们的行动。”①

然而，随着研究的发展，传播学者们发现“枪弹论”是错误的，它过分夸大了大众媒介的影响和力量。受众并不是单纯的被动的信息接收者，也不仅仅是同质的规模巨大的大众。不同的受众对于同一信息会产生不同的反应，受众在传播过程中的作用开始受到重视。

施拉姆曾经做过形象的比喻，把受众消费大众媒介信息比作在自助餐厅就餐，餐厅提供琳琅满目的菜品，食客吃什么、吃多少全凭自身的意愿和喜好。媒介提供信息也是一样的作用，只是为受众服务，提供尽可能让受众满意的信息。至于受众是否接收信息，媒介是无能为力的。这个观点认为受众处于大众传播活动的中心，也就是说受众的行为在很大程度上是由个人的需求和兴趣来决定的，人们使用媒介是为了满足个人的信息需求和愿望。

20世纪80年代以后，研究普遍认为，受众并不是消极、被动的接受者，而是积极的参与者，甚至可以说是整个新闻传播活动最关键的决定性因素。在新闻传播活动的各个环节，受众都在或明或暗、或强或弱地起着各种制约作用，即“受者中心论”。受众理论研究的重点是受众的需要，强调媒介要服从、服务于受众的需要。

到了20世纪90年代，受众理论研究的重点则转向把受众作为传播活动中的权利主体来审视，提出要以受众为本，尊重和维护受众的权益。随着受众理论研究继续深入，受众的需要和权益的地位也越来越引起人们的重视，传播活动对受众的影响得到受者的关注，受众在传播活动中的主体权益地位得到越来越多的重视。这一重大变革

---

① 郭庆光：《传播学教程》，176页，北京，中国人民大学出版社，2011。

最终促成了“受者中心论”观念的形成。

三、几种不同的受众观

大众媒介的发展历史表明，受众既是社会发展的产物，也是媒介及其内容的产物。在受众需求的推动下，大众媒介有选择地提供那些能够吸引人们的内容。我们学习和研究受众，绝不能仅从受众的规模或数量上把握，而是应该从受众的社会属性以及他们与传播媒介的社会关系方面来进行思考，要考察受众的社会结构。下面介绍几种不同的受众观。

（一）作为“大众”的受众

大众社会理论提出了“大众”一词，这种理论认为，“在19世纪末20世纪初，随着工业革命、资产阶级革命以及大众传媒的发展，过去那种传统的社会结构、等级秩序和统一的价值体系已被打破，社会成员失去了统一的行为参照系，变成了孤立的、分散的、原子式的存在，即所谓的‘大众’”。①

在20世纪以前，人们生活在具有一定的社会和地理边界的部落、乡村等小群体里，群体所有成员相互知晓、彼此熟悉并且有相似的价值观，群体关系的构成清晰明了并随着时间的延伸而持续。这一状况随着工业革命和资产阶级革命而发生改变，人们从农村涌向城市。大众被视为现代工业化、城镇化的产物，具有规模巨大、匿名性、无根性等特点，是一种典型的由分散、匿名的个体所组成的非常庞大的集合体。大众对超出直接接触范围或直接控制范围的事物感兴趣，他们没有任何组织性，也没有稳定的结构、规则和领导者。

（二）作为“群体”的受众

学者把媒介的受众看作社会大众，他们是规模庞大的、匿名的、孤立的。然而现实生活中的受众往往是个人化的、小规模的，并且已经融入地方社会生活与文化之中。表面上，受众往往通过个人的喜好、需求选择使用媒介，围绕媒介开展社会互动，将媒介纳入自己的日常生活当中。受众分属于不同的群体、有着不同的社会背景，其接触和使用大众媒介看似是个人的活动，但是这种活动通常受到受众所处群体的规范、属性的制约。受众的群体可以从年龄、籍贯、学历、经济收入、宗教信仰等方面进行划分。有研究表明，受众的群体背景或社会背景是决定他们对事物的态度和行动的重要因素。因此我们在考虑大众传播受众之际，不得不把受众所处的时代、社会环境、社会地位、价值和信念、对事物的立场观点和看法、心理特点和文化背景都考虑进来，这些因素直接影响到受众对大众传媒信息的需求、接触和反应。

（三）作为“市场”的受众

把受众看作“市场”是一种很普遍的观点。这种观点认为受众是大众传媒市场的消

---

① 郭庆光：《传播学教程》，151页，北京，中国人民大学出版社，2011。

费者，媒介是一种经营组织，需要把自己的产品或服务以商品交换的形式在市场上销售出去，要求大众媒介必须使自己的产品或服务具备一定的使用价值或交换价值，来满足消费者的各种信息需求。作为市场活动，各传媒机构之间必然存在着激烈的竞争，而争夺的对象就是作为消费者的受众。

四、大众传播语境下受众的特点

传统大众媒介时代，受众主要呈现以下三个特点。

（一）规模庞大，分布广泛

与其他传播类型相比，大众传播受众最为庞大。广义上说，在所有可以接触媒介的地域，社会成员都是直接或间接的受众。无论性别、年龄、收入等有何区别，这时他们都有一个共同的身份——媒介的受众。传播的广泛分布也使受众超越了地域的间隔，在相同或相近的时间里聚合为传媒信息的接受者。

（二）混杂性

新闻媒体受众成员广泛地分布在全社会的各个角落，相应造就了受众群体成员的混杂性特征。他们在同为传媒受众这一点上是统一的，但他们彼此之间又存在着许多明显的个体差异，如身份、地位的悬殊，贫富的差别，文化教育程度、价值观念的不同等。

（三）隐蔽性

尽管分散的受众有时也采用各种形式直接或间接参与新闻媒体工作，如参与节目、去信去电反映意见和要求或参与、接受媒体组织的受众调查等，但在总体上，受众对新闻媒介来说是不见面的，是一种笼统的、隐蔽的存在。①

五、受众研究的相关理论

（一）选择性心理

选择性心理是指受众根据自己的印象与好恶对新闻信息进行选择性接受的心理状态。随着信息时代的来临，传播渠道、信息来源、传播媒体越来越丰富，受众对新闻信息的选择性心理越来越强烈。美国学者约瑟夫·克拉珀在研究受众的选择性心理时指出，其表现在三个方面：选择性注意、选择性理解和选择性记忆。受众的三种选择性心理构成了受众抵御传播内容的三个层次，成为影响传播效果的重要心理因素。选择性注意是第一层次，受传者把那些与自己的观念、兴趣不符的信息或媒介抵挡在外，采取不注意、不接触的态度。如果实在无法避免接触这类信息或媒介，受传者则采取选择性理解的方式。如果用这种方式仍然无法摆脱不喜欢的信息，选择性记忆便发生

---

① 参见李良荣：《新闻学概论》，上海，复旦大学出版社，2013。

作用：受众把那些与自己观点相悖的材料统统忘掉，只保留与自己信念一致的部分。

（二）认知失调理论

认知失调理论是认知一致性理论的一种，最早由费斯廷格提出。在费斯廷格看来，所谓“认知失调”是指由于做了一项与态度不一致的行为而引发的不舒服的感觉，比如你本来想帮助你的朋友，实际上却帮了倒忙。在一般情况下，人们的态度与行为是一致的，比如你通常与志趣相投的朋友聚会、旅游，但有时也会出现态度与行为不一致的情况，比如你尽管很不喜欢你的上司夸夸其谈，却为了怕他报复你而恭维他。在态度与行为产生不一致的时候，常常会引起个体的心理紧张。为了克服这种由认知失调引起的紧张，人们需要采取多种多样的方法，以减少自己的认知失调。

认知失调是指一个人的行为与自己先前一贯的对自我的通常是正面的、积极的认知产生分歧，从一个认知推断出一个对立的认知时产生不舒适感、不愉快的情绪。它重点包括两方面：一是认知成分，即人们的思维、态度和信念等；二是推断，即逻辑推理。这两点同时又是产生认知失调的原因。

（三）个人差异理论

个人差异理论认为，大众传播媒介在设计劝服性传播前需要先弄清受众的兴趣、需要、价值观、态度等，再挑选与之相应的讯息进行传播。否则，与受众特点和需求不符合的讯息会遭到回避和拒绝。个人差异理论由卡尔·霍夫兰于 1946 年最先提出，并由德弗勒在 1970 年作了某些修改而形成。这一理论以心理学“刺激—反应”模式为基础，从行为主义的角度来阐述接受对象，认为“受众成员心理或认识结构上的个人差异，是影响他们对媒介的注意力以及对媒介所讨论的问题和事物所采取的行为的关键因素”。

（四）社会关系理论

社会关系理论认为受众成员的种种社会关系左右着他们对媒介信息的选择，从而影响大众传播的效果。主要观点可以归纳为：

媒介向社会成员提供各种信息，但社会成员是有选择地接收和解释这些信息。

造成社会成员有选择地接收大众传播信息的重要原因在于他们的社会关系影响着他们的接收方式。

当个人对媒介内容的选择性决策被与他有关系的其他人所改变时，就表明上述的社会影响在产生作用。

个人对大众传播媒介的注意形式和反应形式，反映出他的社会关系网络。因此，大众传播媒介的效果既非一致的、强大的，也非直接的。个人间的相互影响极大地制约和影响着媒介效果。

社会关系理论着重分析受众成员日常的社会关系对其媒介信息接收行为的影响。根据这一理论，大众传播的受众成员既非互相分离的个人，也非仅仅按照性别、年龄、文化程度等一系列可变因素而归类的社会群体。

（五）两级传播理论

拉扎斯菲尔德等人在1940年美国总统大选之际研究大众媒介的传播效果时，通过“伊里调查”发现：有关的信息和想法首先从某一个信息源那里通过大众媒介到达意见领袖那里，再通过意见领袖影响普通民众。他们提出的理论为两级传播论，这一理论认为大众传播的效果是有限的，人际传播在改变受众态度方面比大众传播更加有效。

大众媒介作为第一“级”，主要传达信息；意见领袖作为第二“级”，主要通过人际传播扩散大众传播的影响。大众传播渠道和人际传播渠道在人们对信息的获取和决策中扮演不同角色、发挥不同作用。实际运用中，在向社会大众普及新知识、新观念、新方法方面，两级传播模式具有重要的意义。受众对新事物的接受过程包括认知、说服、决策、使用和确认。从两级传播模式的视角看，大众传播在认知阶段具有重要作用，而人际传播在说服和决策阶段的影响更显著。因此，在技术传播时，虽然受众既处身于信息传播的覆盖中也处身于人际传播的扩散网络中，但两者对受众采用新技术的影响是不同的。

第二节　媒介融合时代的受众

互联网操作简单快捷，到了20世纪末，它被公认为继报纸、广播、电视之后的第四大媒体。不仅如此，互联网的迅猛发展倒逼传统媒体不断深化转型，使得媒介类型的边界越来越模糊，融合已经成为媒体发展不可逆转的大趋势。

媒介融合趋势也给受众在传播关系中的地位带来了革命性的变化，主要表现在以下三个方面。

首先，受众的地位从被动转向主动，由习惯于“电视演什么就看什么”“广播说什么就听什么”的信息消费者转变为主动寻找内容甚至主动创造内容的信息生产者。

其次，现如今受众已经不满足于接收同质化的大众信息，而是更倾向于选择适合自己的个性化定制信息。

最后，受众以更加积极的姿态参与到整个传播活动过程当中，对自己所需要的信息定位精准。从某种程度上说，受众掌握了传播活动的“主动权”，甚至倒逼传统媒体不断调整媒介运营策略、升级现有产品，以更高质量的产品来迎合市场需要，满足受众日趋多样化的需求。

媒介融合为受众提供了多样化的信息接收渠道，改变了受众的传播地位。受众享有自主权和选择权，而媒介市场自身也会通过优胜劣汰的游戏规则进行更加严格的筛选。传统媒体一定程度上存在着生产过剩的风险，大量的垃圾节目和冗余信息消耗了传统媒体的权威性和公信力，受众面对海量信息无从下手。传统的大众媒介一对多的单向传播方式已经难以满足媒介融合时代下的受众需求，大众媒介的目标受众已经完成由“大众”向“分众”的转移，受众观念由传统媒体时代的“传者中心”转向“受者中心”。这种转变尤其表现在内容生产方面，要求以更优质的节目生产面向更精确的受众，在受众的产品使用和用户体验上赢得先机，从而在受众中树立品牌和良好的口碑，增加媒介产品的消费。

一、从“受众”到“用户”的转变

媒介融合对于传统媒体来说是正在经历的一场变革，手机、平板电脑等终端分流了年轻化且购买力较强的人群，经过市场细分的受众让传统媒体在内容生产过程中更加专注于满足目标市场的受众需求，“分众化”使得受众的个性化需求得到进一步满足。

在媒介融合时代，最具革命性的变化是互联网以其先天的开放性将广电网、电信网高度黏合在一起。在这个时代，报纸、广播、图书等传统媒介逐步弱化线下渠道，紧密拥抱互联网。可以将互联网比作一张大大的“渔网”，它将电视观众、广播听众、书报读者和手机用户等一并网罗其中，进行多渠道全面覆盖。网络传播融合了人际传播和大众传播的信息传播特征，形成一种散布型的网状传播结构。在这种传播结构中，任何一个使用者都能够生产、发布信息，并且所有使用者生产、发布的信息都能够汇入互联网之中。网络传播既兼有人际传播和大众传播的优势，又突破了人际传播和大众传播的局限。网络传播具有交互性，受众可以直接迅速地反馈信息、发表意见。同时，在网络传播中，受众接收信息时有很大的自由选择度，可以主动选取自己感兴趣的内容。网络传播突破了人际传播一对一或一对多的局限，在总体上是一种多对多的网状传播模式。

在媒介融合时代，受众拥有前所未有的权利，不仅可以自由选取自己感兴趣的信息，而且可以在网上自由发布信息。信息的重要与否不再只由传播者决定，而是可以由受众自己决定，这就更加突出了受众在新媒体环境下的新闻传播活动中的主体地位。在媒介融合环境下，受众地位必然产生根本性的转变。无论是信息发布者还是信息接收者，他们首先是网络媒介的共同使用者。互联网并不存在固定的信息接收者群体，故而也不存在传统意义上的“受众”这一概念，所以我们使用“用户”这个词显得更恰当。“用户”指的是某一种技术、产品、服务的使用者，其概念与“受众”有着明显的差异。“用”代表其主动使用，而“户”代表其独特性与差异性。因此，相对于“受众”，“用户”更能凸显媒介融合时代的传播逻辑。

对于受众与用户，国外的学者做出了明确的对比，两者的区别主要有以下几点：

第一，在媒介传播模式上，受众属于消费型的工业模式，用户属于生产型与消费型融合的社会化模式。受众是单纯的大众媒介信息接收者，很难成为大众媒介信息传播者；用户则具有接收信息与传播信息的双重属性。这是两者的明显区别。

第二，在信息接收方面，受众是被动的，用户则是主动的。主动搜索是用户在互联网上获取信息的主要方式。

第三，与媒介的信息互动方面，受众较为不便，用户较为方便及时。

第四，受众的界限划分明显，身份固定，有专业和业余、生产者和消费者的划分；用户的界限划分不明显，身份会随不同情形转换，专业和业余、生产者和消费者之间的界限模糊。

第五，受众是个体；用户可以是个体，也可以是机构，还可以是各种身份或团体。

第六，在是否跨平台、跨媒介方面，受众针对的是某一媒介形态，如电视、报纸、广播；用户生存在互联网平台上，可以与任何媒介内容相联系，由受众追随内容变为内容追随用户。① 由此可以看出，用户对于信息的获取更为主动，且更加积极地与媒介互动与交流。在媒介融合环境中，用户成为媒体追捧的对象与时代的宠儿。

二、用户特征及其分析

（一）用户的特点

在媒介融合时代，用户与媒介的接触更加便捷，其主要具有如下几个特点。

1. 数字化生存

互联网是有记忆的，用户使用互联网的同时在网络上产生海量数据，不仅记录用户的思想与见解，也记录用户的行为与活动，数据组成了用户个体的映射和化身。在网络中，人口统计学特征、消费习惯、兴趣偏好、行动轨迹等都以数据的形式被记录下来。今日头条知道用户喜欢什么新闻、抖音知道用户的兴趣爱好、微博知道用户喜欢哪位明星、微信知道用户经常和谁联络。用户还使用各种软件记录自己的作息、运动轨迹，互联网依靠数据成为最了解用户的机器。社会化媒体、移动终端进一步刺激了个体数据的生成，未来可穿戴设备将使更多人的更多数据被记录和分享。

个体数据的产生包括有意和无意的生产信息。有意生产信息指用户在网络中主动输入信息，如发抖音、发微博、发朋友圈等；无意生产信息则主要是互联网记录个人习惯，生成数据标签，如购物记录、打车记录、内容搜索记录、导航记录等这些隐性的信息，甚至是不被用户察觉或是用户不愿被暴露的信息。在大数据和智能算法的记录和分析中，用户的一切行为皆有被量化为具体数据的可能。一方面，这种数据化有利于用户在网络中进行交互，有利于网络服务商提供更好的服务，有利于个体社会化在网络世界中的扩展；另一方面，信息暴露会带来风险，正如学者所指出的，在当下这个时代，遗忘变成例外、记忆成为常态，我们生存在福柯的“圆形监狱”的隐喻中。

2. 表演化生存

用户主动生产数据是用户与他人进行互动的一种方式，从社会学角度看，也被称为一种表演。根据戈夫曼的“拟剧理论”，在人际互动过程中，行动者总是有意无意地运用某种技巧塑造自己在他人眼中的印象，会选择适当的言辞、表情或动作来制造印

① 吴丹：《媒介融合时代受众身份的转变》，载《视听》，2017(1)。

象，使他人形成对自己的特定看法。

网络本身可视为一个巨大的舞台，用户在网络中进行互动和交际的时候，总是在用一些表演策略进行自我披露和表达。与现实情境不同的是，网络的“虚拟性”使用户的表演策略更加丰富，表现为：(1)角色获取自由。网络赋予人们的是一种虚拟角色，与真实社会中的角色不同，网络用户的角色可以不受社会环境的限制，它的获得完全是出于个体的意愿。这种虚拟角色的功能应以“自我表达”和“互动”为主，不被规范束缚。例如，人们可以在网络上随意设置性别和年龄，这实质上是网络用户自主选择角色的一种表现。(2)角色表演自由。一方面，在非实名的状态下，人们可以更多地表现出个性化的自我。另一方面，在网络中，人们的表演空间极其多样，形成了不同的语境和情境。人们可以在不同的情境中自由切换，并找到适合自身的空间。在现实生活中维持个人形象的塑造以“稳定性”为前提，在网络中则轻易地被“虚拟性”消解了。(3)角色转换自由。个体角色存在多重分化的可能，这意味着角色在虚拟空间中可以被随意轻易地修改，人们在网络中具有角色转换自由。

3. 节点化生存

网络将终端、内容、用户和服务连接起来，网络用户成为互联网中的一个个节点。网络可以放大任意节点，网络上的任何信息都有被无限放大和大规模传播的可能。这也是互联网为用户赋权的核心，其赋予用户更多社会影响力。个体节点作为传播中心，集信息的生产者、传播者和消费者三种角色于一体，带来了传播模式的变化，由以往传统大众媒体线性的传播模式变为网状的发散性信息流通结构。

4. 并发性生存

随着网络移动终端的兴起，越来越多的人开始像计算机一样并行处理多个进程。个人“一心二用”甚至“一心多用”，在同一时空同时进行多项任务、扮演多重角色。这在激发人们的潜力的同时，也可能会造成人们处理任务的效率下降。神经学家认为，这有可能造成人的记忆力减退、注意力不集中甚至产生心理压力。这样的并发性影响必将在相当长的时间内成为用户的常态。媒介融合时代，受众向用户身份转变是融合的必然结果，用户的媒介使用形态与媒介融合发展程度相互影响。互联网时代，用户就是群众、就是阵地，用户就是消费者、就是市场，用户思维是整个媒介融合的核心。所以，媒体的内容生产者必须要正确认识自身与用户之间的关系，树立用户优先的理念，促进媒介融合更好地发展。

（二）用户的角色属性

作为融合媒介的使用者，用户具有三种角色属性——参与者、消费者和生产者。参与者和消费者是用户在受众阶段就具有的属性。受众在大众媒体面前最传统的地位就是消费者，没有受众作为消费者来购买、使用信息产品，媒体就失去了赖以生存的经济基础。在传统的大众传播时代，受众就是媒介信息的参与者，但由于传统媒介的垄断性，这种参与程度是有限的。比如说，受众可以通过向媒体投稿的形式参与到媒介内容的生产过程中去，但以这种形式参与内容生产的比例是极小的。而用户可以自由地点赞、转发、评论或者发布原创内容，成为真正意义上的内容生产者。由大众媒介同时掌握渠道和内容的时代将要成为过去，以互联网为依托的平台化媒介彻底将渠道和内容相分离，互联网技术公司搭建平台、创建模式，努力吸引更多的用户生产内容。平台为了获得流量、吸引受众，就必须要重视受众的态度与反馈。

（三）用户对媒介融合的影响

在“融合”语境下，传播关系发生了两方面的变化，包括用户主动参与内容生产以及媒体借助技术工具准确把握用户需求并为用户推送更符合需求的产品和服务。在媒介融合的环境中，用户与媒体信息的生产者所处的传播地位是平等的。在当下，用户可以通过微博、微信、短视频等平台自由且快速地生产信息。互联网有着庞大的用户量，在当前的媒体环境下，用户内容生产的潜在影响力是巨大的。

因此，媒介融合要注重用户体验。用户体验指的是用户使用产品过程中产生的主观感受，目前，提升用户体验、争取用户无疑是所有媒体工作的重中之重。实际操作中，对媒体账号运营的评判指标为关注量、粉丝量，对某一内容的评判指标主要为阅读量、播放量及转发量。销售和服务行业“用户至上”的理念，在当前也是媒体行业的理念。媒体的产品只有满足了用户的需求，才能在竞争中取胜。现在媒介产品推送不再是一次性的，它们需要用具有吸引力的内容留住用户，注重用户的个性化需求及用户对产品的评价和二次传播。媒体不仅要提供内容，还要注重用户在渠道、技术等方面的体验。

那么该如何提升用户体验？媒介融合时代，媒介提供的信息产品要想具有吸引力，就应该更多地包含用户所需的要素。提升用户产品体验的要素可总结为有趣、有用、令人愉悦、富有美感、激发创造等。产品包含的要素越多，对用户的吸附能力就越强。

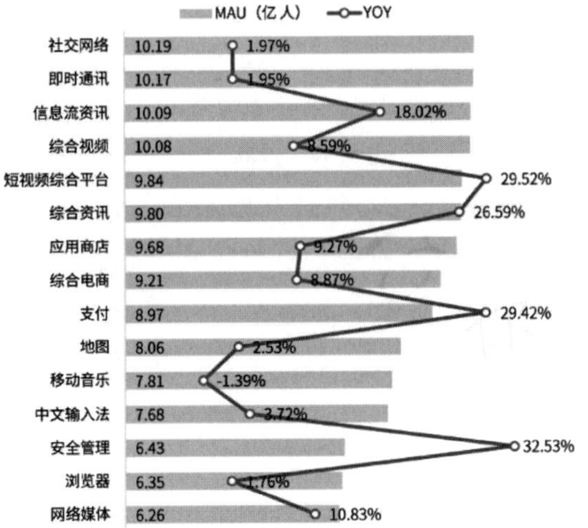

图 4-1　2020Q1 全网活跃用户规模 TOP 15 细分行业

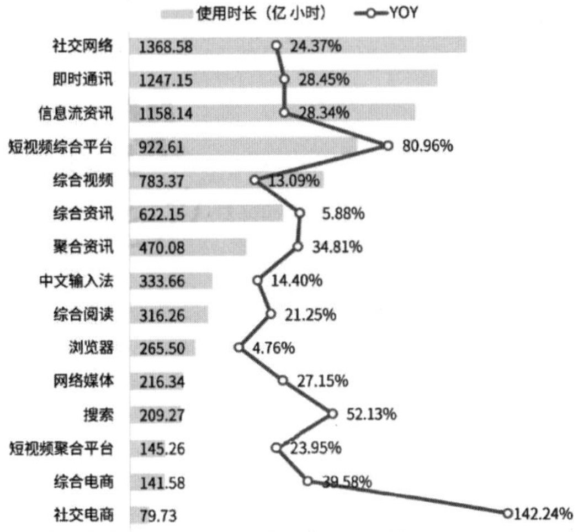

图 4-2　2020Q1 全网用户使用时长 TOP 15 细分行业

资料来源：http：//m. sohu. com/a/401197918 _ 6618361，访问日期：2020-11-16

三、用户为王，体验至上

《中国传媒产业发展报告(2019)》显示，2018年中国传媒产业总规模达20959.5亿元，首次突破2万亿元大关。传媒产业增长率为10.5%，近年均保持在两位数以上，2012年达25.7%。传媒产业整体格局在保持稳健的同时，进行深度的结构性调整。在传媒核心产业的细分领域中，超过千亿级别的细分市场有四项，分别为：

第一，移动数据及互联网业务。

第二，网络广告产业。

第三，网络游戏产业。

第四，广播电视产业。

其中，移动数据及互联网业务收入为6674.6亿元，与上年相比增幅达21.5%；网络广告产业收入从2017年的3828.7亿元增至4311.1亿元，增幅达12.6%；网络游戏产业方面受资本市场影响遭遇寒冬，出现近年来最慢增速，规模为2144.4亿元，同比增长5.3%。

传统纸质媒体方面唯一逆市上扬的是图书行业，据统计，图书销售收入从上年的803亿元增至894亿元。其中，网络书店销售额增长迅速，近五年复合增长率近三成，而实体书店正在结合新零售与文创产业的政策红利进行整体升级转型。

传统媒体产业的整体颓势与互联网媒体的蓬勃之势已成定局，融合媒介技术和产品结构在不断深化调整之中。在此背景下，如何提高用户忠诚度和产品黏着度对媒介产业来说至关重要。这就要求媒介产业要以更好地满足受众需求为目标。

（一）以用户需求为中心的媒介平台

1. 培养用户关系是媒介平台建立的基石

媒介融合时代，媒介平台不仅是资源的聚合器，还是关系的转换器，在培养与用户的关系方面尤为重要。美国社会学家格兰诺维特认为，人际关系网络可以分为强关系网络和弱关系网络两种。强关系指的是个人的社会网络同质性较强，人与人关系密切，有很强的情感因素维系着人际关系；弱关系指的是个人的社会网络意志性较强，人与人关系并不密切，没有太多的情感维系，也就是我们所说的泛泛之交。从信息传递的角度来看，我们认为弱关系传递信息、强关系产生影响。媒介平台与用户之间的关系可能会从弱关系演化为强关系，也可能会从强关系演化为弱关系，要想维护好与用户之间的关系，建立“信任机制”尤为重要。

2. 满足用户需求，实现媒介平台价值

马斯洛需求层次理论将人的需求分为呈金字塔形逐级上升的五个层次，认为当人的低层次需求得到满足后，将自觉采取行动以满足更高层次的需求。从媒介平台的角度来看，当下满足用户更高层次的需求同平台发展的不充分不平衡之间还存在矛盾。因此，树立用户思维、响应用户需求、生产用户需要的稀缺资源是提高与用户之间的关系的关键。关系质量的提高可以让平台内容生产的价值得以实现。

3. 内容服务是媒介平台的本质要求

内容服务包括通过各种方式提供信息内容以满足用户信息需求的所有服务。媒介平台作为一种内容经济，其消费者就是用户。让服务方式符合用户体验习惯、服务产品符合用户使用习惯，是媒介平台运营的本质要求。用户思维的核心就是“用户中心”意识。分析平台关系、平台需求、意义经济有利于我们进一步了解新媒体的形态，对传统媒体和新媒体的转型都具有一定的借鉴意义。

（二）媒介产业发展前景

当前，以 5G、区块链、人工智能、虚拟现实等为代表的新兴技术给媒介产业的发展提供了技术支撑。在国家政策的支持下，媒介产业布局向更加合理化的方向转变。

1. 保持新闻专业性，用真实打动用户

互联网内容鱼龙混杂，网络信息缺乏把关人。在“后真相时代”，很多媒体为了吸引眼球，弱化把关环节，出现了标题党、虚假新闻等污染媒介生态的不良现象。当真相浮出水面、事件反转时，网民大呼上当，这严重影响了用户对媒体的信任。媒介转型需要增强用户黏性，这种关系的维系是建立在用户对媒体的信任的基础之上的。这就要求媒体在内容生产环节做到真实客观，坚守新闻专业主义。

2. 提高分众意识，力求内容精准推送

用户在消费网络媒介信息的时候，更倾向于接触与自己的既有立场观点、态度一致或接近的媒介或内容。媒介转型要有分众意识，要向用户传播他们真正需要的内容，要利用媒介平台的大数据资源实现精准化传播。

3. 打通媒介产业链，提供多元化内容服务

媒介平台的本质是内容服务，媒介在自己的平台上延伸产业链，提供多元的内容服务。一方面，可以更好地满足用户体验；另一方面，可以拓展经营范围，获得经济利益。例如，湖南广电采取内容自制和独播策略，打造独具特色的内容生态群，构建起由金鹰网、芒果 TV、芒果圈、芒果游乐园共同构成的“芒果网络生态圈”，为用户提供了内容服务的多元化选择。

4. 利用新兴媒介技术，提高媒介产业创新能力

在技术驱动力的影响下，未来传媒产业需要以用户为中心提升核心竞争力，要充分利用好以自动化新闻、虚拟现实等为代表的新兴媒介技术，弥补媒介产业创新能力不足的缺点。

(1)算法推送满足用户的个性化需求

算法推送可以在挖掘用户需求数据的基础上进行个性化推送，甚至生成个性化稿件。算法推送可对用户的阅读内容和习惯进行分析，将同一内容的信息整合成多篇角度不同、风格迥异的稿件，为用户推送个性化产品，从而增强用户黏性。

（2）虚拟现实（VR）技术满足用户的沉浸式体验

目前国内VR行业还处于起步阶段，较为依赖国外技术，缺少整体行业布局，亦无行业统一标准。媒介产业想要利用好VR技术，还需提高自己的技术生产能力，规范使用标准，充分挖掘VR技术给媒介产业带来的创新潜力。

5. 媒介产业城乡布局有待合理化

媒介产业布局向农村地区的倾斜要从地区实际经济情况、农村群众的消费能力出发，防止媒介资本浪费；新兴媒介技术使用要适度，警惕过度依赖新技术使用户陷入信息茧房的困境或引发不必要的媒介伦理问题。

以移动互联网技术为支撑的手机媒体，是扩大农村用户群体接入媒介渠道的关键。建立完善的手机媒体发放体系，是将互联网普及到农村的重要工作。第45次《中国互联网络发展状况统计报告》显示，截至2020年3月，我国网民规模为9.04亿，互联网普及率达64.5%。规模庞大的网民构成了中国蓬勃发展的消费市场，也为数字经济发展打下了坚实的用户基础。而非网民主要分布在农村现有的相对初级的媒介消费市场，媒介布局农村发展的首要任务就是解决用户市场分散的问题。到2019年，我国已建成全球最大规模的光纤和移动通信网络，行政村接通光纤和4G比例均超过98%，手机上网是目前农村用户上网的主要方式。全国固定互联网宽带用户接入4.5亿户。当然，今后进一步降低手机价格和流量使用成本、提高网络服务质量，是服务更多农村用户的关键。

第五章　数字经济建设

2020年年初，一场突如其来的新冠肺炎疫情让中国经济遭受巨大损失，传统经济形式如餐饮业、交通运输业、旅游业、教育行业等都受到了冲击。严格的疫情防控让人们不得不将消费需求转移到网上，在线教育、视频娱乐、远程会议、在线医疗、网上购物、电商平台等这些不依赖人员空间物理移动的数字经济业态迎来快速发展的新契机。数字经济是继农业经济、工业经济之后的一种新的经济发展形态，是移动互联网、云计算、大数据等新一代通用技术深入经济社会各个层面后产生的结果，是引领全球经济增长的重要引擎之一。

近年来，国内数字经济发展迅速，主要原因是"互联网＋"行动计划推动了数字技术与传统经济的创新融合。2016年，在G20峰会上，我国倡导签署了《G20数字经济发展与合作倡议》，我国的官方文件上第一次出现了数字经济。2017年，数字经济被首次写入《政府工作报告》，被视为撬动中国经济高速增长的新动力。同时，2017年《政府工作报告》再次提出要推动"互联网＋"深入发展，并首次明确提出促进数字经济加快成长的要求。随之，"数字经济"在我国成为一个热词。

从互联网到"互联网＋"再到数字经济，其发展一脉相承、与时俱进。互联网是新兴技术和先进生产力的代表；"互联网＋"强调的是连接，是互联网对其他行业提升激活、创新赋能的价值迸发。目前"互联网＋"带来的各行业的改变只是开始，就像"互联网＋医疗"绝不仅限于用手机挂号、打通医保支付这么简单。未来，数字经济的发展会重塑各个行业的核心竞争力。传统产业与互联网行业通过"互联网＋"实现跨界融合，带来数字经济的大发展：一方面，润滑新旧经济动能转换过程，助力供给侧结构性改革；另一方面，推进网络强国战略目标实现。

第一节　数字经济的基本概念

数字经济以数字化的知识和信息作为关键生产要素，据中国信息通信研究院给出的定义可知，我国数字经济主要由产业数字化和数字产业化两部分构成。近年来，我国数字经济发展迅速。据中国信息通信研究院发布的《中国数字经济发展白皮书(2020年)》数据显示，2019年，我国数字经济增加值规模达35.84万亿元，占GDP比重提升至36.2%。其中，产业数字化增加值约为28.8万亿元，占GDP比重为29%；数字产业化增加值达7.1万亿元，同比增长11.1%。

中国数字经济发展的初步成果向全球呈现了科技引领的跨越式成长的巨大潜能与魅力，数字经济在民生领域的应用以中国速度在全球经济发展中取得了务实又璀璨的成果。中国利用短短几年的时间普及了移动支付，跨越了构建了几十年甚至上百年的信用卡时代。数字信息取之于民、用之于民，形成了良性循环。但是，数字经济究竟是什么？

一、数字经济的内涵

（一）什么是数字经济

20世纪90年代，多数国家经济表现平平，美国经济却保持了持续快速发展。截至2000年年底，美国经济实现了连续118个月的增长，创造了经济连续增长时间最长的纪录，而且呈现出“两高两低”的特征，即高经济增长率、高生产增长率、低失业率、低通货膨胀率。互联网以数字“0”和“1”构成的比特流改变了信息传输方式和交互方式，也改变了商品流通方式和交易方式，一经商业化就展现出强大的生命力。在此背景下，数字经济的概念被提出并引起广泛关注。

1995年，加拿大新经济学家唐·泰普斯科特出版了《数字经济》，详细论述了互联网对经济社会的影响，他被认为是最早提出“数字经济”概念的人之一。此后，随着曼纽尔·卡斯特的《信息时代：经济、社会与文化》、尼葛洛庞帝的《数字化生存》等一系列著作的问世，“数字经济”的理念迅速流行开来，各国政府也开始把发展数字经济作为推动经济增长的重要手段。进入21世纪，尤其是2008年国际金融危机爆发以来，世界各国开始制定数字经济战略，期望通过发展数字经济来拉动经济复苏。

总体来看，在我国，数字经济主要指以数据资源为重要生产要素，以现代信息网络为主要载体，以信息通信技术融合应用、全要素数字化转型为重要推动力，促进公平与效率更加统一的新经济形态。

随着云计算、移动互联网、大数据、人工智能等数字技术的快速发展与应用，数字经济正在成为全球经济发展的重要引擎。近20年来，在认识和理解数字经济的过程中，诸多见解纷纷出现(表5-1)。①

① 资料来源：百度文库，访问日期：2020-11-16。选入本书时有改动。

表 5-1　数字经济的部分定义

研究机构	定义
G20 峰会	数字经济是指以使用数字化的知识和信息作为关键生产要素、以现代信息网络作为重要载体、以信息通信技术(ICT)的有效使用作为效率提升和经济结构优化的重要推动力的一系列经济活动。
中国信息化百人会	数字经济是全社会信息活动的经济总和。以数字化信息为关键资源，以信息网络为依托，通过信息通信技术与其他领域紧密融合，形成了基础型、融合型、效率型、新生型、福利型的数字经济。
美国商务部	数字经济是一种以信息技术生产行业为基础的经济，其中充满了影响着经济的方方面面的、数字化的技术性变革。基于信息技术的数字经济比以往的经济有更高的长期生产率和总增长率。
中国信息通信研究院	数字经济是以数字化的知识和信息作为关键生产要素，以数字技术为核心驱动力，以现代信息网络为重要载体，通过数字技术与实体经济深度融合，不断提高数字化、网络化、智能化水平，加速重构经济发展与治理模式的新型经济形态。

（二）数字经济的内涵

数字经济的内涵，可以从要素、载体、技术、系统四个维度进行理解。

从要素维度看，数字化的数据资源成为驱动数字经济发展的关键要素。数字经济时代，衡量经济产出的生产函数将数据化的知识和信息纳入其中。同时，数字经济推动了技术、劳动等其他生产要素的数字化发展，为现代化经济体系注入了新动力。

从载体维度看，现代信息网络、数字化基础设施和数字平台成为数字经济发展的载体。现代信息网络为数据的存储与传输提供了必要条件；数字化基础设施加强了人、机、物的互联与融合，并提供了数据源和交互基础；数字平台包括交易平台、创新平台等，支持参与方进行信息交换，并为开发者的创新提供生态环境。在此基础上，数字化的数据资源通过存储和分析转化为“数字智能”，进而通过数字平台实现“数据货币化”，由此推动数字经济发展壮大。

从技术维度看，数字技术的创新与融合为数字经济提供了重要推动力。5G、人工智能、物联网、区块链、大数据等信息技术持续突破，并从单点创新向交叉创新转变，促进形成多技术群相互支撑、齐头并进的链式创新，为数字产业的蓬勃发展与应用提供了支撑。

从系统维度看，数字经济为整个经济环境和经济活动带来了系统性变化。数字产业是以数字技术为主要工具进行利润和价值创造的经济活动，重点在于数字技术自身的价值实现。而数字经济概念范畴和影响范围更加广阔，是数字技术给整个经济环境和经济活动带来的系统性变化的结果，强调经济的驱动方式以及数字技术对经济各领域的赋能作用。

（三）数字经济的行业范围

英、美、俄等国主要强调数字经济的行业属性，侧重 ICT 行业、信息产业或数字部门。英国国家统计局认为数字经济包括电子商务和支撑基础设施两部分。其中，支撑基础设施又分为硬件、软件和电信三部分。美国商务部经济分析局认为数字经济主要包括数字使能基础设施、电子商务和数字媒体三部分。其中，数字使能基础设施分为硬件、软件、电信和相关支持服务四部分。根据《数字经济指标：2017》，俄罗斯将数字产业理解为信息产业，认为信息产业包括 ICT 产业和数字内容产业两个部分。

英、美、俄等国对数字经济的界定侧重于具体的经济活动范围，我国则把数字经济界定成一种经济形态。数字经济不局限于 ICT 等若干产业，还包括其他产业数字化转型的部分。我国把数字经济分为两部分：一是数字产业化，也称为数字经济基础部分，即信息产业；二是产业数字化，即国民经济各行各业由于数字技术应用而带来的产出增加和效率提升，也称为数字经济融合部分，包括传统产业由于应用数字技术所带来的生产数量和生产效率提升，其新增产出构成数字经济的重要组成部分。

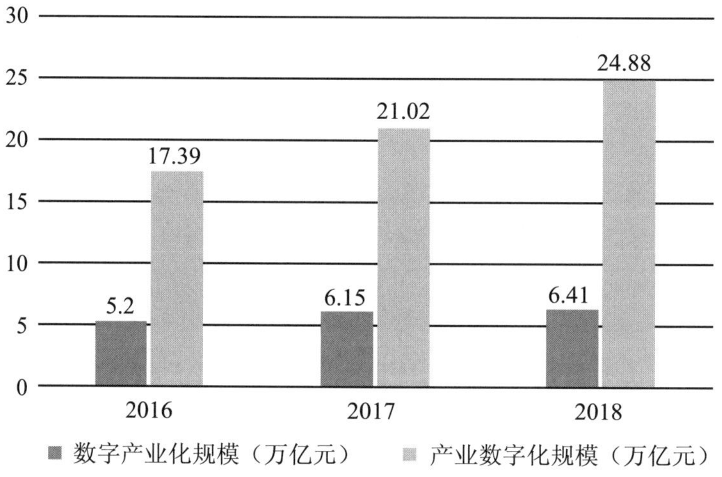

图 5-1　2016—2018 年中国数字经济规模结构分析情况

（数据来源：前瞻产业研究院整理）

二、数字经济的特点

数字经济具有普惠化特征，是继农业经济、工业经济之后的一种新的经济发展形态。

作为一种新的经济发展形态，数字经济与工业经济相比具有明显不同的特征，主要体现在以下几个方面。

（一）数字化的知识和信息成为驱动经济发展的关键生产要素

人类生产、生活及治理的数据基础和信息环境得到显著改善——移动互联网和物联网快速普及部署，智能终端和传感器加速应用渗透，人、机、物逐步交互融合。与经济增长和社会发展相关的各项活动已启动全面数字化进程，呈现出从被动到主动、从碎片到连续、从单一分离到综合协同三大转变，源源不断地产生海量数据，催生了大数据概念。数据已成为与资本和土地相并列的关键生产要素，被不断地分析、挖掘、加工和运用，价值得到持续提升，为国民经济和社会发展提供了充足的新动力。①

近年来，大数据产业快速发展和应用落地，正在成为中国数字经济发展的重要驱动力。中国数字经济的增速已经连续三年排名世界第一，走向应用和服务深化的发展新阶段。大型互联网公司、政府机构等成为其业务发展的主要推动者。大数据与金融、医疗等领域融合，催生出越来越多的新业态、新模式。

（二）数字基础设施成为新的基础设施

随着数字经济的发展，数字基础设施的概念变得更广泛，既包括宽带、无线网络等信息基础设施，也包括对传统基础设施的数字化改造。这两类基础设施推动以“砖和水泥”为代表的工业时代基础设施转向以“光和芯片”为代表的数字时代基础设施。

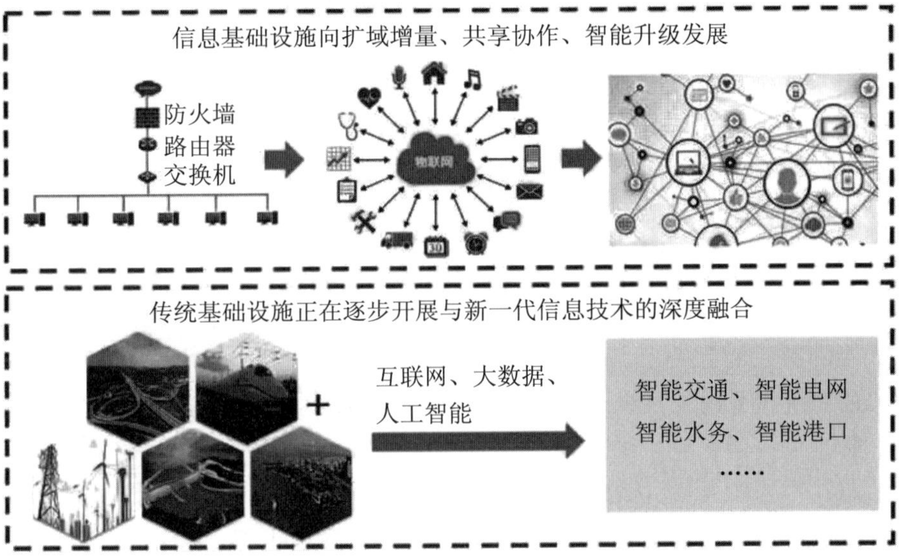

图 5-2　基础设施加速转型升级

（资料来源：中国电子学会）

持续提升数据获取的量级和频率，不断丰富数据传输的渠道和方式，以及扩大数据存储空间、创新数据使用能力，都是数字经济能够蓬勃发展的重要基础条件。万物互联和人、机、物共融将会成为网络架构的基本形态，各国信息基础设施的规划与部署都面临着扩域增量、共享协作、智能升级的迫切需求。同时，公路、铁路、港口等传统基础设施也正在逐步开展与大数据、人工智能等新一代信息技术的深度融合，向

① 资料来源：《徐晓兰：智慧社会的八个发展特征、九个主要展望、五个发展建议》，http://www.chengshiguan.com/NewsContent_8038.html，访问日期：2020-11-16。收入本书时有改动。

着智能交通、智能港口等转型升级，显著提升能源利用效率和资源调度能力，促进数字经济健康可持续发展。

（三）数字素养成为对劳动者和消费者的新要求

农业经济和工业经济对多数消费者的文化素养基本没有要求；对劳动者的文化素养虽然有一定要求，但往往局限于某些职业和岗位。随着数字技术向各领域渗透，劳动者越来越需要具有双重技能——数字技能和专业技能。具有较高的数字素养成为劳动者在就业市场胜出的重要因素。对消费者而言，若不具备基本的数字素养，将无法正确地使用数字化产品及享受数字化服务，而成为数字时代的“文盲”。提高数字素养既有利于数字消费，也有利于数字生产，是数字经济发展的关键要素和重要基础。

（四）供给方和需求方的界限日益模糊

传统经济活动严格划分了供给方和需求方。但是，随着数字经济的发展，供给方和需求方的界限日益模糊，逐渐成为融合的“产消者”。在供给方面，许多行业涌现出新的技术，使供给方能够在提供产品和服务的过程中充分考虑用户需求，不仅创造了满足现有需求的全新方式，也改变了行业价值链。公共服务也是如此，政府通过听取民众意见及时了解经济社会数据，进行科学决策、精准施策。相应地，在需求方面也出现了重大变化，消费者参与和消费新模式的出现，使企业不得不改变原来的设计、推广和交付方式。

（五）人类社会、网络世界和物理世界日益融合

随着数字技术的发展，网络世界不再仅仅是物理世界的虚拟映象，而是真正进化为人类社会的新天地，成为人类新的生存空间。同时，数字技术与物理世界的融合也使得现实的物理世界的发展向网络世界靠近，人类社会的发展速度呈指数级增长。网络世界和物理世界的融合主要是靠信息系统和物理系统的统一体——信息物理系统实现的。信息物理系统是一个结合了计算领域和传感器、制动器装置的整合控制系统，使我们身边的各种物体具有计算、通信、远程协作和自组织功能，从而使计算能力与物理系统紧密结合与协调。

在此基础上，随着人工智能、VR、AR 等技术的发展，又出现了人、机、物融合的信息物理生物系统。这一系统改变了人类社会和物理世界的交互方式，更强调人机互动。信息物理生物系统推动了人类社会、网络世界和物理世界之间的融合，以构成一个互联互通的新世界。

三、发展数字经济是国际大势所趋，已成世界主流

数字经济目前已成为全球经济增长的一大核心动力。在全球经济下行压力加大的形势下，数字经济持续快速发展，是稳定经济增长的重要动能。

（一）国际组织积极倡导发展数字经济

数字经济对经济社会发展具有重要作用，因此，世界银行、世界经济论坛、经济

合作与发展组织、亚太经合组织、全球移动通信系统协会、G20等国际组织均通过各种举措大力推动数字经济发展。

世界银行一直将数字经济作为帮助发展中国家实现经济增长、减少贫困、增加就业的重要手段。2016年，世界银行把“数字红利”作为《世界发展报告》的主题。该报告指出，采取广泛经济改革以配合技术投资措施的国家能够收获技术红利，包括更快的经济增长、更多的就业与更好的服务。

为促进数字经济的健康发展，世界经济论坛联合国际贸易与可持续发展中心于2016年3月发布的“E15项目”报告提供了建议：将WTO的规模扩大到数字经济的范围，开启数字贸易协定的谈判进程，扩大和深化数字贸易议题上的规则合作，政府、企业和非政府组织协同支持数字贸易。2016年7月，世界经济论坛发布《2016年全球信息技术报告——数字经济时代推进创新》。该报告指出，全球正进入第四次工业革命，数字技术是这场革命的中坚力量，国家、企业和个人的未来将比以往任何时候更加取决于其接受数字技术的程度。世界经济论坛将数字经济视为“第四次工业革命”框架中不可缺少的一部分。

经济合作与发展组织建议各国政府加快发展互联网经济，着手应对互联网和通信技术投资放缓的问题，消除数字创新方面的监管障碍，保持互联网基础设施建设的高速发展，提高数字技术水平，缩小国家在数字经济方面的缺口，以免错失数字经济蕴含的巨大的经济和社会效益。2016年6月，在经济合作与发展组织部长级会议上，数字经济成为重要议题，内容包括开放性互联网的效益和风险、促进数字经济创新、增强人们对数字经济的信任和需求方面的举措、促进创造就业机会的方式、培养实现数字经济效益最大化所需的技能等。

亚太经合组织(APEC)多年来一贯重视数字经济建设。早在2002年，APEC第十次领导人非正式会议就通过了《关于执行APEC贸易和数字经济政策的声明》，首次为贸易和数字经济制定了政策框架。2010年，在日本横滨召开的APEC部长级会议重申了数字经济的重要性，并在联合声明中提出，官员们应在2011年继续此项工作，更加全面地研究包括政策与规制环境在内的办法，以更好地推动成员支持创新，提高经济效益和生产效率。

全球移动通信系统协会(GSMA)认识到，数字和移动技术均已产生影响深远的社会和经济效益。随着数字和移动革命进一步加速，人工智能和物联网等有望创造更大的价值、迎来更多领域的数字化变革。及早制定前瞻性政策，能够让民众、企业、社会和国家繁荣昌盛，改善民生，降低可能伴随经济变革出现的不利影响。GSMA联合德勤发布报告《拥抱数字革命：制定相应政策，打造数字经济》，鼓励政府制定刺激投资和推进数字经济发展的政策，激励国内数字经济发展，为未来的变革未雨绸缪，同时强调了不作为的风险，呼吁政策制定者为民众建设一个包容的数字化环境。

G20的宗旨是推动发达国家和新兴国家之间就实质性问题进行开放及建设性的讨

论和研究，以寻求共同合作，并促进国际金融稳定和经济持续增长。在2015年安塔利亚峰会上，G20领导人认识到，互联网经济时代使全球经济发展机遇与挑战并存。随后，在2016年杭州峰会上，G20将数字经济列为创新增长蓝图中的一项重要议题，探讨了共同利用数字机遇、应对挑战，推动经济实现包容性增长和发展等问题；中国作为G20主席国，成立了G20数字经济工作组，提出了《G20数字经济发展与合作倡议》，这也是全球首个由多国领导人共同签署的数字经济政策文件。2017年，德国作为G20主席国，也将数字化作为重要议题，专门成立了数字经济专家工作组，与经济合作与发展组织合作确定数字政策。

（二）主要国家数字经济发展战略

近年来，国际经济形势错综复杂，世界经济正处在动能转换的阶段，各国对数字经济的重视度日益提升。

各国的数字经济政策呈现出五大共性趋势：一是创新驱动成为数字经济发展优先选择；二是新型基础设施支撑各国经济社会发展；三是深化数字经济融合应用成为战略焦点；四是积极应对、调整和完善数字经济治理；五是提升国民数字技能，抢抓数字人才。

多数发达国家的数字经济发展战略布局起步较早。美国是全球最早布局数字经济的国家，从20世纪90年代就开始推动数字经济发展，从大数据、人工智能、智能制造等领域推动数字经济发展。欧盟坚持合作共赢原则，着力打破成员国间的数字市场壁垒，推动建立数字单一市场，重视数据保护与开放共享，积极开发欧盟内部统一的数字市场，同时推进人工智能的发展与治理。英国是全球最早出台数字经济政策的国家，2009年发布《数字英国》计划，数字化首次以国家顶层设计的形式出现。随后英国不断升级数字经济战略，大力推动数字经济创新发展，打造数字化强国，增强网络安全与治理能力，致力于网络治理实现新突破，坚持“数字政府即平台”理念。德国积极践行“工业4.0”，不断升级高科技创新战略，积极推动中小企业数字化转型，提升数字经济竞争力。日本早在2001年就提出《e-Japan战略》，随后又相继发布《u-Japan》《i-Japan》《ICT成长战略》《智能日报ICT战略》等，实现数字经济信息化、网络化、智能化，各阶段发展皆有章可循。

相比之下，发展中国家对于数字经济的布局相对滞后，多数发展中国家近几年才开始着手布局相关战略。2015年，印度推出“数字印度”计划，主要包括普及宽带上网、建立全国数据中心和促进电子政务三个方面。2017年，俄罗斯将数字经济列入2018—2025年主要战略发展方向目录，编制完成《俄罗斯联邦数字经济规划》，于2018年进入实施阶段，借助数字经济提升生产运营各环节效率。尽管发展中国家数字经济起步较晚，但已经积极开展数字经济规划布局，营造数字经济发展的宽松环境，以抓住数字经济发展新机遇。

（三）**我国数字经济发展战略规划**

党的十八大以来，中国政府高度重视发展数字经济，发展数字经济逐渐成为国家战略。总体上看，我国数字经济发展战略规划经历了从重点推进信息通信技术的快速发展和迭代演进向经济社会各领域深度融合发展的转变。2013 年出台的《国务院关于印发"宽带中国"战略及实施方案的通知》首次提出将宽带网络作为国家战略性公共基础设施，从顶层设计、核心技术研发、信息安全保障等方面做出全面部署。同年出台的《国务院关于促进信息消费扩大内需的若干意见》从增强信息产品供给能力、提升公共服务信息化水平、加强信息消费环境建设等方面支持信息领域新产品、新服务、新业态的发展。2015 年出台的《国务院关于积极推进"互联网＋"行动的指导意见》从创业创新、协同制造、现代农业等 11 个领域推动互联网创新成果与经济社会各领域深度融合，提升实体经济创新力和生产力。2016 年国务院出台的《关于深化制造业与互联网融合发展的指导意见》推动制造企业与互联网企业在发展理念、产业体系、业务模式等方面全面融合，发挥互联网集聚优化各类要素资源的优势，加快新旧发展动能和生产体系的转换。2019 年出台的《数字乡村发展战略纲要》将发展农村数字经济作为重点任务，加快建设农村信息基础设施，推进线上线下融合的现代农业，进一步发掘信息化的巨大潜力，促进农业全面升级、农村全面进步、农民全面发展。

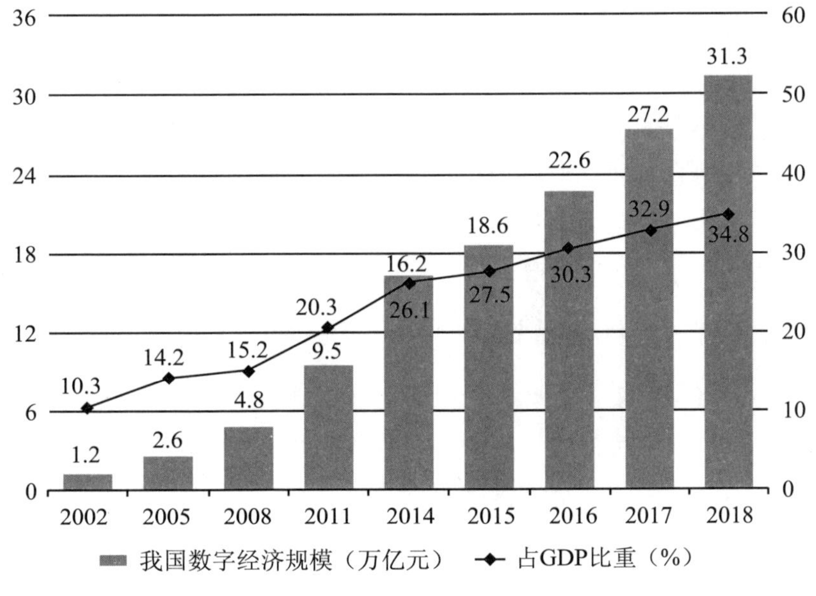

图 5-3　2002—2018 年中国数字经济规模统计及占 GDP 比重统计情况

（数据来源：前瞻产业研究院整理）

当前，数字经济发展战略着重培育以数据为关键要素的经济社会发展新形态。2017 年 12 月，中共中央政治局实施国家大数据战略进行第二次集体学习，习近平总书记指出，要构建以数据为关键要素的数字经济。国家发展改革委、中央网信办、工业和信息化部等印发《关于促进分享经济发展的指导性意见》的通知，国务院办公厅印发《关于促进平台经济规范健康发展的指导意见》，提出加强政府部门与平台数据共享。《关于深化"互联网+先进制造业"发展工业互联网的指导意见》《关于推动工业互联网加快发展的通知》等强化工业互联网平台的资源集聚能力，有效整合产品设计、生产工艺、设备运行、运营管理等数据资源。2020年出台的《关于构建更加完善的要素市场化配置体制机制的意见》首次将数据作为一种新型生产要素，提出推进政府数据开放共享、提升社会数据资源价值、加强数据资源整合和安全保护。

第二节　数字经济为我国经济发展提供新动能

《G20数字经济发展与合作倡议》指出：数字经济正在经历高速增长、快速创新阶段，是全球经济增长日益重要的驱动力，在加速经济发展、提高现有产业劳动生产率、培育新市场和产业新增长点、实现包容性增长和可持续发展方面发挥着重要作用。随着发展数字经济上升到国家战略高度，人工智能、大数据、云计算等数字技术取得重大突破，信息基础设施实现跨越式发展，实体经济与数字技术融合态势日益深入，我国数字经济已进入快速发展期。近年来我国数字经济规模保持快速增长，占GDP比重持续上升，是带动国民经济发展的关键力量。2020年中国互联网大会上发布的《中国互联网发展报告2020》显示，截至2019年年底，我国数字经济增加值规模达35.8万亿元，占GDP比重达到36.2%。我国数字经济规模已稳居世界第二位。

当前，新一轮科技革命和产业变革加速演进，互联网迎来了更加强劲的发展动能和更加广阔的发展空间。在新的历史时期，我国互联网发展牢牢把握战略机遇，有力推动着网络强国建设迈上新台阶。

一、数字经济促进经济增长，网络消费市场扩大内需

数字化密度指数是用来衡量数字技术在各国企业和经济中的渗透程度的。研究显示，提高数字化密度能显著促进经济增长，且数字化密度越大的国家从数字化中获得的收益越大。尤其是在全球经济增长乏力的当下，数字经济更是被视为撬动全球经济的新杠杆。据预测，到2025年，全球经济总值的一半将来自数字经济。

网络消费作为数字经济的重要组成部分之一，在促进消费市场蓬勃发展方面发挥着日趋重要的作用。《中国互联网发展报告2020》显示，截至2019年年底，我国移动互联网用户规模达13.19亿，占全球网民总规模的32.17%；移动互联网接入流量消费达1220亿GB，同比增长71.6%；电子商务交易规模达34.81万亿元，已连续多年占据全球电子商务市场首位；网络支付交易额达249.88万亿元，移动支付普及率处于世界领先水平。

2019年，网络消费在扩大内需方面发挥了积极作用。一是以社交、直播电商为代表的新电商模式创新发展，释放潜在内需消费。二是网络零售加速渗透下沉市场，不断激活农村消费。电商平台渠道、物流服务下沉，推动三线以下城市和农村地区网购基础设施和商品供给不断完善，下沉市场消费潜力快速释放。三是在线生活服务市场保持经济快速增长，持续推动服务消费。移动支付服务推动线上线下联动的消费新场景不断丰富，带动各类在线服务持续发展。

二、数字贸易不断提质升级，跨境出口模式不断完善

20世纪经济全球化的标志是贸易和金融流动的快速增长。2007年商品、服务和资金的全球流动占全球GDP的比重达到53%，创下历史最高纪录。此后全球商品贸易的增长开始趋于平缓，金融流动急剧下降，服务贸易也只是缓慢增长。然而，这并不能表明经济全球化进程已经停止。实际上，随着数字经济的快速发展，经济全球化的内容和形式发生了巨大变化——数据流动成为21世纪经济全球化的新特征。21世纪的经济全球化被定义为数据和信息流动的新纪元。由于数字化通信和交易有着接近于零的边际成本，使大规模的跨国业务有了新的可能性。跨境政策与模式创新不断推动跨境电商发展，助力外贸转型升级。

跨境电子商务作为数字贸易的重要组成，自出现以来发展迅速，对促进我国外贸转型升级、提升我国在全球数字经济价值链中的地位具有重要意义。2019年，通过海关跨境电子商务管理平台进出口商品总额达1862.1亿元。政策和出口模式不断优化，有力带动了跨境电商的发展。一是跨境综试区范围进一步扩大，为外贸新业态新模式提供发展土壤。国务院发布《关于同意在石家庄等24个城市设立跨境电子商务综合试验区的批复》，同意在石家庄、太原等24个城市设立跨境电子商务综合试验区。二是跨境出口政策、模式不断完善，运营成本降低。国务院出台“无票免税”政策和更加方便企业的所得税核定征收办法，杭州综试区跨境电商1210邮路保税出口新模式启动，为企业跨境电商出口提供一站式在线报关、通关及结汇、退税的服务，助力跨境电商出口发挥“稳外贸”作用。

三、数字企业领跑全球，平台经济赋能产业发展

数字经济是一种融合性经济，其价值主要体现在赋能效应显著，不仅实现了自身的快速发展，还有助于推动传统产业优化资源配置、调整产业结构、实现转型升级。

（一）以互联网企业为代表的数字企业强势崛起，数字企业全球影响力提升

在新一轮科技革命和产业变革的带动下，特别是在政府的大力推动下，我国正在数字经济领域形成新一波创新创业浪潮。数字经济的发展孕育了一大批极具发展潜力的互联网企业，成为激发创新创业、带动就业的驱动力量。随着数字经济加速发展，数字企业日益壮大，在国民经济中的地位不断提升。联合国《2019年数字经济报告》指

出，中国和美国所拥有的数字平台市值占全球70个最大数字平台市值的90%，包括我国的阿里巴巴和腾讯两家企业在内的七个“超级平台”的市值占据了全球数字经济总市值的三分之二。截至2019年12月，我国境内外互联网上市企业总数为135家，网信独角兽企业总数为187家。

（二）数字经济与实体经济深度融合发展，加快实体经济的转型升级

传统经济理论认为，市场主要的作用是通过将买卖双方集中到一起解决时间和空间的不匹配问题，并且在无数次交易和博弈过程中逐渐消除信息的不对称。而网络平台则把企业和消费者放在了同一个平台上，一方面在一定程度上打破了市场分割，使得交易双方不再受限于时间和空间的分隔，大大拓展了消费者的选择；另一方面使企业进入了更为广阔的市场，有利于优质的企业充分发挥范围经济和规模经济效应，但也面临更激烈的竞争。

数字经济已成为全球经济增长的核心动力，数字化变革与管理变革都是未来企业发展的必经之路。管理作为一门科学，强调的是追求最高的效率、最高的产量，才能实现企业的最大利益。传统的信息交互、组织沟通模式已经暴露出低效、迟缓等弊端，随着数字化浪潮的到来，追求高效、敏捷的数字化转型是实体经济发展的必经之路。

在全球经济相对稳定阶段，以先进制造业为代表的实体经济将继续作为主要增长点，在与数字经济的深度融合中不断焕发新的生机。下一阶段，各主要国家和地区的数字经济相关战略会陆续深入实施，普遍将以运用互联网、大数据、人工智能等新一代信息技术赋能先进制造业作为重要举措，积极推进从生产要素到创新体系、从业态结构到组织形态、从发展理念到商业模式的全方位变革突破，持续催生个性化定制、智能化生产、网络化协同、服务型制造等新模式、新业态，推动形成数字与实体深度交融、物质与信息耦合驱动的新型发展模式，大幅提升全要素生产率，有效推动全球经济增长的质量变革、效率变革、动力变革。

图5-4　数字经济与实体经济融合发展

（资料来源：中国电子学会）

（三）数字经济成为推动供给侧结构性改革的重要支撑

数字经济对经济发展的作用，已经不限于促进市场配置资源功能的发挥。如今的平台经济体已经从最初的信息中介转变为经济活动的积极参与者，在继续为需求侧的消费者提供优质服务的同时，还在大力为供给侧的生产者赋能，提升各个行业的产品质量、服务水平，推动产业升级和经济转型。平台根据数据优化商品供给、提升供应链数字化水平，为推动供给侧结构性改革、提升生产制造效能、促进产业转型升级提供了关键支撑。

通过“三去一降一补”五大任务减少无效和低端供给，促使互联网显著提升供给能力，是供给侧结构性改革的主攻方向。互联网与制造、物流、农业等传统产业深度融合，促进产业组织、商业模式、供应链管理创新，大幅提高生产运营和组织效率，推动传统产业升级。

互联网适度扩大总需求，是供给侧结构性改革不可或缺的重要组成部分。我国居民消费正在升级，定制化生产和销售更能满足群众多样化的需求。互联网进一步扩大各融合领域的长尾市场和消费空间，提供更优质的产品、更便利的服务、更丰富的业态，增强用户体验、优化消费环境，积极培育新型消费、挖掘传统消费，释放有效消费需求。

互联网推动低水平供需平衡向高水平供需平衡的跃升。供给侧结构性改革的根本目的是更好地满足广大人民日益增长、不断升级和个性化的物质文化和生态环境的需要。互联网的快速发展推动了供给结构由低端供给向高端供给发展、需求结构由生存型需求向品质型需求转变，通过增强供给结构对需求变化的适应性和灵活性提高全要素生产率。

第三节　网络社会促进普惠均衡发展

我国互联网持续向农村地区渗透，截至 2019 年 10 月，我国贫困村通宽带比例达到 99%[①]，实现了全球领先的农村网络覆盖率。此外，贫困村利用互联网，通过电子商务、在线教育、短视频等多种方式脱贫攻坚。

一、网络环境持续优化，推动网民规模稳定增长

据第 45 次《中国互联网络发展状况统计报告》显示，2019 年，我国已建成全球最大规模光纤和移动通信网络。我国行政村通光纤和 4G 比例均超过 98%，固定互联网宽带接入用户超过 4.5 亿户。截至 2020 年 3 月，我国网民规模达 9.04 亿，较 2018 年年

---

① 资料来源：http：//www.miit.gov.cn/ztzl/rdzt/fpgzztbd/xwdt/gzdt/art/2020/art_02955a8-95e7740bfbd86abbd904ff120.html，2020-12-29。

底增长7508万。网民规模稳定增长的原因包括三个方面。一是全面落实网络提速降费政策。与五年前相比，固定和移动宽带平均下载速度提升了6倍，固定网络和手机上网流量资费水平降幅均超过90%。在提速降费政策推动下，用户月均使用移动流量达7.2GB。二是稳步推进"双G双提"工作，加快高速宽带建设。截至2019年年底，三家基础电信企业的固定互联网宽带接入用户总数达4.49亿户，全年净增4190万户。据工业和信息化部《2019年通信业统计公报》显示，1000Mbps及以上接入速率的用户数87万户，100Mbps及以上接入速率的固定互联网宽带接入用户总数达3.84亿户，占固定宽带用户总数的85.4%。三是5G网络建设有序推进。全国工业和信息化工作会议通报，截至2019年年底，全国开通5G基站12.6万个，5G套餐签约用户超87万户；在多个城市已实现5G网络的重点市区室外的连续覆盖，并协助各地方政府在重要场所、重点商圈等区域实现室内覆盖。

二、社会福利水平依托数字化手段得到有效改善，满足了群众对美好生活的期待

2019年，我国互联网应用与人民群众生活结合日趋紧密，实现了对衣食住行各类生活场景的全覆盖，群众生活品质不断提升。突出体现在：一是短视频、直播等应用发展迅猛，为群众分享信息提供了更多选择。短视频、直播等应用的普惠性降低了信息交流分享门槛，实现了全民参与。二是互联网知识产权环境更加完善，推动优质网络内容持续增多，丰富群众文化娱乐生活，带动用户内容付费意愿，不断扩大用户规模。三是社交应用、支付应用等在社会公益方面发挥正效能。2019年上半年，民政部指定的20家互联网公开募捐信息平台募捐总额超过18亿元，累计获得52.6亿人次的点击、关注和参与。互联网极大地降低了网民参与公益活动的门槛，积少成多，为慈善事业的发展注入了巨大活力。

实现人类对美好生活的追求，是数字经济孕育、诞生、发展的重要动力及目标。大幅提升公共资源供给效率，显著增强公共服务效用，进一步推动教育、医疗、慈善等公共事业的便捷化、普惠化、均等化，是数字经济在创新变革生产方式、促进实体经济提质增效之外的关键着力点。多种类型、多个领域的网络化、智能化的教育资源公共服务平台将被搭建，面向公众持续扩大优质教育资源覆盖面。互联网远程诊疗将成为高频次、低门槛、易得可选的常规医疗方式，引入人工智能助手可以有效提升诊疗精准度，解决全球性的医疗资源紧张难题。区块链技术将在慈善资金募集和捐赠过程中得到大规模应用，强化互信关系，减少交易成本，保障慈善事业的公正、透明。

三、网络扶贫作用凸显，全面助力决胜脱贫攻坚

互联网在助力脱贫攻坚、推动乡村振兴方面正发挥着日趋重要的作用。截至2020年3月，我国农村地区互联网普及率为46.2%，较2018年年底提升7.8个百分点。互

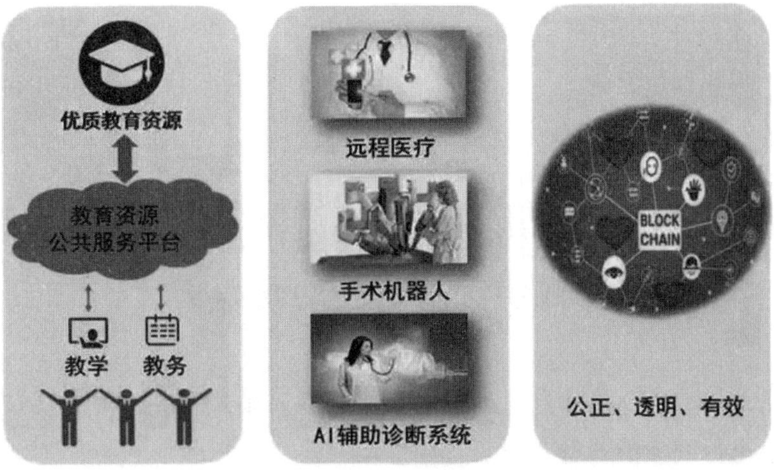

图 5-5　数字化手段提升社会福利水平

（资料来源：中国电子学会）

联网的普及切实提升了广大网民对脱贫攻坚的认知水平，超过七成网民对网络扶贫活动有所了解。其中，网民在互联网上看到“扶贫捐款”相关内容的比例最高，为 57.7%。互联网的普及有助于带动广大网民参与脱贫攻坚行动，近七成了解网络扶贫活动的网民参加过各类该活动。其中，网民参与“网上扶贫捐款”的比例最高，为 43.9%。互联网的普及有助于不断巩固脱贫攻坚工作成果，近九成网民认同互联网在脱贫攻坚中的重要作用，七成以上网民认为互联网能在“汇集广大网民的力量为贫困群众提供帮助”“通过电商帮助贫困群众扩大农产品销售”“让贫困群众更方便地获取工作、社保、医疗等信息”等方面发挥重要作用。

四、数字经济促进就业，增进民众福祉

近年来，数字经济激发人类智力、提高人们的认知水平，促进生产能力大幅跃升。数字经济所形成的新产业、新业态改变着人们的生活，影响着我国的就业格局。数字经济将成为拉动我国就业增长的重要动力。

数字经济发展既推动了就业升级，也带来了新的就业机会。传统产业数字化转型已成为我国促进就业的重要渠道。数字经济释放就业市场庞大潜力主要表现在两个方面：一是新旧动能转换创造出巨大就业空间，研究显示，数字经济时代每 100 个就业人口中，72 个为升级原有就业、28 个为新增岗位就业；二是数字经济带来的灵活就业快速发展壮大，在就业中的比重快速增加。

数字经济吸纳就业能力显著提升。2018 年，我国数字经济领域就业岗位为 1.91 亿个，占全国总就业岗位的 24.6%，同比增长 11.5%，显著高于同期全国总就业规模增速。据中国信息通信研究院测算，到 2025 年，5G 将直接创造超过 300 万个就业岗位。

数字化水平的提高有助于提升人们的幸福感，数字化密度越高，幸福感提升得越快。世界经济论坛对34个经合组织成员国的调查显示，数字化程度每提高10个百分点，能够促使幸福指数上升约1.3个百分点。更重要的是，数字经济有利于消弭地区间的数字鸿沟，增进民众福祉。

第四节　积极应对数字经济革命，加快培养数字经济时代的传媒人才

我国非常重视数字经济的发展。数字经济的本质是技术驱动的经济，而人才是数字经济发展最重要的基础和推动力量。当前，我国数字经济领域就业加速增加，新就业形态不断涌现。但同时，数字人才供给缺口问题较突出。没有人才的支撑，一切都是空中楼阁。特别是在当前国际形势下，发展数字经济和培养数字经济方面的人才显得尤为重要。

一、数字技能和素养推动消费者能力升级

新兴的数字化产品、应用和服务大量涌现，已形成规模巨大的消费市场。消费者需具备一定的数字化技能和素养，才能更好地发掘数据价值、使用数字化产品和享受数字化服务。消费者所具有的对数字化资源的获取、理解、处理和利用能力，将成为影响数字消费增长速率和水平的重要因素，直接关系到数字经济的整体发展质量与效益。全球各主要发达国家将会更加重视对公民数字素养的培养，并将持续提升公民数字素养上升到构建国家新兴战略竞争力的高度，作为推动数字消费、扩大内需市场、强化内生动能的重要举措。

二、数字素养是21世纪首要技能

“数字素养”的概念最初由学者保罗·吉尔斯特在1997年提出，他认为数字素养主要包括获取、理解与整合数字信息的能力，具体包括网络搜索、超文本阅读、数字信息批判与整合等技能，有效区分了数字素养和传统的印刷读写能力。数字素养的内涵在实践中被不断丰富和完善，以适应新的时代特征。今日的数字素养可以被看作新技术环境下，在从获取、理解、整合到评价、交流的整个过程中利用数字资源，使人们有效参与社会进程的能力。数字素养既包括对数字资源的接受能力，也包括对数字资源的给予能力。

随着数字时代技术的不断进步，各式各样的工作都对劳动力的数字素养提出了更高的要求。工作形式也越来越多地转向使用计算机或移动设备，以在线形式进行。在覆盖面更加广泛的工作中，用人单位要求劳动力掌握计算机和网络基础知识，以满足

图 5-6 数字经济时代对公民素养提出新要求

（资料来源：中国电子学会）

工作需要、提高工作效率，对于传统意义上的“蓝领工作”来说也是如此。即使是日用品生产商和零售商一类的雇主，也会对销售数据做适当的收集和分析，紧跟市场的节奏以保持竞争力。在这样的背景下，这些雇主的雇员也被要求具有一定的数字素养，能够对数字资源进行收集和整理，并向雇主做出有效的信息反馈。因此，新时代下，提升“白领”甚至传统意义上的“蓝领”的数字素养，无论是对个人还是对国家，都具有重要意义。对于个人而言，其数字素养的高低影响着他对时代的适应，影响着他在海量数字化信息面前能否有效地获取与传递信息、享受数字媒介社会带来的便利。对于国家而言，其国民数字素养日益影响着国民综合素质，乃至这个国家在数字经济时代能否占得先机、勇立潮头。

提高数字素养，可以缩小不同用户间的数字鸿沟。数字鸿沟主要包括两方面：一是数字基础设施方面的鸿沟，二是数字素养方面的鸿沟。相应地，加强数字基础设施建设、提高数字素养就成为缩小数字鸿沟的关键所在。无论对于数字原住民还是数字移民来说，都需要提高数字素养，培养其在数字时代综合运用数字媒体和数字资源的能力。

在信息大爆炸时代，数字素养在社交媒体的应用领域有着显著的价值。在社交媒体上自由表达的能力、对海量信息的鉴别能力都取决于用户本人数字素养的高低。数字素养深刻地影响着网络用户在社交媒体上的言行，决定着网络用户在不可回避的社交媒体交流中能否应对自如。培养人们在社交媒体上的数字创造性是提高数字素养的一个良好方式，它可以帮助人们通过社交媒体与他人进行交流并追赶时代潮流，传递正确、有效的信息，识别网络上的虚假信息，维护网络空间的清朗。除了政府和企业的努力外，民众数字素养的提高也将对减少虚假信息传播起到巨大作用。

数字素养正被越来越多的国家纳入国民教育课程的体系之中，越来越多的学校将数字素养的培养作为重要的教学目标，希望借此跟上加速发展的技术变革的脚步。此外，数字素养本身就是教育学生适应时代的一个重要内容。教育体系要求教师具有足够好的数字素养，这样才能教给学生获取数字资源的方法并传递给学生数字资源。

除了学校以外，社会组织也承担着教育的责任。在数字时代，作为社会重要信息枢纽的图书馆逐渐开发出越来越完善的数字图书馆环境，也发挥着数字素养教育的职能。

三、探索赋能数字经济的人才培养模式

在数字技术突飞猛进的今天，数字经济正在迈向经济发展的“新蓝海”，数字经济人才已经是时代所需、发展之钥。然而，劳动力市场高素质人才的结构性短缺制约了诸多中国企业的发展。同时，数字经济对各行业数字化转型的要求更是加剧了企业间的人才争夺战，凸显了对数字化人才和跨界人才的旺盛需求。新形势下，高等教育开始主动融入、完善学科布局、探索人才培养模式，以期适应经济社会发展的需要。新经济、新产业催生新的产教融合人才培养模式，特别是数字经济产业梯队人才培养已成为数字经济产业发展的关键一环，只有产教融合升级、人才服务升级，才能促进数字经济产业不断聚集、发展、升级。

（一）数字经济人才需求现状

数字经济的快速发展给人才需求结构带来了新的变化。中国信通院发布的《中国数字经济发展与就业白皮书(2019 年)》显示，2018 年我国数字经济领域就业岗位为 1.91 亿个，占当年总就业岗位的 24.6%，同比增长 11.5%，显著高于同期全国总就业规模增速。

智联招聘平台大数据显示，2019 年冬季求职期对人才的需求量最多的十大行业中，与数字经济相关的计算机软件行业、IT 服务行业、互联网/电子商务行业占据了前三位。数字经济正处于飞速发展阶段，可提供的职位类型丰富，并持续保持着对人才的需求。

同时，在数字经济迅猛发展的势头下，数字人才的缺口也越来越大，企业需要大量的大数据、人工智能、“互联网+”、云计算、区块链、智能制造等领域的人才。中国数字经济发展正面临着人才短缺的巨大挑战。[①] 而且，数字经济的发展对数字人才的需求还将不断扩大。2018 年 9 月 26 日，国家发展改革委、教育部、科技部、工业和信息化部等 19 个部门联合印发的《关于发展数字经济稳定并扩大就业的指导意见》中提

---

① 陈煜波、马晔风：《中国经济数字化转型急需人才支撑》，载《社会科学报》，2018(1600)。

出，计划到2025年，伴随数字经济不断壮大，国民数字素养要达到发达国家平均水平，数字人才规模将稳步扩大，数字经济领域成为就业的重要领域。波士顿咨询(BCG)在2017年1月发布的针对中国数字经济下的就业与人才的研究报告《迈向2035：4亿数字经济就业的未来》显示，预计2035年中国数字经济将创造4亿个就业岗位。

（二）数字经济人才培养现状

数字经济到底需要什么样的人才？许多机构和专家学者对此进行了深入的研究探讨，但对数字经济所需人才依然没有统一标准。

清华大学经管学院互联网发展与治理研究中心陈煜波教授将如下的人才归纳为数字人才："拥有ICT专业技能的人才，以及与ICT专业技能互补协同的跨界人才"。具体来说包含了"数字战略管理、深度分析、产品研发、先进制造、数字化运营和数字营销"六大类。

BCG认为未来数字人才应当分为六大类，共二十种专门人才，其中包括但不限于数字化企业战略家、自动化市场营销专家、用户互动和用户体验设计师、数据科学家、机器人和自动化工程师、项目经理等。

微软公司的人才数字素养课程包括了计算机基础、云服务和万维网、生产力程序、计算机安全和隐私、数字生活方式等。

在我国，现有的人才供给体系仍然满足不了数字经济的发展要求。吴画斌等认为，当前普遍采用的人才培养模式即由政府提供资金开展教育，会由于经济发展的不平衡造成不同地区投入的教育经费和教育资源在配置方面存在明显的差距，将导致人才培养的质量、后劲不平衡。① 这种不平衡性在数字经济业态下将尤为突出。刘咏认为，发展数字经济还需激活传统行业人才。中国的数字人才十分短缺，尤其是拥有顶尖数字技术的专业人才和具备数字思维与行业经验的跨界人才。而实体经济聚集着大量具有丰富行业经验的传统人才，只有激活这部分人，让他们补齐数字思维短板，才能不断推动数字经济创新发展。要建立具备数字思维跨界人才的标准，完善推动企业培养数字跨界人才的激励政策，搭建传统行业人才学习数字思维和技术的平台，形成企业与科研单位合作的机制。只有不断形成创新的人才集群优势和良好创新氛围，才能让数字经济与实体经济在融合中保持强劲的创新动力。②

欧盟在数字人才培养方面的做法和经验值得我们借鉴。张地珂等提到，欧盟作为数字技能型人才培养的"领跑者"，首先做好了制度设计，注重结合经济和行业需求，制定数字技能人才发展战略。其次，在数字技能人才培养合理规划的基础上，注重整

---

① 吴画斌、许庆瑞等：《数字经济背景下创新人才培养模式及对策研究》，载《科技管理研究》，2019(8)。

② 刘咏：《发展数字经济还需激活传统行业人才》，载《重庆日报》，2018-09-14。选入本书时有改动。

合多方资源，并通过多种途径加以落实。最后，支持教育机构培养数字时代的高端人才，为开发数字技能的网络课程提供资助。欧盟还充分依托欧洲大学协会、欧洲学校网络等社会组织，在欧盟各成员国学校内推广其数字技能人才理念与实践，并设立欧洲“数字技能大赛”，吸引和鼓励教育机构开设有关数字教育的培训课程，在全社会营造数字人才培养的良好氛围。①

（三）打通人文和自然科学，构建数字经济人才所需的知识和能力体系

当前，在数字经济背景下，人工智能、大数据、“互联网＋”、云计算、物联网、区块链等技术助力数字经济，在各行各业得到了广泛的应用。其基础概念、原理、发展历程、相关术语和应用场景等均为数字经济人才需要掌握的知识，在数字经济人才综合素质中占据了重要地位。了解和掌握人工智能、大数据、“互联网＋”、云计算、物联网、区块链等的基础概念、发展状况、相关技术及其在学习、工作和生活领域内的应用等，可以更好地适应数字经济社会需求、提升工作效率和用户体验。

目前，大数据领域的一些专业主要是由统计学院、经济学院、管理学院等开设。若将新闻专业和计算机专业融合，或许也能培养出时代需要的复合型人才。只有不断尝试，才能把学生培养成与数据相关的复合型人才，满足新媒体时代需求，使学生不仅可以在媒体界从事运营分析、收视率分析、节目分析等职业，还可以在商业界做市场研究。

此外，能适应数字经济发展需求的人才应具有数据创新与发展理念，应了解和掌握大数据分析、管理的基础方法和能力，应了解基于数字经济的新型商业模式和企业管理流程，并能同时了解和熟悉人工智能、大数据等应用场景。只有这样，才能为基于数字经济的产业升级做出更大的贡献。

（四）创新培养方式方法及途径，满足数字经济人才需求，保障数字经济的发展

在数字经济人才培养体系中，应从政府、企业、高校三个层面着手进行研究。政府应在政策等层面加强扶持力度，不断完善教育培训体系，提供更多更好的培养机会和途径。企业应注重为数字经济人才提供充足的资源和持续发展条件，营造积极宽松的氛围，激励人才提升。

对于高校来说，在教师层面，可以尝试提升教师的数字经济相关技能，让教师参加数字经济相关技术的培训、讲座和研讨等，并通过校企合作项目让教师进入相关企业进行实践锻炼，提升教师的数字经济素养。在学生层面，可以让行业专家进入校园，以讲座、报告等形式让学生了解数字经济当前发展状况及未来发展趋势等，培养学生数字经济素养；可以创办学生社团，让对数字经济和相关技术有兴趣的学生“组团”研

---

① 张地珂：《欧盟数字技能人才培养举措及启示》，载《世界教育信息》，2017(22)。选入本书时有改动。

究和探讨；同时，最重要的是要将数字经济相关技术和知识融入课程体系，可以尝试探索"通识课程"模式，改革原有的公共基础课程设置，若将基于数字经济的人工智能、大数据、"互联网＋"、云计算、物联网、区块链等的相关知识与技能融入课程体系，也不失为一项较好的、可行性高的措施。另外，要建立与数字经济企业的联系，让企业进入校园、让师生进入企业，建立校企合作项目，让高校深入了解企业对数字经济人才的具体要求，让企业参与高校人才培养方案和课程体系设置，使高校毕业生能深度贴合企业需求，解决高校毕业生难以满足企业要求、企业招聘难的矛盾。

在数字经济条件下，人才需求正在发生变化，这也对高校人才培养提出了新的要求。高校人才培养要顺应党中央、国务院的号召。数字经济是大势所趋，培养人才要顺势而为、有所作为。高校要通过构建出能满足数字经济人才需求的涵盖人工智能、大数据、区块链、云计算、物联网等数字经济支撑技术的人才供给体系，更好地培养新时代需要的数字经济人才，为数字经济的发展做出积极的贡献。

第六章　媒介的文化影响

第一节　文化与文化传播

“文化”这个词汇所代表的意义十分深刻，以至于很多人对这个词汇以及它代表的意义颇有敬畏之心。

一、文化与大众文化

文化是一个十分复杂的概念，从1871年开始，全世界关于文化的定义有200多种。

英国学者爱德华·泰勒认为：“文化是一种包括知识信仰、艺术、道德、法规、习俗，以及所有作为社会成员的人所获得的任何技巧与习惯的复合整体。”当然，这个定义更偏重于人类的思想意识形态领域，对物质文化的创造没有提及。

美国学者克罗伯提出了一个影响深广的概念，他认为现代意义上的文化应当包含五个方面：第一，文化包括行为模式并指导行为模式；第二，模式不管外观还是内涵皆由后天习得，学习的方式是通过认识构造的“符号系统”；第三，行为模式和指导行为模式物化体现于人工制品中，因为这些制品也是文化；第四，历史上形成的价值观念是文化的核心，不同质的文化可依据价值观念的不同进行区别；第五，文化系统既是限制人类活动方式的原因，又是人类活动的结果。该定义包括了物质文化层面、制度文化层面和精神文化层面，对美国文化研究有较为广泛的影响。

随着近代西方文化传入中国，“文化”这个词也渐渐引起了中国学者的关注。中国学者对“文化”的认识同样丰富多彩，清朝末年主张开民智的著名学者梁启超就曾经认为：“文化者，人类心能所开释出来之有价值的共业也。”意思是说文化包括人类历史中一切有价值的内容。这基本上就为文化的包罗万象和历史融合下了一个很大的定义，也从侧面反映了近代中国学者对“文化”这个词的一种认可。

1949年中华人民共和国成立以后，国内对“文化”的定义较多地沿用《辞海》中对“文化”的阐述。广义地讲，文化“指人类社会历史实践过程中所创造的物质财富和精神财富的总和”；狭义地讲，《辞海》中“文化”词条的表述是“指社会意识形态，以及与之相适应的制度和组织机构”。

对文化有了基本认识之后，我们可以看出，文化所涵盖的范围十分广泛，不管是精神层面还是物质层面，只要是可以被感知的，都能容纳在文化概念之中。它海纳百川、包罗万象，为无数的中外学者提供了极大的研究可能。

因为文化概念的广博与丰富，以及学者无法对这一概念随意具象化或界限化，所以在文化研究的后期，衍生出了大量具有明确指向性的文化分支，或者说是明确的小型、细节化的文化概念。与传播媒介紧密联系并深深植根于大众视野的、具有极强传播特性的大众文化便应运而生。

大众文化是一种产生于20世纪城市工业社会、消费社会的，以大众传播媒介为载体并且以城市大众为对象的复制化、模式化、批量化、类像化、平面化、普及化的文化形态。

大众文化包括娱乐性的书报杂志、影视文化、服饰文化、网络文化、街头艺术等。随着媒介的进步，大众文化的种类还会不断丰富。

大众文化是反映现代工业社会和市场经济条件下大众日常生活、适应大众文化品位、为大众所接受和参与的，进行意义生产与流通的精神创造性活动及其成果。

我国的大众文化前期大多是在非商业的环境下形成的，经历过几千年的沉淀，它更像是我们的生活习惯，同时在讲述着最基本的伦理道德、世俗风情等。英国学者雷蒙·威廉斯认为，中国的大众文化过去缺少商品市场属性。① 威廉斯着重塑造了“大众”和“文化”这两个基本概念，指出大众文化是伴随着工业化的进步、大众传媒的发展以及教育的普及而形成的以工人阶级文化为主导的文化形态，是革命的、进步的、积极的。在这里可以看出，威廉斯的大众文化观不仅继承了马克思主义的文化思想，而且体现了马克思主义群众观的内容，这从其对大众的概念界定、对精英文化的批判和对群众地位的肯定中可见一斑。正是因为中国的大众文化的商品市场属性的缺失，我们一直都没有明白什么是真正的大众文化。实际上，真正的大众文化是在解决基本生存问题的前提下，为了丰富生活、提高精神享受而出现的人类愉悦自身的一切，是一种精神消费。

二、文化在传播中的特点

基于对文化概念的基本了解，我们意识到文化是无处不在的、复杂的，更重要的是它难以被定义。而能够进入到媒介传播中的文化内容，更多的是以大众文化为基础

---

① 陆扬等编：《大众文化研究》，8页，上海，上海三联书店，2001。

的文化信息，这就难免使文化的传播内容变得更加庞大与繁杂。我们要更多地了解文化在传播中的特点，以便帮助传播达到最佳效果。

（一）文化是一种后天的学习

可以举一个例子：一个人在出生以后便被单独关在一个密闭的房间中，仅提供其生存所需，没有任何人对他加以教导。他是一个健康的人，所以他的感觉系统没有任何问题。但是三十年后，当他走出单独生存的房间，在对外界毫无知觉的情况下，这个人没有价值观、是非观、荣辱观甚至人生观。他仅仅是活着，丧失了生而为人应该具备的生命的鲜活与体会。

文化是每一个人从婴儿时期便开始与这个社会的沟通，即使在儿童时期以前，他对外界的感受很可能还没有上升到有意义的境界，但是他在一定程度上已经学会了如何与这个社会接触，并且对外界的刺激产生反应。随着年龄的增长，孩子对社会复杂环境的认知变得更加丰富，就可以通过从文字到词汇、从事件到应对甚至人与人之间的交往方式开始探寻事物本身的意义。这时，不同的文化对孩子的培养和教育也就产生了初步的分类。分类不是好的或坏的，而是基于地理环境、气候环境甚至人种与民族、历史与文明的差异而形成的不同唤醒一个人对世界的认识。

然后我们就会发现，来自不同国家、不同种族的人，从饮食习惯到对事件事物的看法都开始产生差异，这便是文化在后天学习之中带给我们的变化。

文化的学习一般分为正式和非正式两种。非正式的学习大多来源于生活中的人际关系互动、人与自然之间的互动，这时候人类的应对就会分化，并凸显出各自的个性化与群体性的从众心。正式的学习大多来源于学校，有规范化的流程和状态。

许多人恐怕很难记得那些使我们学会技能的事件和经历，那些技能包括用眼睛直接交流的能力、对沉默和空间的使用、对魅力重要性的认识、对年龄的看法、运用某种语言的能力、对活动的偏好以及对解决与他人冲突的方法的偏好等。下面列举一些文化习得过程的例子：当一个孩子听从父亲的建议，在见到其他长辈时彬彬有礼地鞠躬行礼，他是在学习礼节；当一个孩子跟随母亲去寺院中拜佛吃斋，他是在了解什么是信仰；当一个孩子看到家里男人出门劳作而女人操持家务，他开始学习性别角色；当一个孩子被长辈教训，说他的行为让家族蒙羞，他是在学习文化价值观；当一个孩子去上国学课、汉服课，他是在了解传统文化……

首先，我们在不知不觉的情况下就学习了文化的含义、规则以及言谈举止；其次，基础的文化信息不断被强调和重复；最后，人们可通过各种各样的渠道来学习文化。

（二）文化是共享的

在传播过程中，文化具有非常清晰的共享形态。

文化的一个特点是：人们可以通过多种形式如讲故事、看戏剧等，运用多种载体如口耳相传、广电、书刊等进行文化传播。更重要的是，不管如何改变传播渠道、传播对象和传播形式，文化的核心元素都能够为文化传播中的其他成员所共享。

就发展阶段而言，文化的传播共享其实是一种客观的历史进程，无论全球的历史从何时算起、我们如何划分文化的发展阶段，全球文化发展传播都应该是一种不以人的意志为转移的客观历史进程。近代以来，以生产力快速发展和科学技术水平快速提升为动力，人们不断跨越空间障碍、制度障碍和社会障碍，逐步实现了信息的充分沟通。共享知识、共享文化，在某些领域遵守共同的规则、采取共同的行动，这既是典型的文化共享效果，也是对文化发展的未来展望。

在传播几乎无障碍的今天，文化的共享产生的冲击波已经大大超过了经济全球化，也引起了很多有识之士的关注，他们纷纷谨慎地表达了对文化全球共享的欢迎态度。但是由于各个国家的政治、经济和军事力量不对等，文化的共享更多地体现为一种文化压制，令很多国家产生了巨大的压力。文化的共享的主导权不能被当作一种政治手段掌握在某几个国家的手中。有一些学者认为，如果未来文化的共享达到顶峰，那么大量的民族文化可能会消失。文化的共享存在于一定地域内，才具备优势。

文化的共享尤其是在传播过程中所产生的共享效果，应该体现为人与人之间、民族与民族之间、地区与地区之间相互包容与尊重，并非单向的文化侵略甚至是文化帝国主义。比如在19世纪，西方国家在中国开办大量的教堂、学校，尽其所能宣传基督教、天文学、人文制度，包括宣传西方的政治体制如君主立宪制度。这种疯狂的文化输入在一定程度上受到了当时的国人的抵制，因为这并未体现出地区与地区之间平等的文化的共享。这种文化输入体现的是西方国家希望用本国文化取代他国文化的欺凌，希望用极端的手段或霸权主义的技巧使中国的民族文化能够被扼杀。虽然我们知道这是天方夜谭，但其过程还是让人不寒而栗。

尊重文化的跨时空传播、接受文化共享，这就是我们常说的对文化的认可与延续。

（三）文化的传播是一个动态的过程

古希腊哲学家赫拉克利特说过：“人不能两次踏入同一条河流。”这是因为河水在不停地流动，所以在不同的时间，人们踏入的一条河流很可能因为河水的变化而成为另一条河流。这种辩证的哲学观点在文化的传播过程中也同样适用。

针对不同的受众、不同的时间甚至不同的地点，文化的内容和传播渠道都要有相应的改变。文化的传播是一个永不停止的创新过程，它的创新来自非常多的因素，比如说人口的流动、科学技术的变革甚至外界的自然环境的变化。这些都可能导致文化在一定程度上发生变化，所以人们要做出相应的调整。

人类早期因为进行狩猎和采集活动，需要不停地四处迁徙，所以文化也就在不停地变化。但是根据历史记载，这些文化的传播范围是非常有限的。而今天，由于近代西方资本主义的无限扩张以及当下电子信息系统的频繁使用，文化正在不停地被新的观点、新的传播理念所冲击。这正体现了文化不是静态的，而是易于波动的，让文化在不同的年代和地域产生了相应的前瞻性或者偶尔的滞后性。虽然文化本身会给人们带来力量和稳定，但是它从来没有僵化、不变的时候，一直面临着来自环境变化、战争移民迁入以及科学技术发展等强大力量的多方挑战。虽然文化的许多部分经常改变，但是文化的深层结构却拒绝根本性的改变。文化所呈现出来的中心不变但表层易变的特点，就是说文化本身的观点和核心内容不会有变化，但是浅表层的流行文化、大众文化、通俗文化会有相应的发展。比如说信仰、对自由的观念、对历史的认识，这些中心内容在某一个文化传承中是不会发生改变的，但是对美观的认识、饮食口味的变化等文化表象，还是会随着时间而变化。

比如说随着改革开放的进行，曾经有中国学者描述1980年以后出生的独生子女喝着可口可乐、看着日本的动画片长大，不管是口味还是审美，他们都更接近于美国或者是日本。因为他们是家中的独生子女，所以在团结与谦让等品质的坚持上会略逊于父辈或祖辈。这让很多专家学者纷纷担忧起中国的未来。然而，随着“80后”逐步成为腾飞中国的中流砥柱，我们意识到，虽然他们的口味和审美可能与他们的父辈或祖辈不同，但是忠诚于这片土地的爱国情怀却比父辈或祖辈有过之而无不及。

文化的发展过程是动态的、进步的，并非死水一潭，而是具有不断变化的传播特性。

（四）文化的传播是一个完整的系统

虽然文化在传播过程中会呈现出多种形态，但是文化实际上是能够作为一个整体而系统化的。事实上，当你接触到文化的一小部分，很可能就是在接触整个文化各部分之间的相互作用。这在文化中相当重要，文化的所有部分都必须加以合理的整合，这样才能发挥适当的功能。从文化中总结的价值观影响着一个人对家庭、职业道德以及毕生的精神追求的设计，也会改变他待人接物的态度，包括行为方式。

文化在不同的国家和地区中自成体系，有着独特的特点，作为一个完整的闭环，在不断发展中向外扩大。它并不是线性成长的，而是以覆盖面为体现向外扩张和增长。因为文化能够自成体系、相对完整，所以随着时间的变化，它在科技和人文力量的扶持下能够进行更好的传播。

我们每一个人在出生以后，首先要适应本社会传统的模式和规范、民族和地域的习俗，拥有自己独特的经验与行为。长大后参与社会活动时，文化习惯就成为每一个人独特的生活习惯，而文化的信仰也就成为每个人面对世界的信仰。这就好像每个出生于某个文化群体的儿童都与这个群体的其他成员分享同样的文化，而出生在地球另一端的儿童却没有受到这一文化的影响。我们在文化的铺垫中品味生活，沉浸其中。

三、传播中的文化价值体现

甘地说：“信念生成思想，思想催生话语，话语指导行为，行为变成习惯，习惯形成价值，价值决定命运。”信念是我们的价值观形成的基础。价值观是“人们后天习得的，指导人们做出选择、解决纷争的一整套规则”，它不仅仅存在于个人观念中，更为重要的是意味着一个集体的价值存在。

一般来说，价值观在文化概念中会分为很多的级别和层次。比如在中国人的文化概念中，最高级别的价值观是对国家的忠诚和对人民的保护，像美国人所推崇的个人英雄主义，永远都不可能成为中国人最重要的英雄概念。我们的英雄是团体，我们的价值观是牺牲个人利益换取集体的胜利。虽然在中国的历史长河中也有很多的英雄，但是每一位英雄都是以牺牲小我换取国家和社会的稳定。他们所发出的力量可能并不能够改天换地，但是却可以从最细微的地方做起，体现出人人皆是英雄、事事皆可推动国家进步的精神。比如每天做一件好事、一辈子都做好事的雷锋精神，正是中国需要的文化价值宣传。这种集体主义的文化价值更看重合作、和谐和责任感，中国在20世纪80年代流行的那句著名的口号“为社会主义建设添砖加瓦”，体现的就是这样的文化价值观。

文化深刻地影响着我们对现实的主观感受，因此文化、认知和行为之间存在着直接的联系。曾经有很多人文学家、社会心理学家和传播学学者对文化特性做了系统分类，以便对各种文化模式下的行为进行分析研究。虽然文化模式多种多样，但是在文化传播的研究中，人们普遍认为文化价值是一个综合体，科学与技术推动了新事物的进步和发展。文化价值观总体来说是规范的，而且是可以被评估的。通过对文化价值观的评估，人们知道何为常态。文化价值观界定了哪些是值得我们牺牲生命去捍卫的，哪些是值得我们全力保护的，哪些是让我们感到恐惧的，哪些是需要我们谨慎思考的，哪些又是我们所鄙夷和不齿的。所以，价值观在特定的文化背景下的后天习得也就保证了文化在传播过程中的统一性。

在文化价值的考量方面，我们坚信历史事件对现在的影响。这种文化价值导向依赖于我们有着悠久而辉煌的历史，可以让人们保持对历史的尊重、对历史真实性的尊重、对采用辩证唯物主义态度判断历史的真实性的尊重。端正自己的价值观，是保证中国文化价值延续的重要要求。

第二节　媒介融合的文化影响

在媒介融合已成常态的今天，数字技术和5G网络飞速发展，各种媒介呈现出了多功能一体化的发展趋势。媒介融合有两两融合，有多媒体融合，目标都是为了能够方便文化的传播，为人们提供更好的精神生活。如何界定媒介融合为文化传播带来的影响？我们可以从以下四个方面分析。

一、综合环境影响

随着媒介话语权的下放，我们看到今天的文化传播不再是受众被动接受文化，而是大众参与共享传播文化。媒介融合为文化传播拓展了更为广阔以及开放的空间，让受众有机会面对更加纷繁的文化传播环境、接触到更丰富的信息，这也就让媒介平台对文化信息的拆解更为方便，变现也更为多元。媒介融合既开阔了受众的视野、增强了受众对文化的认同感，也提供了交流的平台。

在媒介融合的新时代，传播渠道的广阔和丰富使文化传播在时间和空间上都表现出前所未有的超越性。比如《哈利·波特》系列图书，作者笔下鲜活、生动的文字被一而再，再而三地推到受众面前。不仅仅是电影，还有有声阅读、游戏甚至 cosplay 的高端周边，这一套书籍俨然已经被推广成为一整套的"魔法文化"，在多元的媒介中立体式生存，通过整合与重现，利用丰富的多媒体手段和多种语言形式，在国际范围内进行文化传播与交流。并且，文化传播可以是线性的，也可以是循环的。2020 年 8 月，《哈利·波特》系列电影的第一部又被制作成 4D 和 3D 版本登陆中国电影院，很多人仿佛又回到了十多年前魔法世界的大幕拉开的那一天，凭借多元化媒介的文化循环实现青春重塑。

当然，在任何国家，媒介平台都是巩固主流意识形态、进行对内对外宣传的有力工具。因此，媒介平台对文化传播的影响对国家的安定团结和国际形象的塑造有着重要的作用。此外，媒介政策对于维护民族文化、抵御外来文化入侵也有重大意义。中国的文化概念一直比较严格，要构建和谐社会、展现国家优势、为经济的可持续发展而服务。在中国，文化传播处于各种社会传播的交集位置上，处于一种吸纳力、包容力和承载力特别强的现代传播状态，再加上我们拥有宽松有序的政治氛围，这就决定了文化传播的产品在质和量上的丰富性，有利于融媒体平台上文化的多元化发展，可以更好地满足人民群众日益增长的精神文化需求。

同时，外部的经济环境对媒介融合条件下的文化传播也有重要的影响。自从改革开放以来，中国经济稳步向前发展，经济的发展带来社会生活的全面变化，也使得文化产品所反映的对象发生了变化。经济的发展也影响着文化传播的规模、内容、风格以及观念，这就带给受众更多更新的心理期待。随着经济水平的提高，人们不再渴求从媒介上及时了解时政消息，对社会资讯、生活服务类信息的需求与日俱增。湖南卫视曾经大声喊出"快乐中国"的口号，成为国内电视行业第一家改版的省级卫视媒体。如今，湖南卫视的官方网络平台"芒果 TV"的媒介融合发展状态更是领先其他各省级卫视，有要和腾讯、优酷、爱奇艺三家老牌网络视频平台分庭抗礼的趋势，为省级卫视的媒介融合的未来寻找到了一条很好的前进道路。

网络技术本身就是现代科技的产物，按照麦克卢汉"媒介是人的延伸"的观点，音频和视频就是人的耳朵和眼睛的延伸，今天的媒介文化正是在这样的物质基础上衍生出来的。飞速发展的科技是文化传播的技术支撑，对文化传播的发展和普及起着重要的推动作用。随着通信卫星的全球覆盖，时空连线变得更加方便，卫星技术实现了媒体的跨地区、跨国传播，通信技术的进步使声像轨道的扩大和畅通得以实现。5G 直播已经成为日常，人们可以在各个平台选择自己喜爱的内容，感受科技为媒介时代带来的文化推动。

二、信息理念影响

媒介融合改变了文化传播的传统理念——只有一种符号可以生存。

从符号学角度看，符号的意义本来是多元的、变化的，是意识形态使之单一化、固定化，并让人认可这种经过意识形态选择后的意义是自然而然的。同时，这也是符号权力的一种重要表现。从文化学的角度来看，媒介不仅仅是一个传播信息的场所，每天承载着大量的信息并将其发布到每个家庭，更是一个生产意义上的文化场所。也就是说，媒介本身就是一种文化现象，因为在媒介传播每条信息的时候都会有一种行为发生，而这种行为本身是创造意义的，每个有意义的行为又是在一定的文化前提下发生的。在这样的实践循环之中，文化被符号表征，而表征的过程也是文化的实践过程。

曾经的文化传播是一个符号系统，通过这个系统我们可以体验并认识世界。符号学学者们试图研究这些符号的运作以及它们之间的关系，让这个系统在我们对世界的认知过程中产生决定性的影响。随着媒介融合时代的到来，系统逐步改变了自己在某一媒介上单一的传播模式，从而带来了崭新的时代。

首先，新符号系统的信息具有多元化特点。传统媒体的信息传播形态过于单一，仅有文字系统或者仅有声音系统。因为传播符号的局限性，这些传统媒体只能在某一种传播条件下存在，大大限制了文化传播的推动与进步。新媒体平台对各种媒体整合之后，形成多层次的立体平台，不仅打破了原来的传媒格局，也打破了相对稳定的文化平衡。比如20世纪二三十年代，张恨水担任《世界日报》副刊主笔，其长篇小说《金粉世家》在该报的“明珠”副刊连载。而今天，《金粉世家》的电视剧以及有声小说早已出现，高质量地还原了这部经典作品，今天的受众不用像以前的读者一样每天盼着一张报纸的副刊，慢慢解读这段故事了。文字和声音被有机地结合在一起，进一步达到了推广文学的效果。同时，网络小说开始无限扩容。因为向报刊投稿以及出版书籍的门槛较高，限制了一大批文学爱好者和小说创作者的发展。但是今天的网络小说投稿几乎不用花费额外精力，只要把自己写完的文稿发布到网络上，自然会依靠点击量获得重视。这培养了大量优秀的网络作家，同时网络平台的互动性保证了小说的可持续发展。但是因为对网络小说的监管还没有形成完整的体制，所以鱼目混珠的情况也时有发生。

其次，一锅端的大众文化传播开始分离出精品传播、定向传播。传统媒介走大众化路线，为符合大多数人的口味、最大限度地去吸引读者或者听众，必然使用最简单、基础的吸引方式，这难免使文化传播流俗，带来了一定的弊端。大众传播为了迁就最低端的传播受众，很多时候会出现节目质量过于平庸、特点不明显等问题。今天的定制式传播具有更好的针对性，将大众团体划分为不同类型的群体，一一对应他们的喜好，提供不同的传播内容。这种有针对性的传播保证了文化传播的效率，让更多的受众体会到私人定制的快感，从而进一步提高传播质量。比如手机上听书或听歌的APP会根据受众个人喜好提供相匹配的小说或音乐，通过后台大数据的搜集了解用户的兴趣，保证了用户对平台的黏性，也为APP的发展提供了建设性建议。

今天的媒介深入每个人的日常生活之中，成为人们获取知识、获得信息、享受娱乐、接受教育的主要工具。这些文化符号像一日三餐一样成为生活中重要的一部分，把人们从现实生活中剥离出来，带进一个虚拟世界之中，同时将虚拟世界之中的元素带入现实生活。正是因为媒介的多样、日常与随意的性质，它在解构我们的文化生活的过程中也将其自身所形成的意义作为一种文化符号，与其他的语言符号一起构建出现代文化的含义和解释的系统。

三、渠道融合影响

传统的传播基本上属于单向和被动的传播，受众只能通过间接的控制来体现微弱的主动性、通过电话与信件等体现微弱的双向互动性。但网络平台出现以后，这种微妙的单方面优势就不复存在了。网络平台实现了交互性的信息交流，通过相互沟通与信息综合避免了文化传播中的漏洞甚至错误。这种双向交互的传播理念调动了用户的积极性，保证了信息传播的流畅。

报刊对电视文化现象的关注会带来更加深刻的讨论，既开拓了报刊自身的生存和发展空间，又推动了人们对电视文化现象的思考。于是节目组开始大胆尝试，各种电视读报类节目兴起，比如凤凰卫视的《有报天天读》和中央电视台第二套节目的《马斌读报》，都非常有特色。这些节目既推动了电视的发展，又帮助报纸寻找到了新的发展定位。

在今天这个内容为王的时代，电影可谓是最具内容优势的文化载体。一部电影可以为网络和电视所播出，既保证了电影的多元化产出、拓宽了电影播出的渠道，也扩大了电影的影响力。对电影播出平台的激烈竞争也为电视以及网络提供了新鲜的血液，并且带来了新的内容形式。网络平台的自制电影和自制电视剧层出不穷，中央电视台电影频道也经常推出自己的电视电影，于是电影与网络各展所长、融合借鉴、相互促进。有一些电视剧作品在拍摄的同时会套拍电影，或在拍摄完以后剪出一部电影，如此，在同一时期出现了同一题材、同一演员阵容、同一制作班底的电影和电视剧两个版本。比如《大宅门》就是在电视剧的播出取得巨大成功的同时又请人以该剧为素材进行了一部电影的制作，以期打入国际市场。

广播曾经是唯一的电子媒体，凭借远距离无线传播的优势在市场上所向披靡。对声音的塑造以及对视觉画面的声音再创作，曾经让广播红极一时。不管是相声还是评书，但凡声音艺术，都在广播中找到了自己的位置。随着时代的发展，广播开始受到来自电视以及网络的影响，因为不具备视觉感官刺激，广播逐步在传播渠道中处于劣势。然而随着今天多元化媒介环境的出现，广播成为小型软件，寄存于手机或其他移动设备之中，成为最便捷的信息收取端。不管是开车还是运动，人们都可以随心所欲地收听广播。广播和网络渠道开始紧密互联，通过网络衍生出各种各样的声音制作软件。不管是相声、评书还是有声读物，人们都可以在网络上获取。依赖网络，广播开拓了一片崭新的天地。知名音频分享平台喜马拉雅FM成为国内发展最快、规模最大的在线移动音频分享平台之一。

网络视频渠道与电视平台的融合是最不着痕迹的，两者在竞争与合作的过程中前进。数字电视和网络电视从技术的维度对电视文化产生了重要影响，不仅加大了电视信息的容量、增强了互动性，还极大地提高了欣赏的自由度。电视文化是网络平台进阶最重要的内容来源，虽然网络的媒介优势相当突出，但是从本质上说，它曾经只是一个信息载体、一个交流平台。在今天这个媒介时代，内容缺失就意味着媒介灵魂的丧失。如果仅仅靠重复电视内容作为自己的主要节目来源，那么网络媒体迟早会消失，现在年轻人习惯在网上观看网络平台自制的电视剧、电影。反观电视文化，竟然出现了疲态。电视媒介要上升到文化的高度，单单依靠作为电视内容生产者是不够的，电视文化的存在要依托关于电视媒介的种种话题的讨论氛围。以网络为平台，大力推荐电视文化产品和电视人，也对全面打造电视文化品牌、强化受众引导起到了至关重要的作用。

渠道的融合是各个媒介渠道优点的叠加，可以保证信息的通畅与真实，更重要的是保证了文化传播中的直观与交流。

四、内容价值影响

媒介融合促进文化的个性化创新。新的媒介平台是一个综合体，使新时代的文化传播焕发了生机。报纸、广播、电视在内容表达上都有自己的优点，但也有自己的弱项。广播、电视的线性表达导致它们的信息传播具有单向性的特点，一旦错过就没有机会重复收听收看了。而报纸虽然可以让信息留存的时间足够长，但是缺少吸引力。今天，融合各家之长的网络平台保证了信息传播的连贯性与直观性。在这一前提之下，内容的价值更加凸显出来。

今天，中国的媒介融合似乎进入了一个被娱乐主宰的时代，娱乐功能日益被强化。不管是综艺游戏的热闹纷繁还是益智博彩的紧张刺激，或是各种电视剧的调侃轻松，都在文化传播中占有一席之地。自20世纪90年代以来，中国社会在政治、经济、文化等各个领域发生制度性改革，使中国人的精神生活也产生了相应的变动。大众在精神取向和价值观念方面的改变，呈现出由统一向分化、由教化模式向消费模式、由社会活动向私人娱乐、由自发向自觉的转换。媒介融合把内容价值最大化，这也正迎合了中国当代大众价值取向的变化。从媒介的市场化、全面化这个角度看，文化内容已经成为一种产品，而它一旦成为产品，就要服从市场行情与商业原则的调控。这种情况既能够带来诱惑，也会使从业者更加敏感。今天，市场化的内容创作要直接面向市场、面向受众，这和过去的节目制作与播出或者稿件的刊发是完全不同的。曾经的内容生产是“皇帝的女儿不愁嫁”，而今天，有针对性、有特色的内容生产才能够在媒介传播的大潮中获得关注。

媒介融合时代的多平台联动最大限度地保证了将某一文化内容用多种方式传递出去，以谋求最大的影响、展示出最大的特点，进而带来更好的传播效果。

第三节　媒介融合对文化的阻碍与挟持

一、民族文化何去何从

星巴克和茶馆你喜欢哪一个？

快餐你选择水饺还是汉堡？

国内你叫得出名字的主题乐园是哪里？

旗袍和脏辫儿哪个更能代表今天的年轻人？

媒介融合带来的全球化影响早就已经深入生活的方方面面。“00后”和“10后”几乎是在网络上长大的，他们获得知识的来源与范围已经远远超出了口耳相传，每天晚上伴着他们入眠的不再是奶奶讲的故事，更多的可能会是某一个声音小说平台上面的动画片剪辑配音。各种各样的外国讯息和中国的传统文化对等地进入年轻人的视野，他们有了更多的选择……

我们的民族文化传播曾经是非常有优势的，水墨动画片等是民族文化传播中的佼佼者。但是，今天国际上各种各样的文化侵袭让孩子们眼花瞭乱。每年7月的国产电影保护月就是在年轻人空闲时间最多的时候最大限度地控制外来电影文化的侵袭，阻止西方价值观的灌输。有的同学可能会很介意：为什么阻止我们去接纳西方文化？中国文化博大精深，也兼容并包，我们并不是在阻止，而是在提供辨析的方式。中国电影不分级，没有“18岁以下指导性观看”的电影级别分类，于是只好将电影的审查要求提高并作出相应删节。年轻人往往性格单纯、阅历不深，没有办法将电影中的引导与现实生活割裂开，对某些国际上的文化侵袭没有辨别、抵抗的能力。比如外国电影里的资本主义的实用主义思想、大量血腥暴力的镜头甚至色情的片段，都有可能在一定程度上影响年轻人的价值观与文化态度，对青少年产生的负面传播效应更是不可估量。当这些年轻人对本民族的文化认同感被逐渐消解，取而代之的是盲目跟随西式的生活方式和思维方式，我们的民族文化传播又该何去何从？

对于我们自有的民族文化所进行的文化传播，不能够简单地照搬西方的传播模式。中国的文化传播系统具有大文化背景，不可避免地带有特定的历史和文化背景的烙印，有着自己生存和发展的传统。中国的民族文化精神传统经历历代文人的思辨论证，形成了儒道互补的人生价值取向、天人合一的终极价值追求。而西方的人文精神则体现出理性与信仰的对立统一，追求自由平等，注重人的主体性、创造性和行动性。中国人更注重集体利益、和谐与团结，讲究集体利益高于一切，而西方人更注重个人利益，讲究竞争、个人利己主义的生活态度和道德原则。作为反映现实生活的大众传播媒介，媒介融合平台应该继承和弘扬中华民族的优秀文化和传统，通过对传统历史文化的展示进一步弘扬人文精神，同时深入挖掘历史，在文化背后寻找真正的底蕴。

麦克卢汉的“地球村”不是为了同一化这个世界，而是希望人类紧密相连，不要错误地全盘接受、来者不拒，那只会导致消化不良。

二、速食化的文化挟持

课间十分钟你会做什么？

地铁上你会做什么？

等人的时候你会做什么？

这些“碎片化时间”催生了“碎片化文化”。

新媒体因其便携性，成为普通受众最喜爱的信息传播载体。不仅如此，每一个人还从原来单向的接收者变成了传播者与接收者结合的双重传播人。传播者和受众之间的界限被技术逐渐模糊，越来越多的人依赖媒介融合下的掌控与转换。与此同时，文化传播开始碎片化、速食化……

世界文明史孕育了各种不同的繁茂文明体，而中国又是其中一颗璀璨的明珠。但中国传统文化厚重的历史积淀在融合技术的高速度、低密度、软推广面前失去了原本的市场，受众大量接触的是无深度的粗暴推广的流行文化的表层刺激。比如，近年来很多网络自制节目因为大胆的风格备受关注，既有好评也饱受诟病，文化传播能力与节目价值观一直备受争议。这种粗浅的所谓文化表达其实是一种不负责任的对文化的颠覆，但是在媒介融合时代，任何人都可以低成本地成为某种媒介产品的生产者。而对网络媒介的监管不到位、把关人的缺失，造成了文化庸俗化、低端化的现实。

新生媒介融合下的文化传播是一种综合性的文化表达方式，政治、经济、社会以及各种势力交汇的冲突形成了一个崭新的文化潮。在这个场域中既有受众对主导话语的欲望，也有受众对狂欢的欲望。当人人都可以成为文化的传播者、借助成本低廉又方便迅捷的网络传播自己的观点时，文化已经呈现出集体狂欢的荒诞和混乱。不吃透文化内涵，就无法举重若轻地把握文化传播的精髓，只能将皮毛简单地投入到传播循环中，这是不负责任的表现。

人们最初是把大众传播媒介作为新闻传播和娱乐的工具，虽然在最低限度上它也发挥着教育功能，但是它的教育潜能和教育价值是在实践中逐步得以发掘并引起重视的。特别是在一个激烈变革的社会里、在现代化的进程中，伴随着改革开放，各种新的学术思潮、新的知识蜂拥而来，多方的文化传播现象也就变得十分突出。深刻地、正面地、有目的性地去对待文化传播，而不以粗浅的方式对文化进行速食化，是今天传播者需要学习的一个重要课题。

三、商业利益至上的大众文化

点击率可以决定新闻的重要性吗？

赞助商能不能操纵电影和电视剧？

视频带货是真是假？

中国当下的物质化现状让媒介一头扎进了文化传播的经济深渊。

今天，因为资本注入等因素导致的定位发生变化，文化传播在媒介平台上经历了一次又一次洗牌。这是一个值得研究的课题，因为大众文化本身就是带有商品性的。造成这种现象的主要原因之一就是中国当前的传媒改革模式，也就是以市场经济为原动力，经由政府发起或认可，在一定的调控下由传媒机构具体操作的改革。市场与权力在立场与目标之间的种种矛盾，自始至终存在于这一改革的过程之中。而社会中的各种力量也会此消彼长，又使得矛盾冲突和妥协的过程更为复杂多变。因此，在这种巨大的变革之中，想取得最终的平衡，势必要经过一个艰难的协调过程。市场逻辑要迎合的是受众的喜好，而作为权力的投入者，则希望自己能够拥有极大的话语权。所以，今天的媒介文化市场中各方错综复杂的斗争，归根结底还是要解决市场逻辑和主流意识的和谐共处问题，从而做到以最佳的资源配置最有效地实现媒介融合条件下的文化的主体价值。

科技的发展使得现代人的消费在某种程度上呈现出盲目性。倘若从文化消费的角度来看，低俗文化似乎是在迎合大众的趣味，它带来的并非仅仅是娱乐，还包含了对社会生活的批判。这背后既有营销的作用，也有网络推手的作用。娱乐需要的是吸引眼球，在这种背景下，网络营销成为一种可能。而所谓的推广则是获取关注，并不是靠内涵来吸引人。非理性消费心理被很多商家通过融合媒介的便携渠道利用。国内外的商业利益集团与大众传媒共谋，通过报纸广告、综艺节目、网络视频等形式将消费的愉悦表象传递给大众，制造出很多功利的文化传播现象。

第七章 媒介伦理与媒介素养

第一节 媒介融合对媒介伦理的冲击

媒介伦理是一门既属于应用伦理学也属于规范伦理学的学问。作为应用伦理学，它研究的是媒介领域一切具体的、有争议的道德实践问题；作为规范伦理学，它研究媒介从业者行为的道德规范、媒介内容在整个社会结构中的道德功能，甚至研究新闻传播制度设立的道德性。

我们在这里把伦理与道德两者的含义等同起来。传统大众媒介时代，我们常常将这一概念表述为新闻传播伦理、新闻传播道德，简称新闻伦理、传播伦理、新闻道德或传播道德。在媒介融合的今天，涉及这一问题的主体更为多元，因此表述为媒介道德伦理更为恰当，简称媒介伦理。

19 世纪中后期，西方政党类媒体解体，媒介开始走上商业化、煽情化道路，未经核实甚至低俗的内容充斥着大众媒体，社会风气败坏，受众对媒介信任度降低。这种现象引发了关于媒介的社会责任、社会作用等问题的思考，新闻专业主义就出现了。到了 20 世纪中期，新闻专业主义发展成为新闻业的主流话语。1947 年，以哈钦斯为首的出版自由委员会发布报告《一个自由和负责的新闻界》，是新闻专业主义的一个标志，其提出："我们建议将自己的职能视为从事专业化水平的公共服务。"此后，媒介伦理又经历了"意见自由市场""社会责任理论""媒介责任管理"的不断修正与演化发展。

学术界对媒介伦理范围有不同解释。第一种是狭义说，认为媒介伦理基本等同于新闻工作者的职业道德；第二种认为媒介伦理研究不仅应包括媒介从业者的伦理道德，也应包括媒介组织的伦理道德；第三种是广义说，认为媒介伦理除了研究媒介从业者的职业道德和媒介组织的伦理功能以外，还应该研究与受众相关的媒介伦理问题。一般意义上，我们认为媒介伦理是指能够对新闻媒体及其从业者的理念和实践起到约束作用的一系列相互关联的标准体系，包括最为基本的社会伦理、行业实践层面的职业规范和法律层面的法律法规。人们使用媒介进行信息传播活动的行为应该如何规范，即媒介伦理研究的内容。媒介的规范伦理是通过主体的自律实现的。媒介自律即媒介及其从业者的职业道德自律，是媒介及其从业者在道德上所进行的自我约束。从世界范围看，越是主张新闻自由的国家，媒介职业伦理及媒体自律机制就越发达。伦理具有法规难以替代的人类理性和智慧，而自律则是媒介及其从业者避免法律纠纷、享有更多权利的前提。

一、媒介参与者的品德养成

媒介融合时代，媒介伦理涉及的主体不仅是媒介从业者，还应包括媒介用户，我们把两者统称为媒介参与者。媒介参与者的品德形成于长期遵守或违背媒介伦理的道德行为，所以一个媒介参与者的品德水平与其长期从事媒介行业的道德行为水平基本一致。心理学表明，一切心理活动都由“认识”“感情”“意志”三种成分构成。品德是一种心理活动，因而也由这三种成分构成。媒介品德的这三部分内容包括媒介伦理认识、媒介伦理感情、媒介伦理意志，三者相互作用、相互关联。

（一）媒介参与者的主体品德

网络社会依托于现实社会而存在，网民行为是现实社会行为的缩影，它反映的是人与人之间深层的社会关系，网络社会道德必定对现实社会的道德风尚产生相应影响。在网络媒介中，用户的品德要符合社会中大众所认同的行为规范原则。用户还要在没有外在强制力的情况下做到内心的自律，坚守道德底线。例如，在网络上拜金炫富从某种角度上看虽是个人问题，但是并不符合社会所认同的主流价值观，必然会引起人们的指责。既然是生活在社会中的人，就要使个人行为不仅符合个体道德，也要与社会的伦理要求相一致。

社会主义国家对媒介从业者的品德要求始终包括两点：全心全意为人民服务与实事求是。这两点是党和国家以及广大人民群众对新闻传播从业者的新闻工作行为提出的最基本的道德要求，是衡量和评价每个新闻传播从业者的新闻工作思想和行为的道德尺度，也是新闻传播从业者在从事新闻报道工作中必须遵循的行为准则。

（二）媒介参与者的道德素养

现实中，我们常常有很多想要实现的道德理想，却未必会做出道德行为，且未必具有相应的品德。一个人有多种需要、欲望、感情，比如一个人既想做英雄，又怕吃苦受累，他便徒有道德感情，而不会付诸相应的道德行为，也不会有相应的品德。如果一个人做出道德行为，那么他首先必须具备道德感情。因此，道德感情是道德行为和品德的必要条件，而非充分条件。

（三）媒介参与者的伦理意志

媒介从业者也是普通人，每个人都有多种欲望：既想让家人生活富裕、自己轻松愉快，又想揭露社会中不平之事，将一些丑恶之人、丑恶之事暴露出来。于是，在多种欲望不能同时满足、多种目的不能同时达到时，便会发生目标的选择与冲突。同一目的又可以通过不同手段达到，于是又会发生手段的选择与冲突。一个人的道德意志主要表现在对动机冲突的解决、行为的选择上。媒介从业者在实践中常常遇到这样的情况：一些被社会认可的、新闻媒介大量宣传的正面典型人物，会不时暴露出一些问题。是人云亦云、随波逐流，继续这样宣传下去，还是抓住蛛丝马迹，深入调查研究，以顽强的意志克服各种外部阻碍，把问题弄清楚，这是对一个媒介从业者的考验，能够体现出个人伦理意志。

二、媒介从业者的伦理思想与自律

媒介伦理目标在公共服务与公众沟通中发挥着重要的作用。媒介从业者属于专业人士，“专业”指的是一种专门从事的职业，这种职业在学术或技术方面需要较高的知识与能力。每当遇到这方面的问题，专业人士通常能够给出合理的答案，这是大多数人做不到的事，因为他们未受过相关训练。

专业的媒介组织通常会设定组织内部作业的行为守则。媒介从业者必须遵守行为守则，目的是维持媒介组织的专业声誉，促使每位媒介从业者的行为都能达到标准。若媒介从业者未能达到标准，则会被媒介组织惩罚。这样可以促使媒介从业者凭着自己良心做事，以赢取用户对媒介从业者的专业的信任。

（一）追求真实公正的道德指向

媒介从业者价值的实现，从某种程度上来说体现在对正义、良知、社会公正的强烈追求中，在工作中投入满腔热情，用各种方式表达对公平、公正、良知和社会正义的需求。这既体现一种情感倾向——对弱者的深切同情，对不义之人、贪婪腐败之人、欺诈渎职之人的深恶痛绝，也体现一种无法容忍天下不平之事的心理趋向，更体现一种高尚的道德水准。为大部分人的忧乐奔走呼号，本身就是一种高尚的道德行为。

（二）追求人道之善与人文关怀

从其核心和本质上说，“以人为本”是以“人”为中心的世界观和方法论，就是要强调在世间万物中“人”是最重要的，是一切工作最基本的出发点，也是一切工作最终的落脚点。媒介从业者在工作中贯彻“以人为本”的精神，就是要把人的尊严和价值放在中心地位。媒介工作说到底是以人为中心的信息传播工作，进行人与人之间的交流与传播、呼唤与响应。在整个新闻报道活动中，人既是信息传播的主体，又是信息接收的主体，既是出发点，又是落脚点。贯彻“以人为本”的科学发展观、弘扬“以人为本”的精神，是新闻工作的基本原则和必然要求。例如给予创伤性事件受害人以隐私空间；在灾难和死亡报道领域，媒体应以一种平等、尊重的心态来对待弱者，尊重他们对真实世界的需求，允许他们做出有道德责任感的判断。

（三）恪守中庸之德

媒介工作者的中庸之德在隐身采访中表现为如何把握好“度”，不能“过”也不能“不及”。对于违反社会公德的行为，新闻记者可以进行舆论监督。

三、媒介伦理的原则

具体来说，媒介伦理的原则包括以下四个方面。

（一）生命至上原则

对每个公民来说，生命权都是最基本、最重要的权利。该原则意味着在任何情况下，人的生命都是至高无上的，生命权应当居于所有权利的首位，是公民一切权利的基础。这是多元社会的多元道德价值中的基本价值共识。生命至上原则对传媒提出要求：第一，生命的价值远远高于传媒和记者孜孜以求的职业精神、专业主义；第二，媒介伦理不仅应讲求生命至上，更应讲求平等地关爱每个生命，要求政府和民众在思维范式上实现从效率至上到以人为本的伦理原则的转换；第三，尊重生命的伦理原则，如尊重人、不伤害人、有益于人、公正对待人等，最终都是指向人的生命。

（二）真实性原则

真实是新闻的生命与立足之本，更是媒体的立命之本。新闻真实包含两重含义：“具体真实”和“总体真实”。新闻的“具体真实”是指新闻报道对具体的客观事实所做的真实反映，新闻的“总体真实”则是指新闻报道在“具体真实”的基础上真实地反映客观事物的运动变化过程和普遍联系。坚持新闻的“具体真实”和“总体真实”原则，就是要坚持“事实第一，新闻第二”和“事实是源，新闻是流”的观点。

（三）最小伤害原则

最小伤害原则是对生命至上原则的延伸，强调对人的身心健康基本权利的保护。所谓最小伤害原则，是指记者对待公众要公正、尊重，甚至给予同情。该原则要求报道谨慎处理未成年人的新闻、谨慎使用陷于悲痛和失去理智的人的照片等。在进行灾难报道、儿童报道时记者要特别注意运用该原则，站在对方立场思考问题，不给对方造成二次伤害。

（四）善意原则

善意原则表现在新闻活动中，即新闻报道的出发点是为了崇高的目的和善良的愿望对公共事务及人物进行监督，这种监督应该保持建设性的、友好的态度，这样才能有利于做好工作、解决问题，符合社会主义伦理规范和道德原则，推动社会健康、文明发展。善意原则是避免发生名誉权纠纷的重要保证，可以有效提高媒体公信力、促进有效且良性的舆论监督、体现新闻记者的良知和专业精神。

四、媒介伦理失范的原因

媒介伦理失范现象包括有偿新闻、陷阱新闻、虚假报道、侵犯公民隐私权、泛娱乐化、媒介组织的越位和错位等。近些年，又出现了新闻腐败、新闻敲诈、媒介寻租、新闻歧视等现象。随着网络的发展，在网民情绪大于事实的“后真相”时代，更需要人们对内容伦理谨慎思考，同时对技术伦理深入反思。媒介伦理失范的原因主要总结为以下几个方面。

（一）商业利益的驱动

媒介组织的商业伦理观产生了偏差，丢失了自身社会属性，转而追求商业利益，并把它与社会责任对立起来。当下大量“三俗”内容的泛滥无不是出于商业利益的驱使，过分迎合赞助商或广告商造成媒介伦理失范。

（二）竞争压力的影响

从事传媒行业的人同时面临着市场的压力和同行的群体压力，虽熟知伦理观并抱有高尚的新闻理想，却不得不在重压下违背伦理，服从所谓“潜规则”以保全自身。在网络时代，追求时效性是媒体的生存之法，在强竞争的重压下，一些媒体在转发消息时不经调查和审核，片面地追求速度，导致失实新闻快速散布。

（三）受众的娱乐化倾向

为了赢得更大的注意力市场，某些媒体迎合受众的需求，在娱乐化的道路上突破底线，丧失社会责任感，对物欲的追求和满足成了报道的重心。

（四）媒体转型中的制度缺陷

在媒介快速进行转型的同时，制度建设并没有完全跟上，这是媒介伦理失范的根本原因。媒介内部组织架构的混乱和职责界限的模糊不利于媒介从业者把守底线，加上不合理的考核机制，变相鼓励了记者突破伦理底线、放弃伦理考量。

（五）技术伦理的缺陷

在人工智能与推荐算法快速发展的时代，技术对新闻生产与分发产生了极大的影响。但技术尚不完善，人与机器的协同还未做到尽善尽美。尤其是在互联网环境中，海量信息已不可能全部由人工把关，导致有悖伦理的新闻或失实新闻时常被报道出来。

五、媒介从业者的良心与名誉

（一）良心与名誉的内容

媒介从业者的良心是每个媒介从业者对自身的道德评价，是对自己行为的道德价值的认知、判断、态度、意向等一切心理反应活动。这种心理活动如果是对自己行为所具有的正道德价值的肯定性评价，便叫作良心满足；如果是对自己行为所具有的负道德价值的否定性评价，便叫作良心谴责。良心是每个人对自身的道德评价，人们相互的外部的道德评价则是名誉。媒介从业者的名誉是媒介从业者相互的或社会中的道德评价，是他人对自己的工作的道德评价，是他人对自己行为的道德价值的认知、判断、态度、意向等一切心理反应活动。这种心理活动如果是他人对自己的工作所具有的正道德价值的肯定性评价，便是所谓荣誉；如果是他人对自己的工作所具有的负道德价值的否定性评价，便是所谓舆论谴责。

（二）良心与名誉的作用

良心作为道德主体内心的道德法庭，在人们的道德生活中起着极为重要的作用，可以说没有良心也就没有道德。道德之所以崇高，是因为人有良心，一个社会最可怕的莫过于正义的泯灭，一个人最可悲的莫过于良心的沦亡。

“众人所指，无病而死”与“众口铄金，积毁销骨”两句格言，形象地道出了名誉使人遵守道德的巨大力量。名誉使人遵守道德的力量往往大过良心。但是，良心是一种使人遵守道德的无副作用的力量，而名誉则是一种使人遵守道德的有副作用的力量。

（三）良心与名誉的真假对错

一般来说，衡量道德的标准也是良心与名誉的感情或意志评价的标准，是社会创造道德的需要或目的，即增进社会和每个人的利益。所以，良心与名誉正确的感情或意志评价的根本特征，便是增进社会和每个人的利益；良心与名誉错误的感情或意志评价的根本特征，便是减少社会和每个人的利益。正确的良心与名誉的根本特征是信奉优良道德，我们可以由此得出结论：它们使人遵守的是优良道德。但是，错误的良心与名誉的根本特征是信奉恶劣道德，我们却不能由此得出结论：它们会使人遵守恶劣道德。因为就其所信奉的道德来说，错误的良心与名誉可以分为两种：违背人的行为本性，因而是人做不到的；不违背人的行为本性，因而是人能够做到的。

第二节　媒介融合要求新的媒介素养

一、媒介素养的内涵

20 世纪 30 年代，以电影和广播等大众媒介为代表的流行文化泛滥，扰乱了文明与文化传统所珍视的思想和感觉方式，传统文化受到了前所未有的冲击。1933 年，英国文学批评家 F. R. 利维斯和他的学生丹尼斯・汤普森共同出版了《文化与环境：批判意识的培养》，认为大众传媒传播的大众文化对传统文化是一种巨大的侵蚀与破坏，因此应该以文化保护为出发点，通过教育使学生能够防范大众传媒的错误影响和腐蚀，自觉追求符合传统精神的美德和价值观①，其核心观点可以总结为“电影、报纸，任何形式的宣传品，以及商业化的小说都只是提供一种低水平的信息满足”。

随着媒介形式不断推陈出新，各种新的社会问题应运而生。新的社会诉求促使人们对于媒介、大众文化的认知趋于理性和专业，媒介素养的内涵与外延随之不断变化。当下，媒介素养不仅指媒介使用者所具有的种种特性，更是技术与使用者之间依存于

① 参见刘勇：《媒介素养概论》，北京，中国人民大学出版社，2016。

媒介共生的关系，是指人们对不同媒介的特质与功能的认知能力、对媒介传播信息的解读与批判能力，以及参与媒介、运用媒介和其信息为个人生存发展和社会进步服务的能力。

互联网的普及使每一个普通人拥有了面对公众进行公开表达的渠道。我们赞叹互联网带来的伟大变革，人类从未像今天这样拥有如此丰富的信息——2018 年抖音短视频日播放量超过 10 亿，2020 年 3 月微博日活跃用户 2.41 亿。同时，互联网不仅仅是放大镜，还是显微镜，将人性的一切优缺点放大。这种强大的力量让我们赞叹，但也让我们忐忑不安。

在 20 世纪早期，有学者针对大众媒体的普及提出"识字率"的问题。他们认为，生活在日益依赖大众媒体的时代的人们一旦不能充分明白媒体所传播的信息是何意思，就会置身于信息的汪洋大海中无从选择——既不明白外部世界发生了什么，也不明白媒体上的科普知识对于自己意味着什么。学者们强调，媒体的读者或观众应该拥有充分接近和使用媒体的机会，应该能够明白大众媒体所传播的信息是何意思，也能够借助媒体发出自己的声音。

媒介素养对现代公民的意义表现在：

媒介素养决定了人们能否保持敏锐的洞察力，分辨"媒介世界"和"现实世界"的界限。

媒介素养是决定人们能否对传媒信息进行去伪存真、去粗取精的甄别以及合理的使用，最终形成健全人格与独立判断的关键。

媒介素养是现代公民综合素质的基本指标。

二、媒介素养教育

从 20 世纪下半叶开始，媒介素养教育逐渐在欧洲、北美洲、大洋洲、南美洲以及亚洲部分地区成为一种新兴的教学科目。目前，澳大利亚、加拿大、英国、法国、德国、挪威、芬兰和瑞典等国已将媒介素养教育设置为全国或国内部分地区中小学的正规教育内容，作为一种培养和提高学生媒介素养的教育形式。所谓媒介素养教育，就是指导学生正确理解、建设性地享用大众传播资源的教育。这种教育能够培养学生健康的媒介批评能力，使其充分利用媒介资源完善自我，参与社会发展。媒介素养教育的基本内容包括：

第一，教会学生认识各种媒介形态的特质与功能、运作规律与操作方法，以及了解媒介内容生产的各个环节等。

第二，帮助学生深刻理解现代传媒的权力与责任，把握传媒与政治、经济、文化等社会生态环境之间的关系。

第三，引导学生合理、科学、高效地使用媒介，独立、理性、专业地甄别、解读甚至批判媒介信息，最终运用媒介及其信息完善自我、服务社会。

我国真正意义上对媒介素养和媒介素养教育的关注始于1997年，卜卫发表了中国第一篇系统论述媒介素养教育的论文《论媒介教育的意义、内容和方法》。该文追溯了“媒介素养”这个概念在西方演进的历史，文中提及的“媒介教育”即今天的媒介素养教育。

2003年9月起，上海《新闻记者》杂志开设专栏，连续刊登关于媒介素养研究的系列文章。2004年3月，中国传媒大学《媒介研究》杂志推出了我国第一本传媒素养论文集。同年7月，教育部把传媒素养教育理论和实践研究列为哲学社会科学研究的四十个重大课题攻关项目之一。我国目前实践的媒介素养教育主要是对未来媒介从业者的培养教育，新闻传播学院普遍开设了相关课程。有些高校把媒介素养作为通识课设置到其他专业的人才培养方案中，这是十分必要的。在媒介融合的大背景下，大学生接触媒介的频率显著提高，但他们对媒介的认知尚处于自发状态，尤其是在运用媒介参与公共事务方面的主动性与能动性不足。因此，当代大学生的整体媒介素养状况并不乐观。

媒介素养教育对大学生有如下作用：

首先，媒介素养教育可以帮助大学生切实增强对于媒介负面效果的“免疫力”。

其次，媒介素养教育可以帮助大学生在“媒介化社会”中更好地生存与发展。

最后，媒介素养教育可以帮助大学生成为合格的公民。

诚然，构建和谐社会、发展民族文化必须提高社会整体媒介素养。由此可见，媒介素养教育的基本对象不应仅限于大学生，更应是每一个媒介参与者。

三、媒介融合时代的媒介素养要求

媒介素养要求是基于不同媒介环境所带来的新问题、新诉求的产物。媒介融合时代，媒介技术建构了一幅新的传播图景，深刻改变了信息生产者与信息消费者的主客体关系，公民的传播自主权借此也获得了前所未有的发展，媒介素养的内涵则势必要做出新的调整与改变。提高公民媒介素养是新时期全民教育的重要内容。

《美国新闻与世界报道》前主编雷恩尼和加拿大社会学家威尔曼2012年所著的《网络化：新的社会操作系统》中提出了新媒介素养的要求，内容具体包括：图像处理能力、导航能力、信息的组织和联通能力、专注能力、多任务处理的能力、怀疑精神以及道德素养。我国学者也对此问题进行了较为深入的研究，中国人民大学彭兰教授提出，媒介融合时代的公民新媒介素养应包括以下几点：

第一，媒介使用素养。其不仅体现为相关技术的掌握，还应该表现为对新媒体技术和应用的合理、合法以及节制的使用等。

第二，信息消费素养。其指在海量信息中筛选有效信息的能力，对信息的辨识、分析与批判能力。

第三，信息生产素养。其指负责地发布信息和言论的素养、负责地进行信息再传播的素养。

第四，社会交往素养。其不仅表现为对相关技术的掌握，还表现为对交往对象的选择、对交际网络的维护等方面，包括尊重他人的表达权、隐私权、知识产权等方面。

第五，社会协作素养。其指与协同工作的其他人达成一致目标的能力、为自己在协同系统中定位的能力、执行协同任务的能力、与协同工作的其他人进行有效沟通的能力。

第六，社会参与素养。其指关注公共事务，积极参与公共话题交流，尊重公共规则和他人的表达权，学会理性表达与讨论。

媒介融合时代媒介素养更强调公众作为传播者的角色，它的提出与新的媒介形式的出现和快速发展密不可分。互联网以信息通信技术为核心，为公众提供了传播平台。公众想成为合格的传播者，首先要满足传统媒介素养要求，同时具有融合媒介的特色。

媒介融合时代媒介素养不仅仅强调网络技术使用能力，更包含了对道德素养的要求。现如今，人们只要具有对信息的识读能力、搜索能力，就能轻而易举地通过网络发布信息、言论和发表作品，与他人进行沟通交流。然而，具有识读能力、搜索能力并不意味着可以利用网络为所欲为。从弱者走向恶者并不是媒介素养教育的目的，比如人肉搜索中的网络暴力，便是对媒介素养的一种违背。媒介素养培养过程与媒介发展背景相关，当媒介环境发生变化的时候，对公众媒介素养的要求也会随之更高。但是，媒介素养的基本要素不变，即：

一种方法——通过媒介观察世界的方法。

一种手段——利用媒介认识世界的手段。

一种技巧——掌握媒介、使用媒介的技巧。

一种能力——解读、鉴别信息的能力。

一种观念——批判、驾驭媒介的观念。

所谓“媒介融合时代媒介素养”，即在互联网环境中人们如何正确看待和使用互联网上的各种信息。寻找真实、可靠的信息，是信息消费者的目标。

第三节　媒介融合时代如何提升媒介素养

当我们在使用互联网时，有哪些积极的使用行为呢？在这里，积极的使用行为是指具有创造性、学习性或生产性的媒介使用行为。中国互联网络信息中心发布的最新报告告诉我们，越来越多的人在使用新媒体时将大部分的时间都用于娱乐或者消费。当然，我们也会做其他事情，比如浏览新闻、观看评论、检索信息、查找文献、下载资料等。通常情况下，我们花 10 小时去下载资料，然后花 10 分钟去阅读；我们花很多时间去浏览新闻，但几乎从不思考；我们沉浸在自己感兴趣的信息中，对兴趣之外的一切话题、现象、事件仅仅停留在标签化、浅层次的认知和理解；我们习惯用最舒服的姿势隔着屏幕去围观那些匪夷所思、耸人听闻的夸张故事和狗血离奇的八卦绯闻；我们可能会对某一个明星的所有八卦耳熟能详，却很少去求证一篇“10 万＋”的微信公众号热文是真是假；我们能够花几天几夜去玩一款新开发的网络游戏或追一部“鲜肉剧”，但不会去翻阅一本自己心仪很久的纸质书。

对于青少年群体或者一部分涉世未深的大学生而言，其价值观和判断力正在形成的过程中。在新媒体背景下，商业资本、大众文化、大众媒体和各类信息都在想尽一切办法去营造各种刺激的氛围，不断把欲求包装成合理的需求、把商品包装成身份的象征、把消费包装成人存在的唯一价值，将非理性的表达视为一种稀松平常的正常行为。渐渐地，人的主体性没有了、判断力丧失了。可以毫不夸张地说，在今天，我们的身体和灵魂总有一个处在看热闹或买东西的路上。

因此，培养虚拟空间中的理性思维，培养新媒体时代的批判思维、法律思维和秩序思维，并将这些思维上升为个人基本的生存能力，已经成为这个时代刻不容缓的命题。也正因如此，现今社会的生存技能至少应该包括正确使用媒介的能力。它不仅包括我们能否熟悉使用每一款最新的应用，还包括我们在使用新媒体时能否自觉抵制各种负面的问题，更包括如何将自己所浏览的信息经过深加工后内化成自己的学问。在传播学中有一个理论叫作“知识沟假说”，通俗地讲，就是尽管信息被平等地传播给每个人，但因为每个人的基础和积累不同，其获益的程度也各不相同。在每个人花费在新媒体上的时间相似的情况下，那些有积累、善于思考的人所获得的益处远远多于不善思考的人，获益的速度远远快于对互联网缺乏认识的人。

与“知识沟假说”相近的理论还有“马太效应”。“马太效应”告诉我们，有钱的人会越来越有钱，并且穷人与他们的差距会越来越大；而“知识沟假说”告诉我们，那些原本就很聪明的人会越来越聪明，因为他们更能够从互联网中获取信息，并且把信息转化为自己的知识，也会拉开跟其他人的差距。如果我们不是特别富有，也不是特别聪明，又想利用互联网带来的发展机遇，那我们只有一种办法，就是特别勤奋。我们在使用闲暇时间浏览信息时要带有强烈的目的性和学习动机，而不是简单地浏览以及过于追求自己所迷恋的事物。这需要我们自己的思考，争取将我们看到过的信息转变成我们的知识。

《文化与环境：批判意识的培养》的作者为该书封底写了一段话，谈到媒介素养在当今的重要意义：“现在是新闻最多的时代，也是新闻最差的时代。我们似乎更容易看见‘真相’，但追究真相更难。我们已经生活在一个全民新闻时代了，人人都可以发布新闻，但事实的真相反而难以辨别了。”

下篇　媒介内容生产

第八章　融媒体内容产业概述

第一节　内容产业概念

广义的媒介融合包括一切媒介及其有关领域的结合、汇聚甚至融合。横向上，不仅包括媒介形态的融合，还包括传播主体、媒介功能、传播手段、所有权、组织结构等要素的融合。纵向上，则可以包括媒介的内容融合、网络融合、终端融合等形态。由于消费者对内容消费的规模化需求以及数字化技术使内容集中生产成为可能，产生了以内容产业作为生产形态的融合性生产，从而形成了内容融合。

内容融合是媒介融合的重要组成部分，主要包括由融合性生产所带来的内容生产融合、内容形态融合和内容应用融合三种形式。① 融媒体内容产业是指以数字技术、计算机网络技术和移动通信技术等新兴技术为依托，以网络媒体、手机媒体、互动性电视媒体、移动电视等新兴媒体为主要载体，按照工业化标准对媒介内容进行生产与再生产的过程。可以说，融媒体内容产业的范畴极其宽广。

一、内容生产融合

传统的媒介内容，生产过程比较固定。报纸注重文字和图片形式，广播侧重有声音频形式，电视则是专注于视频和音频的结合形式，都呈现出独立生产的特点。随着数字媒体和网络技术快速发展，媒介的内容生产呈现出多元化的发展形态，从信息的制作主体、流程到后续的传播渠道，都可以进行集成式的管理，通过丰富多样的互联网平台实现信息共享。这种模式下的媒介内容生产具有非常高的专业性和规模性，很大程度上改变了传统的媒介产业结构。除了内容生产流程的融合再造，从更宏观的角度来看，原来泾渭分明的媒体产业如报纸、广播、电视，现在逐渐模糊了界限。原本

① 王菲：《媒介大融合》，53页，广州，南方日报出版社，2007。

属于不同产业的媒体公司开始合并组建跨产业的媒体集团，目标就是打通全媒体产业链条。这种生产融合的趋势，已经成为当前传媒业发展的一个鲜明特征。目前很多有影响力的媒体集团，都是整合传统媒体和新兴媒体的全产业媒体集团。例如一直走在发展前沿的湖南广电集团，除了发展传统的广播电视业务，还涉足影视领域，拍摄了《新还珠格格》《一起来看流星雨》等热播电视剧，横跨到明星经纪领域，通过《超级女声》《快乐男声》等节目建立娱乐公司，发展自己的明星经济。湖南广电集团将原本独立的电视、影视剧、娱乐行业打通，实现了集团壮大的目的。

二、内容形态融合

在内容的形态上，单一的传播形式已经不能适应媒介融合的趋势。今天的融媒体不仅仅是以单纯的文字、图片、音频和视频形式出现，更多地是以组合的形态呈现，它们之间相互融合、互为补充。尼葛洛庞帝在《数字化生存》一书中给我们展现了一个信息数字化的世界，在这个世界中，所有的信息都可以用最简单的数字表示，这种数字技术使原来具有独立形态的各种信息内容都可以变成“0”和“1”，原来的文本、图片、动画和声音都可以转化为统一的数字形态，并且可以方便地进行转换。① 这使得传统媒体中属于不同传播实体的信息内容在形态上得到了统一。例如今天的受众在阅读网络新闻的时候，不仅可以看到文字、图片，还可以听到音频、看到视频等。

三、内容应用融合

随着手机媒体和网络新型媒体的高速发展，人们获取信息的渠道和方式发生了巨大变化。在信息爆炸的时代，单一、枯燥的内容很显然已经无法满足人们快速增长的各种需求。受众的要求越来越高，媒介融合趋势下，内容应用本身势必会变得更加多元化和有针对性。另外，多功能一体化的数字媒体终端进入大众的视野，并成为大众主流的使用方式，这就使得媒介信息能更快速、更及时、更直接地抵达受众。应用融合是在网络与设备基础上，各种具体应用和服务能够同时被不同设备使用。例如，电视或者视频平台与电子商务的合作能够让用户一边看电视一边下单；交互式网络电视IPTV能够在计算机、平板电脑、网络机顶盒＋电视等设备上使用。原来需要多个设备才能实现的服务内容，现在只需要一个设备就能实现。

第二节　融媒体内容产业述析

从媒体融合元年2014年开始，我国媒体全行业进入了勇敢应对新媒体时代挑战、

① 宫承波主编：《媒介融合概论》，28页，北京，中国广播电视出版社，2016。

以先进技术为支撑、以内容建设为根本、内容平台渠道经营管理多点全方位创新的大转型、大融合、大发展的新阶段。[①] 2018年以来，我国融媒体行业成绩显著，进入“多点突破期”，融合3.0时代开始。传统媒体与新媒体不断探索多种合作方式，媒体融合转型步伐加快，获得了良好的社会反响和经济效益。在内容载体上，从传统端到PC端再到移动端，从自有平台到第三方平台，融合形式的广度逐步推进。在媒介内容上，以缩减相对枯燥的传统新闻产能来调节新媒体内容的生产，顺应新时代多元多变的受众需求，大力发展内容创业与内容创新，以移动“互联网＋”内容来代替“内容＋”互联网的原有战略，我国的融媒体内容产业正在迎来全新的发展机遇。

一、内容融合的发展背景

（一）政策的促进

政策的颁布和执行，是媒体融合发展的客观条件。媒体融合的持续推进，必然要求社会规范层面的调整，否则将无法保障融合效果以及与社会的有效互动。媒体对社会和大众有着强大的影响力，通过政策进行有力的引导至关重要。随着国际全球化市场的形成和技术的进步，新兴媒体越来越受到大众的关注，普及率和使用率迅速上升，加快了当代电信业与传媒业等电子信息产业之间的融合速度。这种形势下，政府对相关产业的管制也进行了合理的调整。

首先，在法律制度方面，需要有更加有力的法律政策来推动和规范媒体融合的发展。以美国为例，《1996年电信法》是世界各国放宽对传媒产业管制历程中的里程碑，它对美国乃至世界传媒产业发展产生了极其广泛而深远的影响。如果没有《1996年电信法》，就可能不会诞生那些横扫全球的美国媒体巨头。该法最大的特点就是放松管制，首次将互联网纳入监管范围，并允许跨产业经营，打破了以前不同传媒产业只能在本产业内部竞争的限制，给美国媒体融合开拓了巨大的发展空间。这种管制政策的转型有力地推动了电子传媒产业的自由化发展，打破了媒体相互融合的壁垒，促进了彼此之间的竞争和广阔、自由的传播格局的形成。2013年11月，党的十八届三中全会通过《中共中央关于全面深化改革若干重大问题的决定》，使媒体融合首次成为党中央重大决议中的重要内容。2014年8月18日，中央全面深化改革领导小组第四次会议审议通过《关于推动传统媒体和新兴媒体融合发展的指导意见》，标志着媒体融合上升到国家战略，成为现阶段指导我国媒体融合发展的纲领性文件。

其次，在管理机构方面，需要有更加适应媒体融合发展的管理架构。目前，美国媒体融合发展主要由联邦通信委员会监管。英国则于2003年成立通信管理局，集合了原来五家不同媒体管理机构的职能，成为英国媒体融合发展的一体化管理部门。同样，

---

① 北京市新闻工作者协会：《中国媒体融合发展报告(2019)》，2页，北京，社会科学文献出版社，2019。

加拿大、法国、日本等国也成立了类似机构，对本国媒体融合发展进行管理。在我国，直到2013年以前①，不同范畴的媒介组织分属于不同的管理机构，例如广播电视归广播电视局管理，报刊等印刷出版归新闻出版局管理，互联网和手机媒体归工信部管理。随着媒介技术的发展，媒介平台相互渗透，媒介功能出现重合，传统媒体之间以及传统媒体与新兴媒体之间的边界日益模糊。在这种情势下，传统的媒体产业管理机构开始出现诸多问题，例如标准不统一、行业规制失灵等。2018年3月，中共中央印发了《深化党和国家机构改革方案》，将中宣部的管理权限进一步扩大，将国家新闻出版广电总局的新闻出版管理职责和电影管理职责划入中宣部，同时强化了中宣部对中央网信办的领导，使中宣部成为我国媒体融合发展的主要管理机构，这也是媒体融合发展的大势所趋。

（二）用户需求的影响

任何大众媒体想要长远地生存和发展，都必须适应不断变化的受众市场。传统媒体时代，受众的媒体使用习惯基本是固定的，例如清晨阅读报纸、上午和晚上收听新闻广播等。这是一种被动的信息接收方式，受众没有更多的空间和时间进行选择。传播技术的更迭很快改变了这种单一的模式，特别是随着手机媒体的发展，人们已经可以便捷、熟练地利用互联网，随时随地用自己喜欢的方式来获取所需要的媒体内容。

庞大的网民构成了中国蓬勃发展的媒介消费市场，也为媒体融合深入发展打下了坚实的用户基础。在此前提下，现代传播技术的发展使内容融合的规模化生产得以实现，带来了多元丰富的媒介内容形式和产品，并通过各种传播平台传递到受众面前。随着媒介信息可获得性的提高和受众个体化的增强，受众的传播自主性愈发提高。随着媒介技术、内容、互动形式的持续进化，新媒体不断激发出受众的参与潜力。通过微博、微信、短视频平台、各类手机APP等，足不出户就可以知晓全球的新闻热点。再加上生活水平提高、消费结构升级，与二十年前相比，人们愿意付出更多的钱来购买让自己赏心悦目的信息产品。针对这样的变化，更多贴合用户需求的内容应用方式出现，比如各种付费内容平台，汇集了有声小说、有声读物、有声书的音频分享平台，将电商、视频、社区融为一体的直播购物平台等，并在短短几年之间得到了前所未有的迅猛发展。

哪些媒体能够顺应时代和受众的变化，并在此基础上开发出新型的内容展现形态，哪些媒体就可以获得市场的关注和青睐，进而能够牢牢占据市场地位，在竞争中取得胜利。

（三）传播主体的改变

媒体融合归根结底其实是人的融合，媒介内容生产主体的变化对媒体融合特别是

---

① 2013年3月14日，国务院将新闻出版总署、广电总局的职责整合，组建国家新闻出版广播电影电视总局，随后更名为国家新闻出版广电总局。

内容层面的融合产生了更直接的影响。一是生产者内部的改变。原来限于不同媒介的分工已经无法满足融合环境的需要，能够同时胜任文字、图片、视频等加工制作的“融合记者”“背包记者”或“全能记者”应运而生，专业媒体生产者跨越多种媒介平台的趋势已经不可阻挡。

二是信息生产者和消费者之间的融合，这也是主体层面最具革命性的变化。互联网媒体下的受众已经无法满足于简单、被动地接受大众媒体向他们所灌输的信息，他们迫切地想要改变这种状态。其实，远在互联网出现之前，以使用与满足理论为代表的新受众理论就开始强调受众的主动性。在电视传播时期，粉丝社区就是通过故事的创作参与到电视内容的生产与制作之中。以参与感为根本特征的互联网生态，使受众的角色发生了革命性变化、演变成为信息的“生产消费者”。微博、微信、抖音等社交媒体的出现，进一步加剧了信息生产者和消费者之间关系的改变和融合，挑战了传统媒体时代的“只读文化”，催生出一种“读写文化”或“参与文化”。① 生产者和消费者、传播者和接收者、专业者和业余者的界限被打破，媒介内容也被重构。

（四）科学技术的推动

党的十八大以来，党中央高度重视媒体融合发展。在移动互联网、大数据、人工智能、区块链的助力下，我国媒体融合持续推进，全媒体应运而生，内容融合展示出强大的创新力，深刻改变了我国的媒体生态与传播格局。大众媒体不仅是新技术的传播者，更是新技术的实践者。利用云计算、人工智能等新技术进行深化创新，能让媒体更好地适应分众化、差异化的信息需求，进而在信息无处不在、无所不及、无人不用的时代充分发挥好融合媒体的作用，推动媒体纵深融合发展。

古往今来的文化积累和信息传播，都离不开内容与形式的相辅相成。对媒体融合来说，内容融合是核心。先进技术是媒体创新发展的引擎，没有技术支撑，内容就很难快速、有效、精准地抵达用户。媒体融合涉及方方面面，但当人们提到“媒体融合”这一概念时，最容易联想到的就是各类发达的媒介技术以及技术驱动下的融合。信息技术的快速更迭给传媒业的发展带来了无限可能，新型传播技术特别是数字技术和网络技术是媒体融合快速发展的关键因素。

技术不仅是媒体融合的核心动力，也是媒体融合的首要体现。内容融合的发展是一次以技术创新为引领的媒体变革，从科技入手，占据新媒体、新技术的制高点进行平台的建设和优化、内容的生产和分发、思想的聚合和表达。数字技术是推动媒体融合的核心技术，经过二进制代码的转换，可以将原来只能通过报纸、广播、电视进行传播的文字、声音和图像内容全部数字化，变成电脑可以识别、处理和呈现的内容，因而打破了传统媒体之间的界限。这些传统媒体的数字化和网络化则使得界限更加模

---

① 韦路：《媒体融合的定义、层面与研究议题》，载《新闻记者》，2019(3)。选入本书时有改动。

糊。① 例如全媒体时代的内容报道，除了有文字、图片、视频等传统表现形式，短视频、互动 H5 网页、在线直播等一些新兴的互动性强的媒体形式正越来越频繁地出现在受众的视野中。

信息技术不仅仅推动了内容融合，还强化了内容融合的特点。技术层面的融合主要包括网络融合、设备融合和应用融合。网络融合即各种不同的传播网络之间界限的模糊。在中国，我们所熟知的就是“三网融合”。设备融合包括两层含义：一是设备的功能越来越多样，相互之间越来越相似，例如电视和手机开始具备电脑的某些功能；二是不同设备之间实现了信息共享，在云技术的推动下，手机、平板、电脑和电视之间能够更加便捷地共享内容。例如，媒介内容一次生产、多元分发、同步传输，每一个环节都离不开云数据计算。设备不同、账号相同，则可以实现云端内容的上传和下载，极大地提高了媒体的生产效率与稳定性。应用融合是指在网络融合和设备融合的基础上，不同的设备可以同时提供服务。例如，IPTV 服务可以同时被电视、电脑和手机提供。另外，人工智能的发展也给内容融合带来了新的契机。机器人写稿和 AI 合成主播不再是科幻小说里的内容，人工智能技术的应用可以快速、全面地总结资料，把记者从简单的工作中解放出来，让他们有更多的时间创作更有深度的媒体内容。

总之，唯有正确处理好内容与技术的关系，才能牢牢掌握住媒体融合发展的主动权。因此，在技术飞速发展的今天，所有媒体必须关注新技术、了解新技术、实践新技术。大众媒体要获得巨大的传播力、公信力和引导力，必须坚持以内容建设为根本，实现内容与技术的双驱动。

二、内容融合的形态

在传统的大众传媒产业中，内容生产是由不同的媒体组织各自完成的，它们彼此独立、互不兼容，内容和形式上很难融合。这样既不利于信息内容的规模化生产，也容易造成内容生产时的资源浪费。而现代先进的传播技术则打破了不同媒介形态之间内容融合的壁垒。2020 年 6 月 30 日，中央全面深化改革委员会第十四次会议审议通过了《关于加快推进媒体深度融合发展的指导意见》等文件，强调推动媒体融合向纵深发展，要建立以内容建设为根本、先进技术为支撑、创新管理为保障的全媒体传播体系。

（一）内容产业的形成

“内容产业”一词在 1995 年的“西方七国信息会议”上首次提出。欧盟《信息社会 2000 计划》中将其定义为“制造、开发、包装和销售信息产品及其服务的产业”，指出信息内容产业包括媒体印刷品（书报、杂志）、电子出版物（数据库、电子音像制品、光盘、游戏软件）和音像传播（影视、录像、广播）。②

---

① 韦路：《媒体融合的定义、层面与研究议题》，载《新闻记者》，2019(3)。

② 宫承波主编：《媒介融合概论》，33 页，北京，中国广播电视出版社，2016。

各国家和地区对内容产业的界定和分类基本一致，但各具特色。在韩国的839信息内容产业战略中，“9”是指内容产业的九个领域。与其他国家和地区不同的是，韩国的内容产业包括智能机器人。在美国、加拿大、澳大利亚等国，内容产业也被称为创意产业。根据北美NAICS产业分类，创意产业包括传媒和信息产业、纯艺术产业、专业设计服务业、商业性质文艺和体育产业四大类及十七个明细分类。①

目前，信息内容产业已经成为全世界最具活力的经济增长点，其快速发展和广阔前景引起各国家和地区的极大关注与高度重视，纷纷制定适合本国或本地区发展的战略政策。例如，欧盟在20世纪90年代中后期就在《信息社会2000计划》《关于促进欧洲多媒体内容产业发展和鼓励在信息社会中使用多媒体内容的决定》等多个文件中确定了发展内容产业的规划，爱尔兰出台了《爱尔兰数字内容产业发展战略》。

在这种宏观背景下，我国也将信息内容产业发展视为重要的发展契机。2000年，《中共中央关于制定国民经济和社会发展第十个五年计划的建议》中就出现了“信息产业与有关文化产业结合”的提法，这是数字内容产业产生的基础；2004年12月，中共中央办公厅和国务院办公厅联合发布了《关于加强信息资源开发利用工作的若干意见》，明确指出要“发展壮大信息资源产业”②；2006年3月发布的《国民经济和社会发展第十一个五年规划纲要》中，首次正式出现“数字内容产业”这一概念；2009年9月发布的《文化产业振兴规划》，在“重点文化产业”和“发展新兴文化业态”部分都明确提出以数字内容产业为发展重点；2012年，国家统计局公布的《文化及相关产业分类》统计标准中增加了文化新业态部分。此后，我国的数字内容产业进入了高速发展时期。

（二）内容融合的形态

内容融合是人们最容易感知的一个层面，它改变了传统媒体中媒介形式与信息内容之间的固定关系。根据不同的形式，内容融合主要包括两个方面：不同形态的内容融合和不同来源的内容融合。

一方面，不同形态的内容可以相互融合。一般来说，传统媒体内容的媒体形态较为单一，不是文字就是声音或者图像。这些形态是独立存在的，使得受众在获取信息时不能全方位地了解信息的所有内容。融合时代，数字技术可以把原本独立的信息形态融合在一起，媒介传播方式从单一媒体向全媒体或跨媒体转变，一个新闻事件不仅可以通过文字的方式来报道，也可以借助图片、视频、音频、动画、H5、直播等方式来讲述，使受众能够随时随地获取信息，满足他们对信息内容的多元化需求。而且，不同的内容形式之间还可以产生无穷无尽的组合方式，形成千变万化的可能。各种媒介内容在生产上进行联合，资源共享、信息互通，从而带来传媒产业的重组和构建。

另一方面，不同来源的内容日益融合。在传统的媒体运营中，内容的生产主要依

① 曾红颖：《数字内容产业定位还应提升》，载《经济参考报》，2006。

② 徐拥军、李军波：《发展信息内容产业的意义与对策》，载《科技管理研究》，2006(11)。

靠传统媒介组织的专业媒体工作者，如电视台和报社的记者和编辑等，他们是内容生产的主力军，具有得天独厚的资源优势和专业素养，与作为普通读者、观众、听众的信息消费者有明显的不同。而在今天的媒介内容融合中，内容生产者和消费者之间的界限变得模糊，甚至可以相互转换，这就使媒体内容的来源变得空前广泛。特别是随着UGC的出现和盛行，其以广泛性、多元性、灵活性等优势成为当前大众媒体内容非常重要的组成部分。UGC全称为User-generated Content，即普通的用户原创内容，主要指用户将自己的原创内容通过互联网平台进行展示或者提供给其他用户。UGC的概念最早起源于互联网领域，其伴随着Web2.0而兴起，而在Web3.0更是发挥了重要作用。在UGC模式下，网民不再只是普通的信息消费者，同时成为媒介内容的生产者和供应者，例如每个使用媒体发布信息的个人。伴随着5G时代的到来，2019年，Vlog、淘宝直播开始吸引人们的注意，全民短视频的创作热潮被激起。目前，Vlog已成为年轻人观察、体验、记录生活的一种创作方式，许多用户从“看客”变成了参与者。

随着移动互联网的发展，网上内容创作又被细分为PGC和OGC。PGC全称为Professionally-generated Content，是指专业生产内容，例如微博平台的意见领袖、科普作者和政务微博。OGC全称为Occupationally-generated Content，是指职业生产内容，是以职业化的方式提供相应内容并领取相应报酬。如媒体平台的记者，运用新闻专业的背景，以写稿为职业领取报酬。三者之间的关系如图8-1所示。

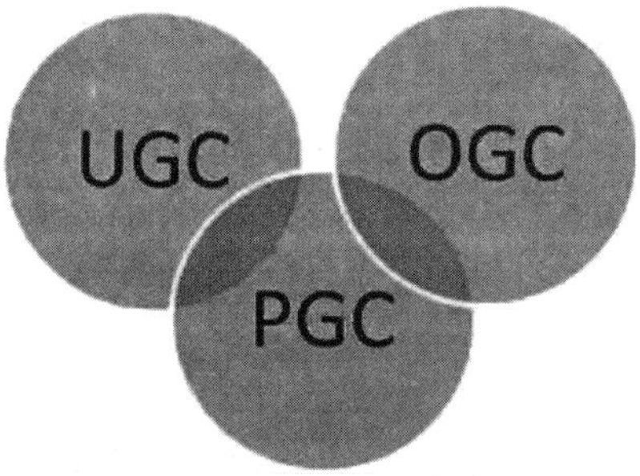

图8-1　UGC、PGC、OGC关系图

UGC和PGC的区别主要看是否具有专业的学识和资质，是否在所共享内容的领域具有一定的知识背景和工作资历。PGC和OGC的区别以是否领取相应报酬作为分界。PGC往往是出于“爱好”，义务贡献自己的知识，形成内容；而OGC是以职业为前提，其创作内容属于职务行为。

此外，随着人工智能技术的发展和应用，出现机器生产内容(Machine-generated Content，MGC)，由机器人写作的新闻开始成为媒体内容的重要补充。例如2019年和2020年“两会”期间出现的AI合成主播，可以通过机器翻译等人工智能技术在站姿状态下播报新闻，甚至能够集结语音合成、语义理解、图像处理等最新的科技成果。2020年“两会”期间，新华社利用5G和全息成像技术打造全新访谈栏目，主持人和全国人大代表隔空实现“云拍照”，为“战疫”加油，引发业界内外强烈反响。在“万物皆媒”的时代，由传感器搜集来自世间万物的信息也将成为内容融合的一个方向。

第三节　内容创业现状

一、内容创业概述

从广义上讲，以创造高质量的内容为核心的创业方式都是内容创业。以内容展示形式划分，内容创业可以分为图文内容创业和视频/音频内容创业。图文内容创业是指以微信公众号、今日头条、一点资讯等自媒体账号为主发布的图片和文字信息内容；视频/音频内容创业是指以视频和音频账号为主发布的视频和音频内容。实际上，在移动互联网时代，不论在哪个平台、采用何种形式、使用哪种风格，只要发布的内容有受众市场且合法，都是一种内容创业。大量的网络用户对媒体内容的需求增加，为内容创业的快速发展提供了坚实的基础。尤其是在微信公众号时代，内容创业的形式真正成为一种被验证的变现形式。几千万个公众号在提供了海量创作内容的同时，也造就了诸多新媒体创业者。更开放的创作空间、被验证的商业化、源源不断的优秀创作者共同造就了新媒体的兴盛。

2015 年 6 月，微博宣布升级签约自媒体扶持计划，投入价值 1.5 亿元的资源扶持签约自媒体，并继续通过打赏、付费阅读和商业分成等手段帮助签约自媒体提高收入。2017 年 11 月，今日头条推出“千人百万粉计划”，即在未来一年内，在平台上扶持 1000 个拥有一百万粉丝的账号。2018 年 1 月，喜马拉雅 FM 正式公布“万人十亿新声计划”，从资金、流量及创业孵化三个层面全面扶持音频内容创业者，帮助创作者变现。电商平台淘宝也提出“手机淘宝内容开放计划”，邀请优质内容创作者与机构共享 20 亿元市场佣金。

无论是媒体平台还是电商平台，对内容和优秀作者的争夺都日益白热化，抖音、快手、QQ 开放平台、一点资讯、搜狐客户端等各种开放平台的爆发，使越来越多的传统媒体人投入到这一波浪潮之中。移动互联网时代，内容创业以生产高质量内容为手段、以用户数和阅读量为目标，在注意力经济环境下，正在成为媒体最有力量的创业风口。

二、内容创业的发展阶段

自 2012 年 8 月微信公众号上线至今，内容创业者依托微信自媒体生态而生，伴随着平台的不断发展和演变，经历了三个发展阶段。

第一阶段，2012 年至 2014 年，以微信公众号、微博、新闻客户端为代表的自媒体出现并得到快速发展。

第二阶段，2015年至2016年，自媒体内容创业进入爆发时期。在资本的助力下，自媒体的数量实现井喷式增长，知识付费模式出现。在早期的知识付费市场中，以罗辑思维、吴晓波频道、十点读书等为代表的新媒体通过举办讲座、出品课程、销售书籍等方式，打破了传媒行业以广告收入为主的赢利模式。喜马拉雅FM、得到、知乎等平台在知识付费领域加大投入。

第三阶段，2017年至今，进入了短视频时代，这也打开了内容创业的新局面。同时，知识付费商业模式逐渐成熟，内容创业进入全新的阶段。2017年，短视频与MCN成为资本与内容创业者新的关注点。2018年，今日头条、百度、腾讯重金补贴短视频创作者，抖音、快手等平台愈加包容和开放，短视频的全民创作热潮被激起。2019年，5G时代、私域流量、Vlog、淘宝直播成为新的焦点。

三、内容创业的发展趋势

内容不仅仅是新媒体从业者进行商业变现的工具，其与新技术、新需求结合后还能够融入不同的产业中。内容创业能否长远发展，在于这个产业链条上的各个环节能否产生经济效益、能否形成规范有序的发展环境、能否守住底线以保持内容的优质性等。当前，我国内容创业的发展趋势可以总结为以下几点。

（一）乱象减少，监管环境逐渐完善

2018年，国家网信办等监管部门针对自媒体乱象开展了多轮清理整治活动，查处大批违规账号，删除了低俗内容，集中约谈并警告了涉事平台。除了加大整治力度，监管部门还进一步完善规范，对自媒体实行分级分类管理、属地管理和全流程管理。这些举措都彰显了政府对自媒体内容的管理决心，肃清乱象、监管施压，这对所有内容创业者都是一个重要的警示，发展必须守住底线、合法合规。2018年4月10日，国家广播电视总局在其网站上发文指出，在督察“今日头条”网站整改工作中，发现该公司组织推送的“内涵段子”客户端软件和相关公众号存在导向不正、格调低俗等突出问题，引发网民强烈反感。为维护网络视听节目传播秩序，依据相关法规，总局责令“今日头条”永久关停“内涵段子”客户端软件及公众号，并全面清查库存节目，对网站上的低俗、暴力、血腥、色情、有害问题节目要立即下线。

（二）短视频和网络视频仍是发展主阵地

2018年春节期间，抖音持续霸占中国App Store单日下载量榜首共16天，打破了自2017年年初以来其他所有非游戏类APP所创下的榜首持续天数的纪录。可以说，所有用户都能直观地感受到短视频在2018年的迅猛爆发。第45次《中国互联网络发展状况统计报告》显示，截至2020年3月，我国网络视频（含短视频）用户规模达8.50亿，较2018年年底增长1.26亿，占网民整体的94.1%。其中短视频用户规模为7.73亿，较2018年年底增长1.25亿，占网民整体的85.6%。2020年年初，受新冠肺炎疫情影响，网络视频以及短视频应用的用户规模、使用时长均有较大幅度提升。

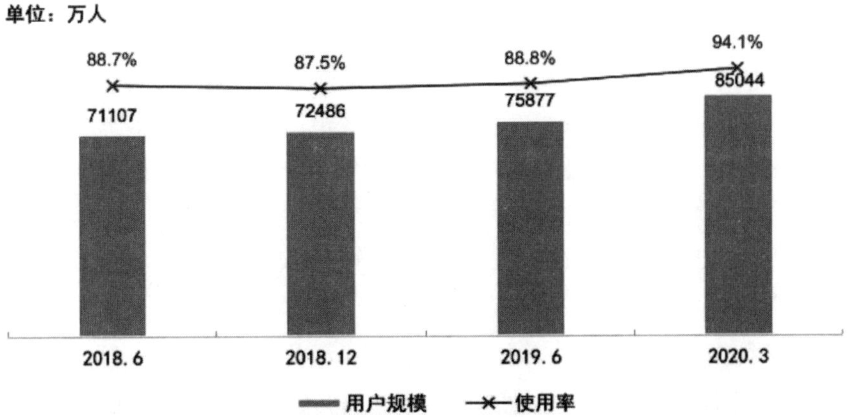

图 8-2　2018.6—2020.3 网络视频(含短视频)用户规模及使用率

资料来源：中国互联网发展状况统计调查

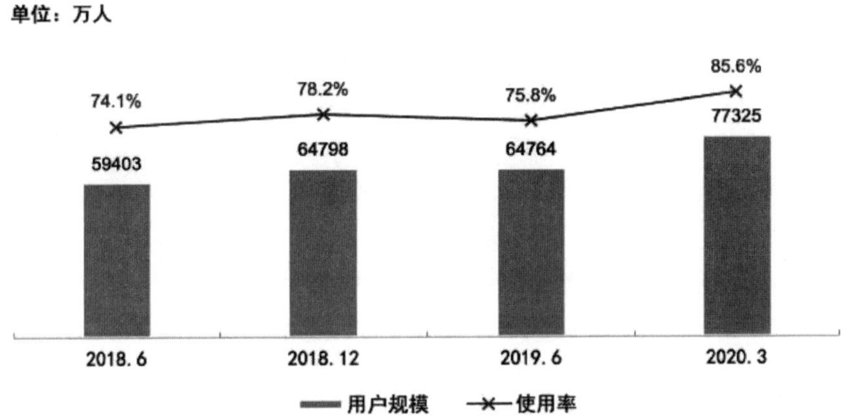

图 8-3　2018.6—2020.3 短视频用户规模及使用率

资料来源：中国互联网发展状况统计调查

2019 年，网络视频行业发展进一步规范化，互动视频探索步伐加快，成为行业热点。腾讯视频、爱奇艺、优酷、B 站等多家平台均开始尝试互动视频，为了将更多的互动内容推向大众视野，开展创作基金计划，鼓励优秀视频内容的创作。网络视频平台加强跨领域合作，与携程、淘宝、京东等生活服务类公司合作，通过账号互通、权益共享等措施，激发用户付费意愿。2019 年 6 月和 11 月，腾讯视频和爱奇艺分别宣布付费会员数量过亿。当年，爱奇艺会员服务营收同比增长 36%，在总营收中的占比接近 50%，可以说发展速度很快，成绩显著。

为进一步激发用户参与热情，2019 年，互动视频上线。互动视频是一种全新的网络视频类型，主要通过视角切换、画面探索、剧情分支等方式为用户带来前所未有的交互体验，甚至兼顾了情节体验和社交传播。

在全球领域，美国视频流媒体服务提供商 Netflix 推出了首部互动电影《黑镜：潘达斯奈基》。该电影共设定有 12 个结局，观众在观看过程中可以在 Netflix 的界面中在线选择符合自己审美标准的剧情线。在国内，目前已经尝试使用互动视频的头部视频平台包括B站、爱奇艺、优酷、腾讯视频等。互动视频满足了不同受众的个性化需求，相较于Web2.0阶段萌生的接收端参与模式（如弹幕），它的"浸入式体验"更具有冲击力，在内容活动中，通过场景设置和情节引导令参与者进入特定的氛围中。观众不用再跟随着导演的思路去观看剧集，有权决定、选择内容走向，体验多个剧情发展方向和多种人物结局。当然，作为新兴的内容模式，互动视频存在着市场混乱、流程标准不统一等问题。随着互动视频市场的运营与发展，其行业标准会逐步完善，为受众提供更优质的参与感受。

（三）流量聚集，资源向原创头部平台倾斜

2018年，平台补贴形式从广撒网式的资金分配转向有针对性的扶持策略。平台更加重视原创内容的质量，通过加大分成比例、健全版权保护、提升曝光频次等方式为创业者们保驾护航。

在内容创业的下半场，流量和资源愈发向头部账号和平台集中，各类内容头部的APP使用时长集中度已经超过60%，马太效应凸显。超级平台掌握了整个内容生态的半壁江山，全面占据用户的使用时间，塑造用户的媒体使用习惯甚至是生活思维习惯，打造内容平台的生态闭环，强者恒强。

（四）内容变现形式日益清晰

目前，内容市场上有三种较为成熟的变现形式：广告、内容付费、内容电商。

广告仍然是当前内容创业者使用的最主要的变现形式，特点是投入少、变现快，越来越多的优质原创内容得到了广告主的认可。为了实现更有效的营销目标，内容创业者纷纷升级内容生产和传播方式，由内容营销向全域整合迈进，从硬广推荐到品牌植入再到向全渠道进行全案策划和营销，不断进行着各种尝试。

内容付费是近几年来流行的一种内容形态，主要是借助音频、视频、图文等工具软件进行线上课程的转换。早期，网络上的内容多以免费为主，用户的使用习惯在无形中被培养。随着版权意识的增强、消费结构的升级，用户的付费意识得以觉醒，付费市场形成。

内容电商是通过电商平台售卖和推广产品赢利。在2020年新冠肺炎疫情中，央视新闻主持人与淘宝直播达人多次合作，助力湖北农产品销售，取得了巨大的经济效益，带来了良好的社会影响。

（五）"下沉市场"带来增量和惊喜

看惯了滤镜美颜、层层包装的精致内容，一些天然的真实表达和原生态内容成为用户新一轮关注和追捧的对象。比较具有代表性的就是养生、娱乐、美食等内容，主要面向三四线城市用户。这些内容风格接地气、理解门槛低，非常容易通过熟人社交进行裂变传播，因此迅速占领了大众视野的制高点。

2018年，拼多多、趣头条、快手快速崛起。7月，"3亿人都在拼"的电商平台拼多多赴美上市，其“拼购模式”与社交关系吸引了大量用户，不到 3 年的时间，积累超 3 亿用户；9 月，成立不到两年的资讯服务商趣头条在美股上市，其通过阅读得金币和邀请新人获得返现积累了上亿用户。当年年初，快手日活跃用户超过了 1 亿，总注册用户突破 7 亿，日均上传视频达 1000 万条。

四、内容创业的经典案例

（一）自媒体平台案例：今日头条

今日头条于 2012 年 8 月上线，是一款基于数据挖掘技术的个性化引擎平台，通过算法模型与推荐机制，推送用户感兴趣的内容。2013 年，今日头条开放了内容创作分发平台头条号。2016 年 9 月，今日头条对外宣布投资 10 亿元资金用以补贴短视频创作，并完善曝光渠道和分发平台，吸引大量内容创作者入驻，为平台原创内容的质量和数量提供了强有力的保障。

今日头条布局了强大的产品矩阵，内容和类型都十分全面，包括内容创作分发平台头条号、问答社区悟空问答、内容社交平台微头条、短视频平台抖音、小视频平台西瓜视频、汽车资讯平台懂车帝以及图片分享平台图虫等。基于精准算法和优质内容的差异化服务使内容创作者生产的内容能更加准确地触达目标用户，所以平台的用户黏性很强。

在变现方面，今日头条主要依靠广告流量实现赢利。今日头条原生信息流的形式使广告的植入十分高效，个性化的广告展现方式也能促进广告的进一步转化。比如，在时尚休闲频道，我们经常可以看到美妆和服装广告，根据观看群体的用户画像，更垂直地帮助广告主进行定向投放。另外，早在 2014 年，今日头条就开始接触电商业务，并且一直积极探索通过内容电商变现的方式。2014 年 7 月，宣布获得 1 亿美元 C 轮投资的今日头条上线了首个电商项目“今日特卖”，为第三方电商平台导流。2016 年，今日头条与京东达成战略合作。今日头条为京东开设一级购物入口，帮助京东及其平台上的商家精准投放广告，双方还将通过佣金分配、导购等促进头条号变现。随着直播电商的兴起，2020 年今日头条以抖音作为主要阵地，频频发力直播带货，仅仅上半年，就签约了王祖蓝等网络名人，开放了个人入驻小店渠道，并上线商家管理工具“抖店”APP 等。

（二）视频直播网站案例：哔哩哔哩

作为一个细分的视频网站，哔哩哔哩（简称 B 站）是中国年轻人高度聚集的文化社区和视频平台。截至 2019 年，B 站的弹幕总数超过 14 亿，DAU 数据已经超过了 2200 万。B 站耀眼的数据背后离不开它所践行的 UGC 生态模式。

一般的主流视频网站以专业媒体组织生产内容为主，而 B 站无论是产品设计还是内容运营，都非常注重鼓励用户去创造内容。因为要将创作的内容上传到网站，所以 B 站把这些用户称作 UP 主。可以说，B 站并非创造内容的团体，而是为创造内容的人提供了健全的服务和广阔的平台，从而建立起 UGC 生态模式。

首先，B 站建立了 UP 主和内容消费者的连接。B 站的运营宗旨就是让崇尚个性化、多元文化的用户把这里当成他们的家园。从产品架构可以看出，UP 主发布的内容主要涉及番剧、鬼畜、动画、影视等。用户被内容吸引过来观看，并通过发布弹幕、评论表达自己的想法，更可以投币、分享、收藏甚至是承包。这些行为和信息都会被反馈给 UP 主，受到激励的 UP 主将会继续源源不断地创作新的内容。与此同时，因为看到感兴趣的内容，用户也会产生创作欲望，对内容进行二次加工和创作。这部分用户进而也会成为 UP 主，形成新的创作层面甚至新的文化现象。从 UP 主到内容再到用户，作为平台，B 站主要做的就是把这个生态闭环形成的氛围维护好。

其次，B 站建立了用户筛选机制。为了创造社区的良好氛围，B 站前期的用户注册机制是邀请制加不定期的开放注册，后来逐步开放，现在是通过会员考试才可以成为正式用户。可以说，B 站对新用户注册一直非常谨慎，一方面是为了保障良好的口碑；另一方面，B 站是一个基于兴趣而形成的社区，社区氛围跟社区里的用户息息相关。为了保护这种良好的氛围，B 站在筛选用户上投入了巨大的精力。

最后，刺激 UP 主不断生产优质内容是 B 站的核心价值所在。B 站最出名的活动就是二次元春晚。2010 年，B 站组织了四十多位知名的 UP 主制作了一个春节拜年视频，这个活动聚集了大量的 ACGN(Animation、Comic、Game、Novel)爱好者。除此之外，B 站在各个分区也举办了一系列活动，例如 7 月的鬼畜区大会、夏夜鬼畜大赏等。值得一提的是，从 2013 年开始，B 站每年都会举办至少一场演唱会。2016 年，两万张门票二十小时售罄，被称为是中国规模最大、档次最高的二次元文化聚会。这些活动的开展一方面刺激了 UP 主生产更多的优质内容，另一方面也增加了用户跟 UP 主交流互动的机会。

（三）音频平台案例：喜马拉雅 FM

喜马拉雅 FM 是国内知名的音频分享平台，用户规模突破 4.7 亿，成为国内发展最快、规模最大的在线移动音频分享平台，目前拥有 8000 多个有声自媒体和 500 万有声主播，吸引了 200 家媒体和 3000 多家品牌入驻。在知识付费的大潮下，喜马拉雅 FM 无疑是成功的，它的一举一动都成为行业关注的焦点。

说到内容创业，很多人想到的都是创建微信公众号、今日头条号或者制作短视频。喜马拉雅 FM 则独辟蹊径，选择做声音的创客，他们认为音频所传递的信息可能会留存更久。音频平台创业门槛低，更多的人可以参与进来。声音创业与图文创业、视频创业的最大区别，就是操作简单、成本低廉。喜马拉雅 FM 提供了非常方便的录音工具，给普通创业者提供了更多机会。同时，喜马拉雅 FM 还提供了强大的内容支持。该平台和国内很多顶尖的出版集团达成战略合作，为主播提供多种图书的有声改编权，并投入资金构建营销渠道，帮助创业者生产出好内容。

喜马拉雅 FM 主要采用 UGC 和 PGC 相结合的内容模式。UGC 也就是平台主播负责内容广度，主要贡献流量和参与度；PGC主要是保证内容深度，打造影响力，创造价值。目前，喜马拉雅FM已经形成比较完整的音频内容生态：上游通过专业用户生产内容模式获得海量的音频内容，中游通过网站、APP触及消费者并实现流量变现，下游由小雅音箱及“喜马拉雅Inside”开放平台分发音频内容。喜马拉雅FM在近几年推出的“123知识狂欢节”，均获得了可观的收益。

第九章　媒介信息生产变革

现阶段，媒介融合不仅将传统媒体与新媒体进行融合，而且开创了多种媒介形式共生、共存、共享的新格局。与此同时，社交媒体与自媒体的强劲发展使媒介融合的步伐进一步加快，媒介信息生产的传统架构也开始出现了重构的迹象。在网络社会中，媒介的使用权已经不是仅由传统媒体所掌握的“特权”，而成为每一位网民的权利。伴随着Web3.0的发展，“人人皆记者，个个是编辑”的说法改变了人们对于新闻采编人员传统意义上的认知，“融媒体记者”或“全能记者”的提法开始出现。媒介快速融合对媒介信息生产者来说是全新的挑战，但是万变不离其宗，融媒体的信息制作也是基于对新媒体传播规律的深入理解与掌握，结合融媒体传播规律，概括、归纳出适用于融媒体环境的信息生产方法。

第一节　融媒体时代媒体组织架构和生产流程的再造

本节我们主要讨论三个方面的问题。首先是融合编辑，所谓融合编辑即改变传统媒体时期媒介内容的制作方式，适应融媒体的报道节奏，这意味着媒介组织要在融合发展的条件下重新塑造生产的时空边界和周期节律。其次是增强互动，媒介组织要在渠道垄断被打破的情况下思考如何重新建立与用户的连接，保证用户的访问量和活跃度。最后是讲故事，这意味着媒介组织要综合运用不断创新的媒介元素，考量新近流行的叙事模式和风格来服务用户。

一、融合编辑

多媒体融合时代，新闻编辑已经不再是新闻工作中的“后勤保障”人员，其工作内容也不仅仅是分配采访任务及审阅修改稿件。融合背景下的新闻编辑已成为媒体报道流程的核心，其角色包括资源供给者、流程管理者、故事构建者和互动引领者。作为资源供给者，编辑需要从浩如烟海的文献资料中敏锐地找到可能成为优质内容的重要素材，并且对素材的影响力作出准确、翔实的评估。作为流程管理者，编辑更像一个运筹帷幄的指挥官，照管所有媒体的所有报道，以确保报道得到所需要的新闻材料。作为故事构建者，编辑的形象又转变成为一个“建筑工人”，用自己的双手来建造起所报道内容的高楼大厦。作为互动引领者，编辑则要为集团内的新闻媒体收集信息，进行报道，并在报道中同受众进行有效互动。

综上所述，资源供给者为故事提供文本，流程管理者对报道流程进行把关，故事构建者专注于新闻故事的重构，而互动引领者对上述几位精心制作的内容进行发布和互动。

二、资源供给者

新媒体的产生很大程度上改变了内容发布者的结构：从传统媒体记者采访、发布新闻转变为专业记者和“公民记者”共同采访、提供信息。这就对编辑搜索和过滤海量信息的能力提出了新要求。一个好的资源供给者必须熟练掌握信息技术，能充分运用现阶段较为成熟的技术对新闻内容进行详尽的分析与优化，保障内容的时新性与真实性。

资源供给者要负责信息的收集、基础构建和内容管理，还要寻找出有价值的新闻。融合媒体资源提供者与传统媒体资源提供者略有不同，传统媒体资源提供者分工很细，各司其职。面对同一个新闻事件，纸质媒体资源提供者会进行这样的提问：究竟发生了什么事？这种事情发生的缘由是什么？然后回到编辑室，围绕事件撰写出一篇具有深度的新闻报道。电视媒体的记者会扛起摄像机，采访当事人、拍摄事件发生的现场，甚至进行模拟拍摄，然后回到编辑室撰写稿件、编辑素材，制作出一则两三分钟的视频新闻；网络资源提供者可能会快速地掏出手机，对着当事人或者现场拍几张照片，通过互联网上传所拍照片，并附上两三句图解。不同的媒体，资源提供者提供的新闻内容与形式各有侧重。但对于多媒体时代的资源提供者来说，音频、视频、图片和文字可以一次完成。在新闻现场，资源提供者可能拿起录音笔、举起照相机或者扛起摄像机，对同一新闻事件进行不同媒介形式的资源采集。在采集相关新闻资源的过程中，可能马上将简要的新闻事件上传至网站，然后再将可供制作视频新闻、音频新闻、纸媒新闻的素材放置于集团的共享平台，由负责新闻流程管理的编辑进行筛选、分配。由此可以看出，融合新闻编辑需要了解每一种媒体的特点，使搜集到的新闻资源能够在合适的平台上进行展示。

三、流程管理者

20 世纪 80 年代，美国著名社会学家盖伊·塔奇曼曾经在《做新闻》这本书中将新闻视为一种框架，并考察了这个框架是如何被建构出来的。通俗地说，塔奇曼关心的是我们日常生活中发生的大事小情是如何转变成新闻这种具有现实时空的故事的。

主流媒体的运转有其固有的周期。以日报为例，为了确保当天清晨报纸能够顺利发行，前一天午后报社总编室和夜班编辑中心及各个有权限编辑报纸版面的部门将在一起开会，收集及汇总目前得到的以及日落前将会得到的若干稿件。各部门负责人要为这些稿件区分权重，以决定稿件在版面上的位置、篇幅以及编辑策略。待到日落稿件基本入库，编辑们就要开始编辑稿件，组版部门和美术编辑对版面进行排布、美化。经编辑部多位负责人审阅和校对人员核验后，已经到了子夜前后。所有版面经总编辑签发，就可以进入印刷流程了。日复一日、周而复始，确保这个节奏，就可以确保报纸在清晨的时候准时出现在各位读者面前。

为了达到这个目标，记者必须在规定的截稿时限前完成采写，将稿件回传，并同编辑进行必要的互动。如果截稿时限前不能完成采访任务，除非这条稿件有着重要的新闻价值，否则它就不会出现在次日的版面上。换句话说，截稿时限就像一个时间戳，框定了日常生活的哪些片段能够成为日报上的新闻。类似地，为了能够保质保量地产出，新闻采访部门要对被分配的议题类别做进一步的专业化划分，这也就是媒体内容制作当中的专业化记者的由来。

特定采访部门的每位记者都被分配了特定的条线，记者之间大体上互不冲突，大事小情都会被采访部门和记者归入相应的条线，由事先分配好的记者前往采写。记者熟悉议题类型的情况，就可以提高效率。这便是从时间跟空间两个层面安排媒体内容的制作工作，也是现在内容生产最重要的组成部分。

在媒体融合背景下，这种常规出现了很大的变化。传统媒体时代一日一报、以 24 小时为周期的生产节律被快节奏的传输速率大大压缩，事件发生的同时，新闻已经出现在了终端的条目列表乃至推送通知上。另外，线上出版极大地提高了终端的覆盖率。从前，一份日报的主要覆盖范围只是一座城市；现在，一款移动新闻客户端实现了真正的媒体全覆盖，经济全球化和受众对多类别新闻的关注使得媒体内容线索的潜在分布变广。需要注意的是，媒介组织不能在时间的极度压缩和空间的极大拓展中迷失方向。

在融合发展过程中，媒介组织必须学会在很短的时间里重构自己的周期节律，在无限的潜在选题库中重新划定自己关注的议题的分布范围，也就是要重新划定常规。

我们用澎湃新闻的案例来说明重构常规的重要性。澎湃新闻刚刚上线的时候实行的是 24 小时在线、三班倒的轮换工作制。这样的时间安排看起来像是为了争分夺秒，实则不然。即使澎湃新闻的全体工作者矢志投入其中，也不可能在融合发展中拔得头筹，因为争分夺秒的成效是全网各个平台共同努力的结果。澎湃新闻所用的方案是利用有限的人力资源，兼顾新闻的及时性和深度。一部分人负责即时新闻，有线索立刻编辑，快速重置、整合、发布。另一部分人则不受截稿时间的束缚，在更加宽松的时间区间内充分开掘新闻选题，形成信源更可靠、叙事角度更多元的深度文章，随时插入三等分的 8 小时轮转区间。与之相应的空间安排是侧重撰写即时稿件的各部门同事集中到同一空间办公，以便随时互通有无。侧重撰写深度稿件的同事大多不受坐班的限制，除了参加必要的会议，其余的时间依靠微信、邮件和在线办公系统维持日常的办公。

四、故事构建者

媒体融合让我们拥有了多种叙事模式。回望大众媒体鼎盛时期，规规整整的版面、线性安排的广播电视串联单虽说凝聚了从业者的心血，但报纸稳妥的单调与拘谨、广播电视的严肃与精致总是让大众媒体的叙事在理性当中透着些许乏味。随着传播技术的发展变革，讲故事的模式也在推陈出新。

在过去的媒体实践中，实践者往往热衷于实现多工种的融合，原本各司其职的记者尝试或被要求实现融合报道。典型案例是澎湃新闻2015年上线一周年时推出的特别报道《三峡》，其特别之处不仅在于历时一年的走访、介绍三峡大坝现状的角度、3万余字的超长篇幅，还在于集成了图片、动画、视频等多媒体手段与文字相互镶嵌的呈现。换句话说，引发关注的不只是“三峡”这一关键词本身，还包括该报道叙事模式上的创新。有产品观察者指出，《三峡》是中国新闻人第一次运用H5形式的深度报道。在多工种融合的过程中，有的从业者看到了深度文字顽强的生命力，有的从业者则看到了用户品位与叙事风格偏好的转向。《三峡》的浏览量是12万，这和它引起的反响并不是特别匹配，但至少可以说明一点：虽然浏览量少，但传播效果好。另一种声音将其解读为：在技术的飞速发展与变革中，文字正悄然走下媒体业叙事主导权的神坛，“视觉符号”构成的叙事主导模式正逐渐成为可能。因此，将目光转向如短视频等“视觉符号”主导的叙事模式、探索新型叙事模式下内容生产的原则与边界、寻求新型叙事模式下资本运作的可能，成为媒体融合发展过程中的重要课题。

五、互动引领者

互动指的是在媒体融合发展过程中职业媒体从业者实现用户广泛参与的问题。实现这一目标的方法有很多，大部分人的第一反应是增强用户反馈。的确，对于大众媒体来说，获得良好的用户反馈是媒体融合发展中的重要议题。不过在此要说明的是，单是反馈这个词已经能彰显出大众媒体与公众参与之间的主次之分了。

各个国家的体制和受众的媒体使用习惯不同，媒体内容反馈的表现也有着很大的区别。

早在2012年，美国新闻研究者赛斯·李维斯通过分析大量文献，认为大众媒体的职业控制和公众的开放参与之间存在矛盾和张力。需要注意的是，李维斯的结论是在欧美的媒介体制和制度环境当中得出的，当地的媒介体制和制度环境是他预设的前提。这种预设的前提主要有以下几个特点：第一，大众媒体的结构与处境有各自制度和文化上的支持；第二，虽然大众媒体被职业媒体从业者垄断，但大众媒体的实践原则却不是被垄断的，甚至是部分透明的；第三，公众可以运用上述实践原则，在市民新闻的群体架构上与大众媒体展开话语争夺。

我国有自身特定的媒介体制和制度环境，一方面，新闻事业是党的事业，新闻工作者是党的耳目喉舌，肩负把握舆论导向的任务。在过去20余年的媒体市场导向改革与发展中，我国新闻工作者始终坚持党的领导。2014年中央深改小组召开的媒体融合专题会议以及2016年习近平总书记发表的关于新闻舆论工作的讲话，都在强调这一点。始终坚持中国共产党的领导是开展媒体融合工作的前提。另一方面，在过去20年间，我们目睹了互联网行业的快速发展，从个人电脑到手机等移动设备，从门户网站、BBS、博客到社会化媒体，我们见证了互联网内容的爆炸式增长。但是同时，我们还被一些新问题困扰，如过度追求新闻信息的及时性使得新闻信息的版权得不到充分保障等。近年来，随着互联网行业在居民日常生活中扮演的角色越来越重要，国家加大了对互联网内容的管控力度，试图将互联网行业纳入制度安排。

应当说，大众媒体和互联网行业的共同发展，是我国处在改革开放和社会主义新时期时出现多种声音、多元意见和诉求的反映与写照。与公众达成基本共识，包括被职业媒体从业者和公众广泛接受的媒体实践基本原则，并不容易。

在这种情况下，我们要特别留意互联网行业对整个中国社会系统的塑造。在《网络社会的崛起》一书中，作者卡斯特说："要了解技术与社会之间的关系，必须谨记国家的角色，不论是拖延停顿、解除束缚还是引领技术创新，都是整个过程中的决定因素。"从这个角度看，实现用户广泛参与不仅仅是增强用户反馈那么简单。当互联网以及依赖于此的新型媒体成为民众意见沟通的自由市场时，融合媒体应该被纳入国家的管理中，以此来维持媒体的正向融合以及依附于其中的舆论走向。

在媒体行业中有一个非常流行的词，叫作"互联网思维"。互联网思维正是要求媒体在融合发展的过程中思索如何在网络社会中找到属于自己的优势领域，重新赢得公众。

在碎片化的短视频观看场景中邂逅用户时，要通过计算机算法揣摩用户的喜好，使用户在短时间内产生强烈的代入感，进而被触动。只有用户的强需求形成时，内容创业者才能为自己的作品公平定价，打开商业变现的大门。内容创业者要在了解用户需求的同时探索、反思、确立相应的操作准则，作品要彰显人性、记录现场、谨守伦理、把持操守。

第二节　融媒体时代信息生产主体的多元化

媒体内容的传播者是使信息得以顺利传播的主要推动力，也是信息传播活动中最富主动性、最有生机的部分。在传统媒体时代，信息传播者的构成相对单一，工作内容较为稳定，且综合素质也较为可控。进入互联网时代后，媒体资源得以充分共享，在这样的大环境中，信息生产的主体也发生了深刻的变化，越来越多的“兼职记者”从各行各业走上了信息制作的舞台。这种情况的出现极大程度地丰富了媒体内容，也使我们对媒体内容制作者的社会功能和社会影响有了新的认识。

在互联网时代，信息的传播权得以共享和释放，在这样的背景下，互联网也成为各种内容的聚集地。现阶段，虽然主流媒体依旧占据着大部分的媒体份额，但媒体受众对网络的需求不仅仅是机械地获得信息，而是渴望着由被动的接受转向信息的制造。在这样的背景下，UGC 模式应运而生，成为互联网世界中一股不可忽视的巨大力量。这样的群体的不断扩大以及力量的不断膨胀，也催生了 PGC 以及 OGC 的形成。

一、UGC 媒体的概念及分类

经济合作与发展组织将 UGC 定义为：“由业余人士通过非专业渠道制作的、包含一定的创造性劳动并在网络上公开可用的内容。”此定义界定了 UGC 模式的四个特征：

第一，内容生产的主体是非专业从事媒体创作的人士，即一般大众。

第二，内容的制作渠道多元化趋势明显。

第三，互联网平台是内容传播的主要渠道。

第四，用户内容生成是一种创造性劳动，其成果具有使用价值。

二、UGC 内容生产的特征

（一）迅捷的信息传播与传受互动

传统的大众传播模式中，报刊等纸媒是推动信息传播的主导力量。在现阶段的媒体环境下，纸媒时效性差，其单向性的传播特征也难以适应以用户为主导的互联网传播环境。纸媒传播过程缺少受众的信息交互，即使有，速度也比较慢，并且往往被传播者忽视。没有受众的反馈，传播者就无法及时改进以适应受众的需要，最终会导致大量受众的流失。网络媒体基于互联网进行信息的传递，使得信息的传递与接收同步性增强，时效性得到了极大的保证。而且，网络媒体为受众提供了及时反馈信息的渠道，传播者可以根据受众的反馈进行有效的调节，更好地适应受众，既保证了受众群体数量的稳定，又能够改进自身的传播结构。

（二）传播环境自由

传统媒体时代，受众仅仅局限于订阅相关报刊的读者群，信息传播范围受到很大的限制，传统媒体影响力也多限于读者群之中。这既不利于内容传播的大众化，也不利于媒体主导地位的巩固。网络媒体自由的传播环境使得媒体内容的传播范围和受众群体得到极大扩展，媒体内容能够迅速在不同阶层和群体中进行传播，这不仅有利于扩大媒体内容的影响力，而且能够不断巩固媒体主导地位。

（三）传播形式多样以适应不同文化群体

传统的大众传播所采用的是“广播”形式，这种形式虽然能够很大程度地满足受众的基本需求，但是由于大众传播环境下传播媒体对受众形象的认知较为模糊，无法准确描述出受众的大致样貌，导致其内容的制作与传播具有一定的盲目性。由于这种盲目性，传统媒体不能很好地适应每个阶层和群体的阅读习惯，传播效果也因此大打折扣。

网络媒体使“窄播”成为可能，能够根据受众的特点对受众进行分类，然后把信息精准地传递给特定群体。这就可以实现针对不同的受众群体分别定制相适宜的信息内容，使得传播效果也得到加强。

在互联网环境下，由于内容制作者众多，内容丰富程度也较之前的媒体形式有极大的提升。在这样的环境下，形成了“长尾理论”描绘的图景。

什么是“长尾理论”呢？长尾”这一概念由《连线》杂志主编克里斯・安德森在 2004 年 10 月发表的《长尾理论》一文中最早提出，用来描述诸如亚马逊和 Netflix 之类网站的商业和经济模式。由于成本和效率的因素，当商品储存、流通、展示的场地和渠道足够宽广，商品生产成本急剧下降以至于个人都可以进行生产，并且商品的销售成本急剧降低时，几乎任何在以前看似需求极低的产品，只要卖，都会有人买。这些需求和销量不高的产品所占据的共同市场份额和主流产品的市场份额相当，甚至更大。

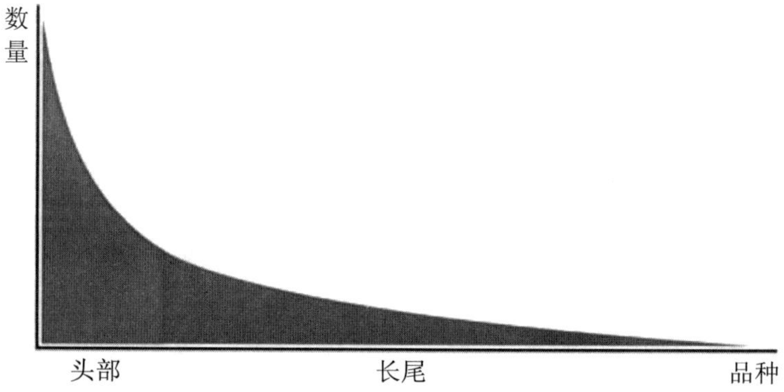

图 9-1 “长尾理论”模型

我们可以通过绘制一个直角坐标系来解释“长尾理论”。横坐标表示产品的畅销程度，越接近原点的产品越畅销；纵坐标表示产品的销量。由于越畅销的产品销量越多，最左边的曲线是从纵坐标最顶端开始的。随着销量减少，曲线向下延伸，在曲线急剧下降所包围的区域，形成一个巨大的头部。但曲线不会很快下降到 0，而是在下降到一定程度后形成一条平缓的曲线。因为产品不畅销并不意味着销量为 0，即使销量少到只有 1，也会一直出现在坐标系中。这条紧挨着横坐标的曲线非常长，看上去就像是巨大的头部后面拖着的一条长长的尾巴，这就是“长尾”的来历。

长尾经济和传统经济有很大的区别。

传统经济是规模经济，品种越少，产量越大，成本越低。而长尾经济是范围经济，品种越多，成本越低。

传统经济关注头部，长尾经济关注尾部。传统经济总是力争将头部做大最强，最著名的理论就是二八法则，即80%的收入来自20%的产品，获得100%的利润。而长尾经济则重视将尾部长度延长。

克里斯·安德森根据大量统计数据发现，在长尾经济中有2%的产品是大热门，能够带来50%的收入，利润是33%；8%的产品是次热门，能够带来25%的收入，获得33%的利润；剩下90%的产品全部是冷门产品，但是同样能够带来25%的收入和33%的利润。

对于长尾经济来说，最重要的是头部的大热门，但是大热门产品的比例已经从传统经济的20%缩小到只有2%，另外8%的次热门产品仍然能够占据一席之地，而90%的冷门产品也能够带来可观的收入和利润。

长尾首先发挥作用的环节是生产环节，主要体现在生产商品所需要的工具日益普及，让业余爱好者也能完成原本只有专业人士才能完成的事情。

长尾还在传播环节发挥作用，传播工具的普及能降低传播过程中的成本，提高销量。

长尾发挥作用的第三个环节是信息获取环节，不断优化的信息搜索工具让人们能够迅速找到适合自己的产品，这是长尾市场兴起的关键。

一方面，对于消费者来说，面对海量信息，往往不知道该如何选择。这时候消费者需要的是一份可靠的推荐，能够满足他们的需求。另一方面，长尾市场的海量信息想要脱颖而出，也是非常困难的。这时候，信息过滤器就能发挥巨大的作用。所谓“信息过滤器”，即通过利用消费者的情绪来联结供给与需求。

过滤器已经形成了一种推荐机制。在推荐机制下，每个人看到的内容都有可能不一样。对于消费者来说，他们在常用网站上浏览到的信息已经不是传统意义上的热门信息，而是在过滤器和消费者的互动中不断调整产生的结果，是给每位消费者的个性化定制。

“长尾理论”在市场营销上的应用是怎样的呢？

在移动互联网时代，人们刷手机的时间远远多于看报纸和看电视的时间，而且人们往往通过刷微博、微信获取新闻。这种信息获取习惯的改变使得每个人获取信息的渠道都不一样。这是广告商最不愿意面对的局面，因为他们已经很难再像从前一样通过电视或门户网站密集投放广告，实现销售转化。

移动互联网带来的另一个影响是，现在的每个消费者都可以被看作长尾上的一分子。市场被不断地细分，营销的手段只能应用在非常小的一个潜在消费者群体上，出现了现在所谓的“精准营销”。但是，对广告商来说，即便是使用有针对性的、碎片式的营销手段，买账的消费者也越来越少了。人们更愿意相信同龄人的推荐，更愿意去购买那些已经有人买过且评价很好的产品。口碑营销成为互联网时代独特的营销方式。

口碑通过互联网形成了独特的意见市场。如果想了解任何产品，只需要在搜索栏中输入产品名称，就会出现大量关于此产品的评价和体验。这已经不是产品的市场，而是意见的市场，它将商品的销售者、市场营销人员以及消费者三方联结在一起。这就是长尾营销的特点，它带来的是真实可信的意见。

（四）多种模式综合运用

媒体信息的产消融合可以分为两种类型，一种是“自产自消”，一种是“自产他消”。“自产自消”类似于人内传播，信息传播的目的在于抒发情感、思考、内省；“自产他消”类似于人际传播，在这一过程中，内容的生成是充分互动和相互协作的结果。在自媒体平台中，UGC所产生的媒体内容生产模式可以分为表达模式、互动模式、协作模式、引导模式、交叉模式五类。表达模式类似于“自产自消”，其目的在于自我表达。自我表达的内容可能是情感、教化、观点、诉求等，如博客、QQ空间中的写作。互动模式是指在产消一体化的传播过程中，产消双方在互动过程中完成内容的生产和消费。这一模式表现为受众针对某一共同感兴趣的话题进行讨论、互动，如澎湃新闻的“热追问”栏目。协作模式是指多个公众主体针对某一问题或目标通过相互协作的形式完成内容生产，使更多的受众获知完整、全面信息的生产过程。引导模式是指受众在他人的引导下完成内容生产的过程。这种引导的主体可以是媒体机构，也可以是个体公众。门户网站的结构设置便是一种引导类型，如跟帖、调查、点赞等功能的设置，就是引导性的内容生产。个体的引导如百度知道等提问的类型。交叉模式是指在产消融合的内容生产过程中，融合了以上某几种模式。互动的过程伴随着传受双方的相互引导，而这种引导中的互动本质上又是一种协作的过程。

第三节　融媒体信息生产流程的变革

一、快速传播与实时编辑

我们在对比传统媒体的萎缩与新媒体的扩张时可以清晰地看到，新媒体较之传统媒体的一个巨大优势就在于其内容传播的时效性上。得益于互联网的开放性特征，网络中的新闻与信息几乎可以毫无阻碍地在第一时间实现自由传递。融媒体在使信息高速传递的同时也对新闻的编辑者提出了更高的要求，即能在获取信息的第一时间编辑处理这些信息，也就是我们提到的实时编辑。

在网络信息传播过程中，信息传递极快。例如，在即时通信软件上，一方发出信息的同时，另一方就能够接收到此信息。所以，在这样的环境下，能否做到实时编辑就成为我们需要探讨的重要话题。

实时编辑中的实时在当前包含四个方面：第一是实时把关，网络中的信息来源错综复杂、真假难辨，这就要求编辑者能够精准有效地定位信息源，辨别信息真伪，对不合格的信息进行屏蔽与删除，避免因把关不严而造成不良影响；第二是实时播发，即对最新鲜、最有价值的信息进行推广与发布；第三是实时调整，根据信息传递的走向与事态的发展进行调整，并且对传播媒介进行合理化的变动，以动态化的信息编辑机制应对高速传递的信息；第四是实时互动，正因为新媒体良好的互动性拉近了信息传播者与用户间的距离、增强了用户的参与性，所以在融媒体信息的编辑中，利用网络评论等形式进行实时互动也是不可或缺的。

在传统媒体时代，我们只看重信息的时新性，单纯强调信息传递的速度，认为最新的信息一定能够获得用户的欢迎。可是，在媒介融合深入发展的今天，单纯的快并不能够满足受众日益增长的文化需求，在实际操作中也要注重时间性向空间性的转变，即关注时新性的同时更要重视信息制作的轻量化，更加便于用户对信息的获取与阅读，真正做到由平面编辑向立体编辑的转变。

传统模式的“两会”报道为单向、线性的层级传播模式，形式多以文字稿、图片新闻为主，不同媒介之间较为封闭，导致新闻资源利用率低，生产耗时长，数量有限。融合模式的“两会”报道采用双向、循环的传播模式，增添了用户反馈的环节，信息采集方式、报道方式、传播渠道也更为多元，时效性大幅提高。近年来，媒体研发新型编辑技术，使用算法监测后台、抓取热点，以用户喜闻乐见的形式多元化、多角度、多形式报道“两会”，生产了大量图表、动画、H5、短视频、小游戏等形式的产品，提高了报道的可读性与互动性。人民日报社重视用户需求，增设“两微一端”，建立全媒体矩阵，并与国外媒体、社交平台开展合作，拓展“两会”新闻传播渠道，针对不同地区、不同年龄的用户推送相应的“两会”报道，一改传统的通稿模式。融合新闻模式下，人民日报社的“两会”报道变化集中表现在配备全媒体工作者、优化信息采集技术、研发数字平台、丰富新闻表现形式、拓宽传播渠道、注重用户体验、不断进行“两会”内容与技术的迭代等方面。这些不仅仅是外在报道形式的简单改变，更反映出传统媒体在融合发展中进行转型的决心，是一种根本性的变革。

二、由碎片化到整合化生产

奥威尔曾经预言，以电脑为主体的传播科技可能会带来人的彻底物化；齐默尔曼也认为，超量的信息消费往往是深藏的心理积淀和社会灾难的一种表征。可见，在现阶段以互联网为主要载体的传播媒介所承载的信息内容已经远远超过了我们的日常所需，“信息爆炸”使信息在传递过程中出现了碎片化倾向。所谓信息的碎片化，就是指人们通过网络传媒了解、阅读的信息与以往相比数量更加巨大，而内容趋向分散，完整的信息被各式各样的分类分解为信息片段。

因此，在融媒体内容生产过程中有必要对碎片化内容进行梳理与整合。整合是指将零散的、有意义或看似无意义的内容通过某种方式重新编排组合到一起，形成系统化的整体。整合后的信息能够通过背景介绍与拓展阅读等方式创造出新的价值与新的内容表达形式。

整合式的信息生产是指运用计算机技术、大数据技术、网络技术和视频多媒体技术，采用集成和深度加工手法，围绕一个事件或者话题来进行的多篇式的综合信息报道。在整合信息生产过程中，需要对信息进行必要的优化配置，使用户能够快速、翔实地了解该信息的来龙去脉。同时，在进行信息编辑的过程中，应该对同一内容进行不同角度的解读和多层次的呈现。

信息的整合化处理需要做到以下几点：便于受众获取；改变内容的同质化倾向，走差异化路线，突出媒体个性；强化媒体"议程设置"功能，强调价值观的引导作用，引领舆论走向；增大信息密度，使受众在接收内容的同时加深对事件的理解。

第四节　融媒体信息生产平台

融媒体环境下，"两微一端"也就是微博、微信公众号、网络内容客户端已经成为媒体融合的标配。通过充分借鉴和利用新媒体平台的传播力量，完善的新媒体传播矩阵能够增强传统媒体的影响力。

一、融媒体信息平台——微博

微博是信息分享、传播以及获取的平台。微博极强的参与性和互动性、碎片化的内容传播和裂变式的传播方式，在媒体融合时代的信息传播中发挥着优势，引领传统媒体逐渐完成转型。新媒体指数等第三方数据通过全面、系统的考察，大致将微博融合产品分为以下两类。

（一）纸媒与微博融合

在新媒体的冲击下，传统媒体也在积极探索各种发展的新路径。通过实名认证官方微博，报纸利用微博的传播力来促进发行和扩散影响，让微博成为报纸传播的一条新路径。在这个信息爆炸但是观点稀缺的时代，报纸的深入性、阐释性依然是它的核心竞争力，具有一定的特色。报纸微博根据不同的时段设置不同的板块，有一定的随机性，但是也有各自的特点。

南方周末的微博开通了一个名为"墨西哥来信"的板块，大大增强了与受众之间的互动性。读者如果对微博中的新闻内容有疑问，可以通过私信来表达自己的困惑。报纸与微博的融合产生了 1+1>2 的传播效果。

杂志微博的媒体融合方式有着与众不同的一面，其具有鲜明的个性特点和明确的受众群体，无论是内容还是形式都以精致、品位为主要特点。比方说《时尚芭莎》，该杂志的内容都是与时尚相关的，而微博是能够吸引用户群的一个大平台，杂志微博在提高知名度的同时也能扩大杂志的影响力，对粉丝进行有效的管理，与意见领袖形成良性的互动。

（二）广播电视媒体与微博融合

无论是粉丝活跃度、网络美誉度还是微博的转发评论阅读量评价，央视微博都实现了成功的转型。微博和其他的新媒体传播媒介一起建立了媒体环境下的新的电视生态系统。微博还是综艺节目非常重要的宣传平台。节目通过微博与目标受众之间的互动吸引流量，节目的粉丝通过转发评论或者在微博参与游戏来进行互动。节目进行内容宣传的同时，还可以与微博合力打造公益活动，进行线上线下融合，引领更多的人参与到公益活动中来。广播电视类节目与微博的这种融合传播不仅扩大了节目的影响力，也塑造了良好的节目品牌。

二、融媒体信息平台——微信公众号

微信公众号于2012年8月一经推出就广受欢迎，是继微博之后又一个非常重要的信息平台。微信公众号可以细分为生活购物类、社区交友类、文化教育类等几个主要的大类，其传播特性可表现在以下三个方面。

（一）语音传播

语音传播是微信独具特色的传播方式，它不同于视频、图片、文字等形式，其灵活便捷的特性拉近了用户之间的距离，又减少了获取信息的成本。如某些微信公众号就将经典和热门的社会知识与书评等用简短的语音形式定期发送，较好地发挥了语音传播的优势。

（二）兴趣引导

微信公众号是一个半封闭的圈子，大多数都是通过兴趣建立起来的。将具有相同兴趣的人聚集在同一个微信公众号，能够把这种情感传播的特性发挥到极致。

（三）媒体试验场

微信公众号是传统媒体进行媒体融合、进入市场、实现媒体转型的一个契机。传统媒体利用微信公众号，结合自身已有的品牌优势和权威性，打造具有趣味性的内容、传播平台与受众反馈平台。

人民日报、新华社、中央电视台、中央人民广播电台等主流媒体纷纷通过微信公众号来拓宽新媒体传播渠道。人民日报、参考消息、南方都市报等的微信公众号都设置了特定的栏目，对内容进行分类，用户可以根据自身的需求点击板块获得相应的内容。人民日报微信公号在推送文章的时间选择和文章内容上都维持比较高的推送率，有利于保持用户的黏性，并通过幽默诙谐的漫画等形式对报纸上原本较为严肃的内容进行了改变，使其更适合微信平台的传播。

三、融媒体信息平台——网络内容客户端

网络内容客户端包括两种。第一种是传统媒体选择入驻第三方平台，如央视新闻是首个使用今日头条客户端流媒体模板的电视媒体，APP 开放平台与央视新闻 24 小时滚动的特点非常契合。同时，用户还可以在每条新闻后面跟进评论以及一键分享至微博、微信等社交媒体。第二种是自建新闻客户端。国内的首个传统媒体客户端是 2009 年上线的南方周末客户端。2010 年进入新闻客户端的 1.0 时代，但是由于缺乏专业的新媒体运营团队和创新思维，发展举步维艰。2014 年开始的 2.0 时代有着“东澎湃、西封面、南并读、北无界、中九派”的说法。在媒体融合发展的大趋势下，平面媒体、广电媒体都可以借助图文、音视频等多种传播方式在不同类型的平台上增强传播效力，最终形成全媒体传播格局。

第五节　媒介融合下内容制作的未来趋势

在技术驱动的媒体融合时代，要彰显新闻人的价值与使命，坚持正确的舆论导向，坚守职业的道德底线，保有独立的信念和精神，重视用户的需求并合理利用算法和技术。本节将探讨媒体该如何平衡融媒体内容制作中的创新与坚守。

一、智能生产与专业把关融合

2019 年全国“两会”期间，国务院总理李克强在《政府工作报告》当中重点提及了人工智能产业的发展，明确提出要深化大数据人工智能的研发应用。互联网的发展已经由最初的网络化演进到今天的智能化，这是社会生产方式和运作方式以及游戏规则的深刻改变，人工智能技术正在重塑传媒业的生态面貌。然而，当前人工智能技术在新闻内容生产领域的应用还处于弱人工智能的阶段，传感器的采集不能保证获取数据与渠道的正确性，机器人记者无法理解新闻事件背后的因果关系，忽略价值取向的智能化场景的构造。因此，越是在技术发展的时代，越是要彰显新闻人的价值与使命。融智能生产与专业把关于一体，才是融媒体发展的必经之路。新闻报道的生产过程包括信息采集和编辑写作两个阶段，下面从这两个方面对智能技术与专业把关、对为什么要融合以及怎样融合进行分析。传统媒体时代，信息的采集完全依赖人力，而在智能化时代，以传感器为载体、大数据处理技术为支撑的传感器技术成为智能采集的一把好手。智能采集就是人类感官的延长，通过帮助调查无法看见、听见与触碰的对象，智能采集获取了更多可量化的数据，不仅便于计算机处理，更为挖掘分析现象背后的事实提供了有力的基础。2017 年，写作机器人接收到武汉长江大桥利用传感器收集到

的数据，0.5 秒内生成新闻稿，成了全国首个传感器通信员。2018 年“两会”期间，新华网引入了配备生物传感器的智能机器人 star，它能实时捕捉观众在收听《政府工作报告》期间的生理变化，再通过人机交互等技术将人类生理的模拟信号转变为机器的数字信号，最后以科学的读心术精确地将观众最真实的情绪曲线以可视化的方式描绘出来，生产出国内首条生理传感新闻，这也是业界首次把情感交互技术应用于时政新闻领域。既然传感器的智能采集有如此的优势，为什么还要人为把关呢？原因就在于这种去人工式的智能采集在数据正确、隐私保护等涉及人文价值的层面拿捏不准分寸，仍需要媒体人进行专业的把关。将智能采集与专业的把关融合，一方面要检验采集设备，不仅要完善硬件和软件在数据收集上的准确性，还要投入人力对数据的真伪进行验证与把关，将可能的数据误差降到最低；另一方面要结合专业和经验对数据进行利用，利用传感器进行智能采集生成的新闻不应被定义为纯数据的新闻，而应与其他多种新闻报道方式和呈现方式相结合，让数据为新闻故事赋予广度和深度。

二、智能编辑与专业把关融合

新闻编辑制作是新闻生产链条上的重要环节，人工智能技术的发展让机器写作成为现实，这是科技进步的结果，也是传媒发展的现实需求。2014 年 3 月 18 日，《洛杉矶时报》推出的地震预报机器人成为最先报道南加州地震的记者，震惊新闻界。随后，各大媒体纷纷引入机器新闻写作，辅助新闻报道。如目前腾讯体育就在使用写作机器人，对于各类体育赛事，不仅能够瞬间生成新闻稿，而且产量巨大，辅助媒体人实现了对冷门比赛的全报道、对热门比赛的重点报道，准确、客观、时效性强、信息量大，这些都是写作机器人的优点。然而，在新闻编辑写作领域，媒体机构应该从文本样式报道温度和深度的层面对机器人写作加以改良，加强专业的把关，才能真正使智能编辑实现良性发展。那么，怎么将智能编辑与专业的把关相融合呢？一方面，快速生成与灵活调整相融合。机器人写稿以速度见长，但通常会因为套用事先设定好的文本模式而出现机械化的填充，最终阻碍了新闻生产的创新性。记者和编辑可以灵活把关，根据文章的要求采用倒叙等多元写作手法加以改写，与机器人共同致力于撰写灵动、快速的新闻作品。另一方面，理性分析与感性洞察相融合。机器人写作在新闻中的情感、价值观和深度分析构建等层面具有很大的局限性，这就要求记者和编辑通过自身专业能力、对舆论环境和工作重点的洞察力以及透过现象看本质的分析能力，协助机器人共同完成有温度、有大局观的新闻报道。

第六节　转型与升级：媒介融合战略的启示

各个行业应用领域的深度融合，也为融合新闻的未来发展提供了巨大的想象空间。本节探讨媒介融合的大环境下，媒介融合的形态、创新与行业应用相融合的几个发展趋势。

融合内容生产的未来形态与创新主要体现在三个方面，即场景化、智能化与多平台化。

一、场景化

传统媒体时代，信息生产主要通过文字、图片、音频和视频与受众构建起新的事实内容，甚至是客观环境。而近年来，随着虚拟现实（VR）、技术增强（AR）的发展，媒体开始尝试利用这些技术生产沉浸式新闻，打造身临其境的在场感。这些技术的应用使受众感到置身于新闻报道环境的现实中，使新闻报道场景与事实全方位贴合，强化受众的客观认知。例如2019年"两会"期间，人民日报新媒体中心首次将VR投入新闻报道，持续进行全景直播，提供新闻中心和人民大会堂两种场景的选择，带领观众实景看"两会"现场，将严肃的会场以轻松活泼的方式呈现给观众，助力良性的互动。

二、智能化

从融合新闻内容的制作过程中，我们可以感受到当下传播模式的智能化趋向。利用丰富和优化的传感器技术采集新闻信息，在突发事件直播、灾难性报道等新闻中发挥着越来越重要的作用。在传统媒体的信息采集中，几乎所有的信息来源都出自亲身探查以及他人之口。但是在各方面因素的影响下，新闻当事人或目击者向记者叙述时会出现偏差，正是这种偏差导致了新闻真实性的缺失。另外，新闻记者专业水平和认知能力的欠缺也使新闻信息在素材的采集中不甚完备。传感器新闻的出现正好弥补了这一领域的不足。所谓传感器新闻是基于传感器进行信息采集、以数据处理技术为支撑的新的新闻生产模式。我们每天接触的天气预报，就是气象卫星等传感器及遥感技术通过收集数据做出的报道。未来传感器的种类和应用领域将进一步丰富，传感器将成为连接器，把各种对象产生的数据输送给媒体，从而不断拓展新闻生产的思路与空间。

智能机器人改写了新闻稿件只能由人撰写的历史，机器写作创新了新闻编写方式。2019年，科学新闻写作机器人"小柯"正式上岗，它是首个跨语言科学新闻写作机器人，利用原创与二次创作相结合的方式生成科学新闻。其创新之处就在于通过融合领域知识进行语句智能筛选，从而选择适合大众理解的语句，同时为科学内容生产领域提升了语句的翻译质量，改善了该领域机器翻译效果。

在新闻内容的分发上，人工智能技术也为融合新闻产品找到了最佳的落脚点，提供了可行路径。聪明的算法有利于用户黏性的增强。如今已经有不少资讯聚合平台正在积极改进算法模型，不断加大人工编辑审核的力度，优化算法推荐。比如一篇稿子进入后台，首先要经过反垃圾算法模块的过滤，再由编辑和算法工程师为文章分类。文章就被按照标签分配到热点、本地等模块当中，编辑挑出来的好文章还会进入到精品模块，由编辑和算法工程师共同确定文章的排序。

三、多平台化

随着媒介技术的发展，新闻得以在多个平台进行分发，多屏消费能够为用户提供各种媒介形态的便利，实现有效的互补。人们在观看电视的同时使用智能手机扫描电视屏幕上的二维码，就能查看相关的网络内容并参与互动。不同平台发布的新闻信息特点不同。文字、图片、音频、视频已经实现了分类筛选、整合与深度加工，打造了一个舒适的信息消费环境，使平台中的内容更适应融合新闻的行业应用。当前，新闻媒体已经把服务触角延伸至各行各业，提供基于媒体资源技术和经验的信息服务。财经金融领域、医疗健康领域以及政务领域就是目前与媒介融合最为密切的三个领域。

财经金融类的媒体平台给人们的经济生活提供了诸多的便利，其主要作用是为广大民众展现当前的经济形势、分析经济现象、辅助民众做出经济决策。金融媒体具有多样性，“财新传媒”“第一财经”和“21 世纪经济报道”等不断进入公众视野，为大众提供基于新媒体的多样化的服务。“财新周刊”和“财新网”已经成为国内财经类报道的权威信息来源，建立了坚实的品牌和受众基础。而在向移动互联网转型的过程中，财新打造了财经 APP“财经周刊”，同样取得了良好的市场反响，目前下载量已经接近 2000 万，成为核心用户群进行新闻消费的一个主要渠道。该 APP 还上线了知识付费课程，这些课程大多集中在财经、投资等专业性非常强的内容领域。

医疗健康类媒体平台中，“丁香医生”APP 可以说是一个非常典型的案例。它充分利用“双微一抖”平台，关注用户健康需求，提供关于身心健康的优质内容，兼顾科学化与精确化，筛选与分享贴近用户生活的健康内容，比如日常疾病和饮食生活习惯、母婴和儿童健康、常见疾病和防治等。它以优质的内容、丰富的形式如漫画解读医学知识等提高读者的黏性，巩固忠实用户群，形成了良性循环的健康传播效果。

政务新媒体顺应融合大潮，活跃于多个社交网络平台，在推进政务公开、引导网络舆论、加强政民互动等方面发挥着不可替代的作用。有着“指尖上的网上政府”之称的“粤省事”微信公众号及小程序，就是其中的代表。“粤省事”致力于打造跨地市、跨部门的移动化民生服务新格局，以用户体验为核心，在功能设计上弱化了传统政务信息发布的比重，采用信息发布办理指南的推送模式，在确定选题后设置多种场景来举例行文，以增加内容的亲切感。平台融合为“粤省事”打响品牌、广泛传播起到了非常大的助推作用。

在媒介形态创新与行业应用的融合中，前者为后者提供了基础，而后者为前者提供了发展空间。例如，数据可视化使财经类的媒体在报道相关新闻时能够直观地呈现经营产品的具体数据，让大众了解并充分掌握自己的需求。相应的经济专栏与读者社群能够为用户创造交流的空间，同时为监测专题资讯流量、捕捉新闻热点做必要的准备。再如，政务新媒体促进了政府部门的开放与透明，其与人民直接对话，既有利于提升公民对政府的信任度，又实现了引导群众、服务群众的目标。

第十章 图文与出版事业

第一节 图文传播的特性

在我国，网络图文报道的历史可以追溯到1998年新浪网的前身四通利方对当年法国世界杯的报道。随后新浪网成立的时政新闻频道也就是新闻中心的前身，引领了中国商业门户网站的发展。20世纪90年代，全球媒介政策层面也开始将互联网与新闻传播工作关联起来，要求网络承担起第四媒体的职责。图文报道是报纸上最常见的一种报道形式。广义上的图文报道指的是包括文字与图片的报道，通过两者的创意组合实现更好的传播效果。狭义上的图文报道主要有两种方式：第一种是全屏图片式，通常包含部分或者是完整引语，用较大的字体将其制作成图像，铺满整个报纸版面，这种方式主要是为了突出书面报道中的核心信息；第二种是要点列表式，也就是在用图形传递信息时列表解释要点或等级的总结性报道，包括来自评价者、新闻官员和消费者的评论。

一、网络图文内容的写作特点

在融合媒体时代，媒体形式的相互组合和穿插对传统媒体相对单一和滞缓的传播方式以及扁平化的呈现方式造成了极大的冲击。另外，多种媒体的参与也对媒体内容的整合有较强的影响。在互联网的媒介环境下，文字与图片乃至音频与视频有了更加丰富多样的组合，这也体现了融合的宗旨，即新闻故事的讲述不应当局限于某一种形式。1994年，英国《每日电讯报》最早在网络上发表新闻报道。2006年6月，英国《卫报》率先发布了“网络优先”的政策，要求所有采写的稿件优先在网络上发布，然后才能在纸质版上刊出。尽管在当时的媒介条件和市场条件下，网络新闻报道的赢利模式尚不明朗，但是将网络发布作为首要目的具有极为重要的象征意义。同时，上述两报的做法也和后续的媒体终端发展的趋势不谋而合。但在融合内容制作的萌芽时期，中国的网络图文报道并没有随世界大势获得快速发展，主要原因是受到传统思维和我国媒体单位条块化管理结构的影响，诸多新闻媒体将网络内容视为竞争者而不是互补者。在这种观念的引导下，网络图文报道常常只是纸质版新闻报道的附庸。在网络报道的“试水期”，我国报纸的纸质版和网络版的内容完全一样，网络版简单地搬运着纸质版的内容。在这样的操作背景下，不但纸媒的收入没有增长，而且受制于互联网的免费特性，还导致其销量严重下滑，为本就不堪重负的纸媒又添重担。

图 10-1　全屏图片式封面

图 10-2　要点列表式封面

我们通过一个具体的案例来看同样一篇新闻报道在报纸端和网络端的差异。

报纸端　华盛顿特区的大都会区，昨天迎来了 15 英寸的降雪，加上已经在地面上的 20 英寸的降雪，让当地成千上万户居民断电的问题雪上加霜。气象学家说，两周以来的第二次大暴风雪导致了首都杜勒斯和里根机场关闭，预计本周晚些时候会有更恶劣的天气。根据预测，这场风暴还会给上周幸免于此的纽约以及远至波士顿的东海岸其他主要城市带来严重的灾难。据称，最近的这场风暴有可能会打破所有累积的纪录。国家气象局恶劣天气专家写了一本关于 20 世纪最恶劣的冬季风暴的书，他说：“这场风暴很有可能是历史性的，尤其是在马里兰—华盛顿特区。”与此同时，周二暂停办公，联邦政府连续两天关闭也让该地区的居民倍感挫败。

网络端　冬季大风暴雪上加霜，连续两个星期华盛顿遭受降雪重创，如果你生活在美国中部或附近的任何地方，那就束手待毙吧。气象学家说，仅仅 2 月这一个月的寒冷天气就有可能打破历年来所有的降雪纪录。许多人对上周华盛顿 20 英寸的降雪感到不安。人们越来越担心停暖断电，自上周末的暴风雪以来，一些居民已经停暖断电。

许多企业和联邦政府办公室无法开展正常的商业活动，也无法正常办公，大多数都在周二关闭。今天，该地区的两个主要机场也是关闭的。

从上述案例中我们可以看出，纸媒的语言结构中更加频繁地出现长句，给出更多的细节，倾向于使用直接引语；而网络媒体的语言表达中所涉及的细节较少，倾向于使用转述。由此看来，网络图文报道主要有以下几个要素：第一，标题。在网络环境下，受众对文本的关注更加倾向于浏览，所以网络内容的标题要能够吸引受众的注意力，让受众看到标题后产生画面感。需要注意的是，标题虽然在“引流”上具有较强的传播效果，但是也要保证其中各项要素的真实性，坚决杜绝“标题党”现象的产生。第二，导语。用来总结故事的主要活动，用案例或者轻松活泼的话语引领读者进入故事。第三，概要。简单介绍一下故事的主要细节。

二、 报道的形式特征

第一，简洁性。网络读者更加习惯于快速获取信息，相对于精细阅读，他们更倾向于浏览。有研究发现，读者在一篇报道上停留的时间通常不超过两分钟，在这种情况下，文章的简洁性必不可少。我们在不少网页或 APP 阅读报道时会发现，作者常常在文章起始处提示文章的字数和大致的阅读时间，以便读者能够对文章有整体把握。

让新闻更“精准”！大数据带给英国媒体的改变和成长

2020-03-25 10:59

全文共 **3961**字

阅读大约需30分钟

被誉为“大数据商业应用第一人”的英国作家维克托·迈尔·舍恩伯格在《大数据时代》一书中说，大数据时代最大的转变就是，放弃对因果关系的渴求，取而代之的是关注社会的各类关系。即只要知道“是什么”，而不需要知道“为什么”。

但清华大学新闻与传播学院教授刘建明却不这么认为。他犀利地指出，这个结论是荒谬的，“实际上，大数据分析平台不仅让人知道‘是什么’，而且有时还让人知道‘为什么’，否则就没有重大的工具性价值，对新闻媒体尤其如此。”[1]

英国媒体已经敏锐地感知到，数据是要拿来用的，甚至还可以“讲故事”。比如，如何通过大数据的“眼睛”精准了解受众；如何运用数据分析高效产出内容；如何使记者更好地掌握数据并加快成长。

图 10-3　显示字数和阅读时间的文章抬头

第二，时效性。为了体现网络强大的时效性特征，网络报道经常使用现在时态，告诉读者正在发生的事情。传统媒体时代，各大媒体虽然十分重视时效性，但受制于媒介技术的壁垒，只能做到相对的“紧抓时效”。如记者在早上6点采访的新闻由于错过了制版和刊印的时间，在第二天的报纸中才能与读者见面。事实上，长达近24小时的时间已经对该新闻的时效性产生了巨大的削弱。而在融合媒体环境下，信息内容的传递相较于传统媒体而言具备超强的时效性，信息传递的主要载体是互联网，快速、精准、全天候的特征使其在对新近发生的事实的传递上可以做到几乎无延迟的传播。在这种传播时效下，受众对信息量有了更高的要求，从而使得对媒体内容的时效性也有了更高的要求。如今，以央视新闻、澎湃新闻、华西都市报为代表的媒体已经在各内容平台中开辟了新闻的网络直播入口，用户只需要点击入口就可以看到新闻的实时直播，将时效性发挥到了“极致”。

第三，对话性。网络图文报道不需要事无巨细的铺垫，而是要用一句话来交代新闻的5W要素。网络图文报道常常采用读者熟悉的语调，邀请读者去分享这个故事，而不仅仅是阅读。

在互联网信息报道中，内容节奏快、针对性强，通常用几句话就能够快速使读者进入传播者希望营造的信息环境中，进而使读者对于传播者所传达的内容产生共鸣，达到传播者所预期的传播效果。

第四，巧用标点。不同于报纸讲故事经常使用逗号，网络图文报道经常使用句号。这样做有两个目的，一是保持句子简短，二是以最少的中断来维持读者的注意力。实际上，每个句子都包含一个单一的思想，复杂的标点符号会带来复杂的句子。

第五，互动性。互动性已经成为网络新闻的必备要素之一，它不仅是网页设计的核心目的，也逐渐成为新闻工作者新的惯例。目前，网络新闻中常常用到的互动方式有：(1)内容提示。它有助于我们获得内容的详细信息，比如我们可以悬停或者是单击某一要素，以获得更多的信息。(2)比对。它可以显示相关条目，比如我们单击某一元素，可以获得与其相似的元素来进行比较。(3)加亮。突出并追踪某一元素，这在动画中常常会用到。(4)筛选。有条件地显示某些内容，比如我们从下拉菜单中选择某个类别，如国家或者是地区。(5)缩小或放大。通过缩小或放大显示或多或少的细节探索。(6)查询。输入查询，可以查看其他内容。(7)引导叙事。比如点击步进器按钮，引导读者进入故事下一个章节。(8)超链接。超链接是网络图文报道中常用的互动方式，它通常位于文本内部，尤其是当链接内容与文本内容紧密关联或者是位于文本的末端时，这种情况一般是在链接内容为文本提供补充信息时出现。

第二节　图文与纸媒

一、纸媒中文字的特点

在人类传播媒体的发展史上，文字传播可谓是继语言后的第二次飞跃，脱胎于印刷技术的各类纸媒则构成了第三次飞跃。作为最先登上大众传播舞台的媒体形式，纸媒在传播信息时对文字有很强的依赖性。同时，纸媒在发展中与文字的紧密联系使得文字在纸媒中产生了一些独有特征。

（一）精准性

在实际操作中，新闻文字的精准性主要体现在以下五个方面：

1. 时间、地点、外貌、颜色等方面，新闻文字要做到和被描述对象尽可能达成一致；尽量避免因描述不准确使受众的理解与现实存在产生较大的偏离。

2. 对事物的本质属性与特点，也就是被描述对象的“质”的阐释尽量避免偏差。

3. 对事物的数量、程度，也就是“量”的把握精确无误。

4. 排除新闻文字中的主观臆断。

5. 避免使用可能产生歧义的词汇和句子。

（二）生动性

在新闻文字的呈现中，我们要求其不仅仅具有精准性的特点，还要兼顾生动性。

按照手法和主观成分的不同，描写可分为细描和白描两种类型。

细描也称工笔，是一种精细刻绘、不吝辞藻的描写方法。它比较注重场景感和修饰感，利用作者自身的情感和较为华丽的语言对客观事物进行较为主观的描绘。细描经常使用形容词与副词，各种修辞手法在细描的表达中也比较常见。

新闻作品更多地使用白描。白描指不加渲染地描画出客观事物形象的描写方法。例如2017年7月19日刊登在《中国煤矿报》人物版的文章《徐前凯：一个箭步冲上前救回老人一条命》中，作者在对徐前凯的见义勇为行为的表现上就使用了白描的手法，生动而不夸张地呈现了其义举：“徐前凯像往常一样，站在列车的前端瞭望。突然，他发现一名老人蹿上铁道，就在火车前不远的地方。”这一段的白描关键词有“站、瞭望、蹿上”。

（三）通俗性

新闻文字的通俗性主要体现在以下两个方面：

首先，便于受众阅读。

新闻受众的背景不同，理解能力也参差不齐，所以新闻文字的表达要尽可能做到通俗易懂，便于受众理解。

美联社在发给记者的《写作手册》中提出这样的要求：尽量使用常用词汇。美联社的工作并非在于扩大读者的词汇量，如果不得不使用读者可能不熟悉的词，那就必须对该词作解释。①

现阶段不少媒体都开始利用大数据技术对新闻内容的易读性展开研究，并从专有

---

① 李良荣：《西方新闻事业概论》，203页，上海，复旦大学出版社，2019。选入本书时有改动。

名词、长句与内容的通俗化表达等几个维度列出易读性公式。借助大数据技术，作为内容生产者的新闻工作者可以直观地观察到读者的阅读速度、阅读习惯，有利于在高新技术的辅助下生产出受众喜闻乐见的新闻报道。除了对文字的通俗性进行了深入的研究，新闻工作者还试图“开辟”图文内容通俗化表达的新战场，“网络长图文”正是在这样的媒体大环境中应运而生的。利用“网络长图文”生动形象的漫画式表达，新闻工作者为受众创造了一个轻松愉悦的阅读新闻内容的氛围。受众由被动接收新闻转为主动获取新闻，通俗化的表达手法“功不可没”。

其次，善于吸收通俗化的语言表达。

通俗化、大众化的语言表达是受众喜闻乐见的语言呈现形式，不少通俗化的语言在新闻内容中起到了画龙点睛的作用。2010 年 11 月 10 日，人民日报在头版头条刊登了报道《江苏“给力”文化强省》，“给力”一词作为网络通俗性词汇正式登上了新闻标题的“大雅之堂”。我们不难看到，“给力”的出现使整个新闻标题更具活力，让严肃的语言表达变得亲切起来。

现在，许多新闻报道中加入了不少通俗化表达，在新闻标题与正文中使用歇后语等就是常用的通俗化表达方式。

需要说明的是，我们只是强调要学习大众语言的精华，并不是要求大家都用口语写作。新闻毕竟不是照搬日常生活，也不能照搬日常语言。新闻写作永远不能忽视对语言的提炼。

二、文字表达的“五个避免”

（一）避免语言空洞

新闻稿件的写作可谓“一字千金”，其中的每一个字、每一句话都应该言之有物。但在实际的新闻操作中，不少新闻工作者没有秉持好这一原则，制作出了不少空洞无物、令人感觉乏味的新闻内容。

（二）避免逻辑混乱

纸媒内容的写作主要依赖文字，文字表达中要注意语法、逻辑、修辞。面对逻辑混乱的文章，受众在阅读时常常被搞得一头雾水。在这样的理解环境下，新闻的传播效果必然大打折扣。

（三）避免出现病句

融合媒体时代，时效性是媒体人无法避开的话题，但是一些新闻工作者因为追求快而导致稿件中出现病句。例如下面这个句子：“会议指出，我国是老年人口最多的国家，达到近两亿人，我国社会的老龄化发展迅速。”我们能够看到，句子中的“达到”和“近”之间有着明显的对立关系，我国老年人口的数量是否达到两亿在文中并没有得到清晰化的表述。像这样的病句在新闻稿件中时有出现，一些新闻稿件中还出现过歧义现象，不同读者对新闻内容的理解相去甚远。病句使新闻表达本应具有的精准性大打折扣。

（四）避免语言含糊

语言含糊、笼统，让人无法确切了解新闻内容，这也是新闻文字的大忌。新闻文字的特点是具体、准确、简练，而含糊的语言会使读者无法了解新闻的真实内容，达不到新闻传播应有的效果。

（五）避免无谓堆砌

在新闻报道的语言使用上，有时能见到“胜利凯旋归来”这样的说法，其中“凯”就是胜利，“旋”就是归来，等于把相同的意思说了两遍。这就出现了语言的堆砌问题。语言的无谓堆砌会使读者在阅读中产生如鲠在喉之感，阅读体验明显变差。并且，这样的语言堆砌也是对新闻空间的浪费。在如今“寸土寸金”的新闻空间里，无谓堆砌的现象是需要避免的。

除简单的语意重复之外，有时还会有罗列细节和数字的现象，这也是语言的堆砌。随着数据新闻在新闻实践中的广泛应用，数字与数据成为新闻文字中不可或缺的组成部分，也成为对于新闻中心思想的支撑。数据新闻中的数据使用要经过深思熟虑，新闻工作者不仅要保证数据的真实可靠，还要做到对数据精挑细选。每条数据都要用在“刀刃”上，发挥其特有的作用。

三、纸媒中图片的重要性

为了更好地迎合受众的阅读需求，越来越多的纸媒开始关注和重视图片的使用。一张优秀的新闻图片很多时候能够具有深刻的含义，让受众在阅读过程中的体验感更强。

（一）新闻图片的传播优势分析

作为受众，翻开报纸首先看到的就是标题和图片，一张好的图片比标题更加吸引读者的眼球。因此，在这样的情况下，受众对于报纸的阅读也会被图片吸引。图片对于信息的展示更加直观、生动、形象，一张新闻图片能够更加突出地展示出新闻所要表达的新闻元素。所以，受众在看到新闻图片的同时，对于其中所展现出的新闻元素、人物、场景等都将会有一个比较直观的认识。在此基础上，受众会进一步通过阅读标题和图片配文来深入了解新闻所要表达的内容。

相比于文字，图片在传播方面有一定的优势。很多时候，一张优秀的新闻图片传递出的不仅仅是新闻所要表达的基本元素的内容，更是一种感情。看图时，每个人都会因为个人的经历、思想等的不同而对图片所传递的情感有不一样的认识。不同于文字传播内容的针对性，图片传播中的情感表达空间更大。读者在深入阅读一篇图片新闻时，对图片所传递的情感可以有自己的发挥和深入的理解。这种信息传播的方式和与受众的互动是其他很多新闻表现形式所不具备的。因此，相比于其他传播形式而言，图片传播能够更进一步地给受众提供情感释放的空间和思想传播的途径。

（二）新闻图片强化了新闻的传播效果

从传播效果的角度来讲，新闻图片往往能够比其他方式更加深刻地实现传播效果。感官上带来的感受往往能够对一个人产生比较大的影响。新闻图片记录的是正在发生的新闻事实，这种事实不是摆拍，也没有经过事先的排练和安排，随时发生、随时记录。新闻图片的这种特性非常恰当地遵循了新闻报道的真实性和客观性原则，这也是它更受读者欢迎的一个原因。违背了真实性，新闻就失去了其最本质的内容。所以，新闻图片的设计在报纸中也发挥着一定的传播效果。

现代社会中，人们常说"有图有真相"，虽然很多时候这句话常被人们戏谑地挂在嘴边，但是也充分证明了一点，那就是人们对于真相的认知往往来源于现场直观的图片。图片能够让人亲眼看到，这种信息传播的说服力更强。

新闻图片能够更直观地对新闻事实进行传播，人们热议的很多新闻信息往往是通过图片的方式来传播的，这使得信息的内容更加真实可靠，整体的新闻效果也强化了。

（三）新闻图片在报纸版面设计方面发挥着重要作用

不同于当前的很多网络媒体，报纸这种传统的媒体形式在新闻信息传播过程中依然存在着版面设计限制的问题。在有限的版面中，文字和图片等信息内容的排版设计就成为报纸设计中的一个重要问题。如何更好地设计出更加美观的版面，使每天的新闻信息安排能够符合受众的阅读要求等，给报纸的版面设计带来不小的难题。

图片在报纸的版面设计中发挥着十分重要的作用，它能够使版面美观。同时，图片的安排和设计能够占据一定的版面，在新闻数量不是很多的一些时期，也能够帮助编辑解决"稿荒"的难题。

从视觉的感受上来讲，增加一些图片能够帮助受众更好地理解新闻事实，同时减少单纯的文字版面设计给读者带来的视觉疲劳，提升报纸阅读的轻松感。从报纸设计的角度来讲，版面安排中图片的存在能够发挥一定的协调作用，让整个版面更加协调美观，同时也照顾了受众的阅读情绪和阅读体验感。

图片已不再是简单的新闻形式和点缀版面的手段，它是吸引读者注意力、提高新闻报道现场感和贴近性的一个亮点，也是增强报纸市场竞争力的一大要素。未来，在报纸的版面设计和新闻采访中也要注重对图片的使用，让图片更好地服务于报纸的设计和新闻的发布。

第三节　图文与屏幕

网络图文报道在内容和形式上的特色，是针对单篇新闻报道而言的。和报纸编排一样，网络中的图文关系也大有讲究，如果我们能够合理编排与设计，就会让读者拥有最佳的阅读体验。

1998年，新浪新闻创造了中国早期网络图文报道的标准样式——首页长长的滚动更新的排列方式。目前，新闻网站的结构方式主要有两种。第一种是中国网站常用的，导读页上内容广泛，标题数量较多，一般长达多个页面，方便读者快速获取主要信息。第二种则是以美国网站为主要代表，导读页上标题数量相对较少，通常只有3～5个标题及内容摘要，读者可以点击感兴趣的新闻链接进入相关页面进行阅读。

网络图文的编排与设计并非为了酷炫，而是旨在帮助读者了解最新报道、发现最重要的新闻以及感兴趣的报道。波因特研究所提出了网页设计需要遵循的三个原则和六种方式，这对于网络图文报道来说同样适用。

一、网络图文报道的三个原则

1. 简单胜于复杂

追求简单是确保良好效果的最佳方式之一，这一原则也被表述为KISS(keep it short and simple)原则。也就是以用户为中心，考虑到受众的阅读便利和媒介的最佳使用原则，在图形中嵌入相关性最强并且易于被发现的信息。同时需要避免冗长单一的文本，适当增加文本选项标题、内部链接、粗体字等辅助性工具和元素。新闻图片的使用，需要明确交代信息来源，对新闻事实进行双重核查或查证，让图片和文字中的信息相互印证，以便受众建立起信息之间的关联。

2. 保持稳定配色方案和字体

字体颜色、大小一旦固定，就应当始终如一地采用，页面之间或屏幕之间的一致性尤为重要。在具体的图文报道中同样要采用此种惯例，图表的使用也应当保持较为一致的布局。眼动追踪研究发现，当报道内容呈现出特定的结构时，使用布局一致的图表，可以帮助读者更容易地跳过他们不想看的部分、专注于他们感兴趣的内容。同时，较为稳定、一致的图文有助于读者在阅读时保持情绪的长久稳定。而过分跳跃的字体内容如果被用于较长篇幅的文章中或频繁穿插于整体内容中，则会导致阅读者在阅读过程中的情绪发生波动，不利于阅读行为的持续。

3. 鲜明的主张

每一项设计的选择都会向读者传递关于新闻报道、新闻组织和作者自己的主张。

二、网络图文报道的六种方式

1. 使用网格

在网页设计中，网格是一组不可见的等宽列，页面元素沿列对齐。大多数网格使用12列、16列或者24列，为网页文章提供结构和对齐方式，有助于读者浏览页面内容。通过设计跨越多个列的内容，新闻报道在视觉上具有了很大的灵活性。

2. 建立优先级

通过改变界面元素大小、颜色和位置来确定新闻报道文章阅读的优先级，设计者可以为图文报道的内容建立层次结构。在纸质版中，版面位置和大幅图片等可以为新闻报道确定等级。

3. 用色彩传达意义

颜色可以成为有效强化内容和情绪的手段，尤其是在一些重要时刻。比如，在2019年国庆70周年的专题报道中，很多报纸和网站都将版面颜色改成红色等明亮艳丽的色彩，以表达对祖国的祝福。

4. 善用留白

留白有助于建立不同元素之间的关系，也是追求简单的最佳方式之一。留白的出现有助于吸引读者的注意力，从而使媒体内容产生较好的传播效果。

5. 合理调控图片对比度

通过对比来确定元素的重要性是网页设计中常用到的方法。受极简主义潮流影响，近年来诸多网站开始采用灰度界面，因为它让页面看起来复古而时尚，但实际上这种设计方式可能破坏图文编排中的对比原则。对比可以通过很多方式创造，比如颜色、字体、大小、形状等。在图文报道中，我们经常见到将文本放在背景图像上的编排方式。当图片与用户当前的阅读任务相关时，人们会被携带信息的照片所吸引，它可以引起人们的情绪反应，并促使人们采取某种行动。在这种情况下，极简主义的低对比度降低了报道的易读性，不利于新闻元素突出。我们需要提供足够的对比度来确保文本的清晰度，其比例至少应当是4.5：1。

6. 之字形布局还是对齐布局

策划新闻专题时，面对一系列图文报道，我们经常会遇到版面的搭配问题和布局问题。在传统模式中，对齐布局较为常见，也就是所有的文字在页面的一侧，而图像在另外一侧。近年来页面设计中也经常出现之字形布局，文字和图像的位置相互交替，并且似乎更受欢迎，它打破了布局的单调，增加了页面的视觉趣味。那么，哪种布局更加有效呢？眼动追踪研究表明，当图像本身含有信息价值时，不论是哪种布局都不会影响用户的观看；而当图像并没有实质信息时，用户会倾向于直接忽略。之字形布局会分散用户的注意力，从而使其在无意中发现这些图像。因此，图文如何布局首先应当取决于报道内容以及图像是否包含了实质信息，不需要为了特定的布局而使用图像。如果图像只是起到修饰作用，那么最好采用对齐布局，因为用户更倾向于忽略这些信息，它有助于用户快速浏览，降低阅读的时间成本和认知负荷。另外，最重要的信息内容应当放在页面第一行的左侧，装饰性的图像不要高于相应的文字内容。

以上，我们从网络图文报道的编排与设计角度为大家讲述了如何为图文报道谋篇布局。图文编排并非随意为之，背后有着大量的科学认知基础。如果我们能够对图文报道的编排与设计有所了解，就能够在新闻实战中避免一些低级错误。

第四节　移动互联网图文新特征

图文的表现极具张力，下面我们就从图文两者的关系出发，探讨网络图文报道的叙事策略。

一、融合新闻报道中图文的四种关系

图文在网络上的基本形式与在纸媒和电视上相似，但是分类更加细化。为了避免创作中的模糊性，研究者将网络图文报道分为叙述性、引导性、探索性。

叙述性的图文报道是以讲故事的方式向读者提供关于事件本质的报道，致力于让读者产生同感。这类报道中的图片包含的互动成分比较少，它接近于广播电视图表，虽然提供的是相对被动的视觉体验，但是可以有效地将报道中的文字转化为具象可视的画面。

引导性的图文报道给每个读者提供的是一个看到步骤和进程的机会，引导读者一步步了解报道本质，具有高度互动性的特征。比如获得第 29 届中国新闻奖一等奖的作品《幸福照相馆》，以时间轴的方式展现了 1978 年改革开放至今普通大众生活环境的巨大变迁。这则报道融合了视频、音频、文字、图像和背景音乐，随着一幅幅照片的呈现，读者可以选择在任意一年生成自己具有年代感的照片，深入阅读和了解。

探索性的图文报道倾向于更深层次地解释对象，它包含了多样的图表、音频、视频剪辑以及幻灯片等，具有高度的互动性和非线性特征。读者可以自己选择阅读的顺序进行探索，并且赋予其意义。

2018 年，“谷雨”可视化实验室和“数可视”联合发布了数据可视性新闻《俯看 2207 个火车站的十年进化》，通过对我国 2207 个火车站数据的可视化处理，制作出了精致而鲜活的图文交互形式，以图为例，按照年代排列，鼠标滑动之处会跳出相应的文本对核心内容加以解释，信息量极为丰富。在这种情况下，图表不再只是新闻内容的附庸和陪衬，而真正发挥着独立表意的作用。

二、网络图文报道的叙事策略

在网络图文报道的叙事策略中，眼动追踪研究常常能够给予参考性的建议。波因特研究所和斯坦福大学进行了多项实验，致力于研究人们如何阅读网络文章。他们发现人们在浏览网站时首先会看文本和摘要，而不是图片；标题和导语中的前三个词最能吸引网络读者。从 20 世纪 90 年代开始，网络可用性研究专家尼尔森就在已有的眼动追踪研究的基础上对如何写作网络新闻报道给出了大量建议。不同的读者有不同的阅读方式，作为新闻记者，必须学会因时因地的写作，而不拘泥于某一种形式。

在网络文字上，尼尔森团队所给出的建议是：当作者使用议事作为开头的时候，需要提供一个清晰的焦点陈述或者是故事的核心列表，读者要知道这个故事是关于什么的。完整而详细阅读报道的人很少，因此作者需要学会为大多数浏览型读者写作，保持句子简明扼要，避免长句和复合句。如果故事是条目化的信息，作者需要学会使用项目符号列表来帮助读者浏览，要在报道的前两段交代最重要的信息。采用第二人称的方式说话，直截了当地写，同时要用最通俗的语言，力求做到每个段落只讲述一个观点，保持段落简短。

第五节　网络图文报道的多媒体形态

在前面我们谈到网络图文报道是我们最熟悉的媒体报道形式之一，在漫长的新闻实践中，它已然成为新闻生产的惯例，但也限制了人们想象的空间。只有勇于打破常规的内容生产平台和管理系统的桎梏，才能够在新闻类型艺术审美和页面布局上有所创新。

传统媒体走进互联网主要经过了三个阶段。第一阶段是将印刷版直接搬上网络，除了版面设计稍有不同，内容方面与印刷版并没有太大差异。在媒介融合这一概念推广与实践初期，各类传统媒体均对新媒体产生了较强的探索欲。但是，如何做到媒介融合、媒介融合的具体形态应该如何，这样的问题摆在了传统媒体面前。2012 年，国内不少报纸进行了由实体媒介向数字媒介转变的探索，并于同年创办了网络版。这种网络版的报纸只不过是传统报纸的“克隆版”，其内容的表现、语言的运用与纸质版几乎完全一致，不少报纸的网络版其实就是将扫描好的报纸上传到网页中供读者阅读。由此可见，当时传统媒体对融媒体业务的尝试是粗放的，也是略显幼稚的。但是不可否认的是，在当时的技术环境以及思维模式的制约下，传统媒体向融媒体领域的拓展已经显示出了他们对于新媒体领域的好奇与重视。同一年，微信公众平台的推出为传统媒体向融媒体内容市场的进军打下了坚实的基础。

第二阶段，网络媒介开始利用网络传播的特点进行内容和形式的取舍。2013 年对于媒体从业者来说是具有里程碑意义的一年。在这一年，我国工信部向中国移动、中国联通和中国电信三家电信运营商发放了 4G 运营牌照。在这样的历史环境下，我国出现了自媒体的发展趋势。也正是这样的趋势给传统媒体的发展敲响了警钟，传统媒体对于媒体资源的“垄断”就此结束，公众可以利用几乎没有成本的互联网传达自己的思想、发布自己的声音。这样的趋势也给传统媒体提供了跨越式发展的机遇。基于之前将新闻内容简单粗暴地向互联网投放的经验，不少传统媒体开始思考传统媒体的使用者和新媒体的使用者之间有着怎样的不同。详尽的调查研究以及在网络中不断出现的热词和热点事件，给传统媒体的第二次发展打下了基础。在这个时间点，媒体内容向互联网的投放与向传统媒体的投放出现了差别。在互联网端，与传统媒体相同的核心内容在语言的表达上出现了极大的变化。互联网内容的表达倾向于简洁、明快、时尚，不少新闻机构在互联网新闻的撰写中加入了“给力”“佛系”等词汇，而这种词汇在传统媒体中还是相对罕见的。由此我们看到，第二阶段可以概括为传统媒体与融媒体的“双轨制”发展阶段。

第三阶段则是综合发展阶段，综合了文字、声音、图像、影像、动画等多种媒介形式的多媒体形态形成。我们在各类媒体平台上会看到许多视频内容的发布者是某报社，也会看到不少文字新闻的发布者是某电视台，这样的现象在传统媒体盛行的时代是十分罕见的。我们可以说第三阶段是对于各类媒体的重塑。所谓“重塑”不仅在于媒体内容的发布，更在于媒体的运营结构。在这个阶段，几乎所有的媒体都在同一起跑线上，而重大事件的发生则是赛跑的发令枪。听到枪响后，各类媒体会使用全方位的报道手段来对这一事件进行无死角的剖析与报道，使受众对于事件发生和发展的全过程有较为准确的了解，从而决定自己的行为。

第十一章　声音及声音媒体

声音是由物体振动产生的声波，是通过介质传播并能被人或动物听觉器官所感知的波动现象。人的听觉器官可以感受声波，并将声音传输到各级听觉中枢。从媒介研究角度来看，声音是重要的传播媒介，传递着丰富的信息。声音的符号系统包括有声语言、音乐、音响。

有声语言指人在表达思想和喜怒哀乐等情感时所发出的具有音调、音色、力度、节奏等特征的声音。音乐是通过演奏、演唱形成的声音，富有表现力、节奏感，也展现了人的内心世界。音响是除了传播主体的语言之外自然界和人造环境中所有声音的统称。

第一节　声音的传播历史

声音是一种信息，不论是关关雎鸠、呦呦鹿鸣还是锣鼓喧天、余音绕梁，人类早已习惯通过声音去发现并寻找一些事物的存在与变化。物理学研究告诉我们，声音具有种种特性，这些特性使得声音能够传达各种信息。

声音具有强度，强度就是声音的强弱，它由气压迅速变化的振幅(声压)大小决定。强度不同的声音能够把人引向多元的感知情境，比如市场里的人声鼎沸与秋叶的沙沙作响，带给人的体验和感受是不一样的。

声音具有音调，音调的高低主要取决于频率，也与声音强度有关。频率高的声音音调高，频率低的声音音调低。

音色是一种声音区别于另一种声音的特征品质。每种乐器和每个人都有不同的音色，比如不同的乐器在发出同一音调时，它们的音色可以迥然不同。

声音还有旋律变化，旋律是声音在一段时间内的强度、音调、音色等的变化，它的紧张与舒缓能影响人的情绪。

多种因素的影响使得声音富于变化，可以传递多元的信息。一个声音，其强度、音调、音色等都会与别的声音有差异，从而使得声音或低沉、或轻快、或圆润、或尖利……每一个声音都有独特之处，即使是同一个人，在不同的环境和条件下，其声音也会有很明显的变化——或透露出沉稳，或透露出慌张，或透露出得意，或透露出失望，或透露出伤心，或透露出欣喜等。

人的听觉分析能力很强，能准确地反映声音参数的变化、区分复杂的信息，这种对声音的感知分析对生命活动具有重要意义。

一、口语传播——从不可保留到穿越时空

10 万年前，人们具备了说话的能力，发出并接收器官产生的声音成为人类最自然的传播能力之一。

语言可以表意，人们通过语言交流，相互感知语意，达成理解以建立连接关系；语言可以抒情，在表达中可以让人们感知情绪的变化，再加上每个人独特的发声状态，使语言具有了表达情绪、反映人物的功能。人的意识活动以语言为表达手段，人在思考时实际也是在进行语言活动，尽管这时的语言经常是无声的。

语言是表达自我、传达信息的最基本的方式，语言传播的情境形成了一种重要的声音传播方式——口语传播。口语传播是指传播者也即说话人通过口腔发声并运用特定的语词和语法结构及各种辅助手段，向受传者也即谈话对象进行的一种信息交流或沟通劝说活动。

（一）口语传播是受限制的传播

语言传递的是转瞬即逝的声波，使得口语语篇不能像纯粹的书面文字记录那样可供目光循着字行来回审视，因此口语传播是有时空限制的活动。

1. 口语传播受时间限制，传播数量少

最早的传播不著文字、口头传播，远古的故事、古老的经验、传统的技艺、深沉的情感要靠口口相传。但是口语内容很难形成体系，零散片段夹杂个人色彩，所以口语传播能力有限。

2. 口语传播受空间限制，传播范围小、速度慢

因为口语不具有穿越时空的传播能量，所以从媒介技术角度看，人们似乎崇拜可以发出巨大声音和传承声音的事物和人物，保留声音与远距离传播语言成为人们一直想要实现的梦想。

3. 口语传播受存储限制，不稳定、不可靠

与书面传播相比，口语传播最大的障碍就是易逝。口语的发展要与人的记忆抗衡，因此口语传播需要强大的记忆力和复述能力。如果无其他凭借和帮助，人的记忆很容易随着话语的进行而消退。各国都有古老的神话传说，而其中夸张的部分很大程度上是由于在口语传播过程中内容发生了变形。

人们在使用口语传播时，为了弥补口语的种种不足，大多数情况下会将口语内容

表达得简单形象。比如人们使用押韵、对偶等修辞手法，最开始就是为了朗朗上口、便于记忆。

尽管口语传播有诸多的限制，但是不可否认，口语传播能够帮助人们表达情感与态度，互动性强，且有助于表现出很强的情感色彩和人性意味，这些是它的优势所在。利用符号或文字传播的方式很难再现口语表达的情感色彩，即使有了文字记载，人们现在也无法通过文字或实物的考古资料体会古人的语言情感和魅力。比如我们无法知道孔子在讲学的时候究竟是用当时官方的“雅言”还是用方言来表达思想，也无法体会孔子讲学时的语言的感情色彩。

（二）电子媒介改变了声音的传播时空范围

如何保存记录声音内容？结绳、符号曾经是很重要的体外辅助系统，它们虽然不能复制声音，但是辅助记录了内容。人类做到复制声音并同步远距离传播声音，则是近代以来的事情。

1857 年，法国发明家里昂·斯科特发明了声波振记器，这是留声机的鼻祖。这个装置通过在转动的柱面上的一层薄膜记录下声波振动留下的痕迹，然后在回放的时候通过振动将声音信号还原，来实现留声机的效果。可惜的是，斯科特的设计并没有得到法国科学界的足够支持。

到了 1877 年，爱迪生也在声音记录领域获得了研究上的进展。当时爱迪生受电子公司委托，帮助他们研究一种能够自动记录电报信息的装置。爱迪生在研究过程中无意间发现了声音重现的现象，因此开始着力于声音记录方面的探索。这一年的 12 月 6 日，在新泽西州的门罗公园，爱迪生展示了一种可以记录声音的装置，其原理是将声波变换成金属针的振动，然后将波形刻录在圆筒形蜡管的锡箔上，当针再一次沿着刻录的轨迹行进时，便可以重新发出留下的声音。这个装置就是最早的留声机，它第一次留下的声音是爱迪生所说的童谣：“玛丽抱着羊羔，羊羔的毛像雪一样白”。这是人类记录声音的开始，录有声音的唱片从此诞生。1878 年 4 月 24 日，爱迪生录话机公司正式成立，标志着一个新的行业在世界上诞生。一百多年来，随着技术的进步，声音的记录技术也在不断发展，记录的方式、媒体和质量都发生了巨大的变化，由早期的模拟唱片发展到磁带、磁盘和光盘。特别是 20 世纪 80 年代后，又由模拟向数字迅速过渡，形成了庞大的音像制品业，成为现代文明不可或缺的组成部分。

除了保存声音，人们对于传播声音的努力还在于实现声音的即时远距离传播。1844 年，莫尔斯在美国首次进行了长途电报通信，利用电力设备使信息与人分离、与运输分离，在人类通信史上揭开了新的一页。1876 年 3 月 10 日，美国发明家亚历山大·格雷厄姆·贝尔发明了世界上第一部电话，并获美国专利局批准的专利，最终实现了声音可以清晰地从一地即时传播到另一地。

电话刚刚出现的时候不能互动，只能单线传播，因此当时人们把它看成新奇的玩具，觉得有趣，谁也没把它当作实用之物。在贝尔紧随其后的实验里，电话向人们展示了其娱乐用途①——贝尔用电话传播音乐、歌曲，在电话里朗诵哈姆雷特的独白。电话还变成了新闻传播工具，1877年2月12日，在马萨诸塞州塞勒姆的一场演示中，贝尔让助手在波士顿朗诵了来自华盛顿的最新消息。在不断推广中，电话的社交、通话、即时通信功能逐渐被人认识。

1906年，美国科学家李·德福雷斯特发明了三级真空管，奠定了现代广播工程技术的基础。真空管具有产生高频无线电波、放大和调变及检波的功能。在实验中，他曾使用了哥伦比亚唱片公司提供的音乐，向轮船船员和其他广播爱好者播放。

也是在1906年，美国匹兹堡大学电机工程教授费森登首次成功地进行了实验广播。无线电广播事业蓬勃发展起来之后，美国科学家邓伍迪和皮卡尔德开始了发明收音机的艰难历程。经过长期的研究，他们最后发现：将一种叫作方铅矿的矿石和电子元件连接在一起，就能够准确地接收到无线电台传递的声音。这种利用方铅矿接收声音讯息的收音机叫作矿石收音机，其制作简单，也不需要电池，但是必须通过耳机收听讯息。1920年8月31日，美国底特律一家实验电台播出的竞选新闻被认为是最早的广播新闻。1920年11月20日，世界上第一家广播电台——美国匹兹堡的KDKA电台成立，它也是世界上第一家获取营业执照的电台，这一天也被公认为世界广播事业的诞生日。声音媒介从此开始被人熟知，广播也成为重要的大众传播媒介。

在我国，1922年，美国人斯奥斯邦以日本华侨的资本在上海注册了一家“中国无线电公司”，并与《大陆报》合办了中国第一家无线电台“大陆报——中国无线电公司广播电台”，呼号XRO，1923年开始播音；1928年，南京国民政府的中央广播电台正式播音。1940年12月30日，中央人民广播电台的前身延安新华广播电台试验广播，标志着我国人民广播事业的开始，这一天被定为中国人民广播的创建纪念日。

广播媒介因其快速可感的传播方式，一度风光无限。然而20世纪八九十年代，当电视走进千家万户后，广播一度被唱衰，很多人觉得电视这个视听设备完全可以代替广播。人们一开始沉醉于电视这个媒介的多元符号系统，但随着受众需求分野的出现，强调传播声音的互联网广播等应用也被人们认可。结果是声音传播并未被完全取代，反而在媒介融合时代和互联网有机地结合在一起。

营销模式专业名词“SoLoMo”由“Social”(社交的)、“Local”(本地的)、“Mobile”(移动的)三个单词的开头两个字母组合而成，即社交加本地化加移动。2011年2月，著名风投、美国KPCB风险投资公司合伙人约翰·杜尔第一次提出了这个概念，把最热门的三个关键词整合到了一起。随后，SoLoMo概念风靡全球，被人们一致认为是互联网未来发展趋势。

声音传播在互联网时代也是SoLoMo的：首先，传统广播受声波传递影响，强调

---

① [美]伊锡尔·德·索拉·普尔：《电话的社会影响》，邓天颖译，北京，中国人民大学出版社，2008。选入本书时有改动。

本地化服务；其次，随着私家车不断进入中国人的日常生活，车载广播成为汽车上不可或缺的移动伴随性的配置；最后，互联网及移动互联网出现后，声音传播的移动性、伴随性和网络相结合，人们在快节奏的生活中拥有了互联网广播，欣赏其产生的各种声音内容形式，也在网络的影响下有了各种互动社交的可能。可以说，今天没有人会低估声音传播的魅力。声音传播与互联网较早地结合，早已经拥有了大批听众。2013年，有47.8%的听众主要通过手机收听广播。

当我们再次体会媒介发展规律，可以发现：任何一种媒介只要具备便利性、可为人所用，就会一直存活下去。在媒介发展史中，新老媒介并不是以取代的方式存在，而是以叠加的方式存在。

声音传播的即时互动、简便、伴随性强等特点，使得它在今天依然拥有发展空间。当然，在媒介技术的影响下，还出现了一种非即时性的口语交流，比如曾经的电话留言和现在的微信语音。因为口语本身传播力的局限性，以往研究口语传播范畴时强调传播主体和传播活动的同时性与空间的限制性，所以口语传播常常特别强调两个或两个以上的传播主体在同一个时空范围内共同参与传播，其有很强的时效性和互动性。同时以往说到口语传播时会考虑面对面的口语传播，信息内容不局限于语词、语法等组成的句子表达的思想，还包括语气、语调、身姿、手势、表情等所表示的意义。而现在，借助声音存留工具，口语传播的互动具有延迟性，比如电话留言和微信语音的交流与互动都是有时间差的。这样的声音传播有其方便快捷的一面，在交流方面的技巧也值得人们琢磨。

二、音乐传播——技术是重要推动力量

旧石器时代晚期，随着人类劳动的发展，逐渐产生了统一劳动节奏的号子和相互间传递信息的呼喊，这便是音乐最原始的雏形；当人们庆贺收获和分享劳动成果时，往往敲打石器、木器以表达喜悦、欢乐之情，这便是乐器最原始的雏形。关于音乐的起源与语言的起源是否类似，也有许多争议。达尔文认为音乐起源于人们对自然界的声音的模仿，比如模仿鸟的叫声；卢梭认为音乐起源于语言的抑扬顿挫。至于音乐是先于语言诞生的还是在语言产生之后诞生的，也有诸多说法。但不容置疑的是，音乐一定起源于社会的需要和劳动的发展。恩格斯认为，劳动促进了人的双手、语言和脑髓的发展，从而为音乐的产生创造了必要的客观条件。

因为技术的限制，早期音乐基本上是声乐，器乐长期处于附属于声乐的地位，到欧洲中世纪末期才形成独立的器乐曲形式。很多关于器乐出现的传说，体现出人们对技术力量的崇拜。比如在我国，传说黄帝时期有一位名叫伏羲的音乐家，他是古琴的发明者。伏羲是人首蛇身，曾在母胎中孕育了十二年。他弹奏的琴本来有五十根弦，但由于音调过于悲伤，黄帝把他的琴截去一半，改为二十五根弦。在关于黄帝时代的传说中，还有一位名叫神农的音乐家，据说他是牛首蛇身，曾教人耕作五谷、遍尝百

草而发现医药，还创造了五弦琴。因此中国古代音乐用的是五声音阶，即我们所熟知的宫、商、角、徵、羽。

当今时代，学习乐器已经不是一件困难的事，唱歌也不仅仅是一种专业行为，二者早已成为了人们的日常娱乐，特别是流行歌曲在人们口中的传播。流行歌曲是随着工业社会的发展，由文化工业生产商操纵，以大众电子传媒为载体，在特定时期普遍流行的通俗歌曲，它们的内容开放包容、反映生活，形式简单易学、便于传唱，可以调节身心、娱乐放松，并能够根据受众反馈不断变化。流行歌曲是当今中国审美文化的重要形式之一，在塑造大众审美趣味、价值观念、生活方式方面发挥着巨大作用。

（一）从留声机到CD，音乐的音质体验日趋完美

爱迪生发明留声机后，录音技术得到了迅猛的发展。1887年6月，电话的发明人贝尔与合伙人丁特共同成立了美国留声机公司，同年10月，爱迪生成立了爱迪生留声机公司。这是世界上最早的两家从事录音技术的企业，它们所采用的声音记录载体依然是爱迪生早先发明的圆筒，只不过在记录材料上做了改进。

在欧洲，声音记录载体的研究也有了新的进步与突破。德国人贝林纳成功地完成了在涂蜡的镀锌圆盘上录放声音的发明，他将他的机器命名为Gramophone。贝林纳的发明具有实用与易于复制的特点，为日后音乐唱片录制的发展打下了坚实的基础。贝林纳发明的这一技术是真正意义上的唱片雏形，这种圆盘形式一直沿用至今，虽然如今我们有了CD、SACD甚至是DVD-Audio，但是它们依然遵循着“圆盘”的形式。

1889年，德国作曲家勃拉姆斯在维也纳用圆筒式留声机录下了他自己说的“我是勃拉姆斯博士”和他亲自弹奏的一首《匈牙利舞曲》，这可能是最早有文字记录的音乐录音行为。可见，音乐与留声机在声音记录技术刚刚起步的年代就已经紧密联系在一起。此后的几年，技术依然在不断发展和完善，贝林纳则始终不渝地推荐着他的圆盘唱片技术。1893年，贝林纳在华盛顿成立了美国留声机公司。1897年，贝林纳委托欧文在英国成立了英国留声机公司(这家公司是后来大名鼎鼎的EMI的前身)，想借此把自己的技术进一步推广开来。1898年，贝林纳又在德国成立了德意志唱片公司，也就是如今广大古典音乐爱好者非常熟悉的厂牌DGG。当时公司的主要业务是推广圆盘式留声机并生产相关的设备以及圆盘唱片，走在了时代的最前沿。事实也证明贝林纳的圆盘唱片确实代表了优秀的设计思路和理念，最早的音乐唱片也正是从这个时期开始步入历史舞台。

CD全称COMPACT DISC，也即激光唱片、光盘，是用以存储数字数据的光学盘片，原被开发用作存储数字音乐。1982年10月1日，索尼在日本发布了世界上第一部商用光盘播放器CDP-101，拉开了数字音频革命的序幕。它昭示了一种新的音频媒介的“黎明”，这种媒介承诺向习惯了黑胶唱片声音的一代消费者交付一种如水晶般透明清澈的音乐体验。光盘背后的技术则是激光和数字电脑。

（二）MV 使音乐传播从听觉走向视听结合

1980 年，美国的电视中开始出现一种新的音乐节目形式，节目时间为 3～4 分钟，表演者装扮奇特、载歌载舞，这种节目形式被称为“可视歌曲”，获得了观众的喜爱。1981 年，美国有线电视网开设了一个专门播放可视歌曲的新频道——MTV。可视歌曲更准确的说法是 MV，即 Music Video，也称音乐电视。

1983 年，知名歌手为 1982 年推出的音乐专辑 THRILLER(《颤栗》，又译《恐怖之夜》)的同名主打歌拍摄了一个长达 14 分钟的短片。在短片中，知名歌手身着华服、载歌载舞。该短片的成功宣告流行歌曲进入了视觉时代。

在大陆原创 MV 诞生之前，港台的唱片公司以高度繁荣的流行歌曲大举抢占了大陆市场。特别是 20 世纪 90 年代，滚石、百代、宝丽金等唱片公司携一众歌星成功入主大陆流行乐坛，浅吟低唱的演唱风格、传递都市体验的歌曲内容和时尚、新颖的包装形象都使其在大陆广受欢迎。1988 年，中央电视台在节目《潮——来自台湾的歌》中首次播放了“小虎队”的音乐电视，这也表示官方电视台肯定了 MV 这一节目形式的存在。1993 年，大陆原创 MV 正式在电视台播出，中央电视台播出了第一个 MV 专栏节目《东西南北中》，首届中国音乐电视大赛成功举办。

（三）从卡拉 OK 到 MP3 再到 FLASH 技术，个人参与改写音乐发展

卡拉 OK 一词是日语的音译，意思是“无人伴奏乐队”，也称“歌唱伴奏机”。

1971 年，井上大佑发明了第一台卡拉 OK 机。卡拉 OK 作为一种娱乐消遣方式，给歌唱爱好者们带来了极大的便利和愉悦。演唱者不用再苦学读谱技术，甚至有些乐音缺陷也未尝不可。在伴奏系统的自动修复和强烈的声光、音响条件下，演唱者多会在瞬间产生歌星般的“幻觉”，享受着受人瞩目、成为焦点的快乐。同时，卡拉 OK 使现代人的生活压力经由一个隐秘、私人化的途径予以宣泄，从而实现了减压。卡拉 OK 满足了人们的表现欲，演唱者陶醉于歌星光环中，成为自我意识的一种投射。因此，卡拉 OK 受到了各阶层人士的一致欢迎，美国《时代》周刊认为卡拉 OK 的出现改变了亚洲的夜晚。

从传播角度来说，卡拉 OK 使普通消费者从音乐的受传者转为音乐的学习和传播者。消费者的口味影响了音乐创作，卡拉 OK 实现了消费者以主动的身份参与流行歌曲的选择和传播。

MP3 全名是 MPEG-1 Audio Layer 3(动态影像专家压缩标准音频层面 3)，它本是指一种有损压缩的数字音频编码格式。1991 年，德国的研究机构 IIS 发明出了这种声音文件格式，并对其进行了标准化。1999 年，MP3 作为一种音乐播放媒介迅速被大众接受和认可，它具有资源获取便利、外形时尚美观、音质良好、存储容量大等优点。MP3 下载的繁荣和网络资源的便捷，衍生出了营销流行歌曲的新手段：通过互联网来传播歌曲。在网络上传播的歌曲根据出版方式的不同大致分为两种：一种是唱片公司出版发行后被挂在网上进行推广的流行歌曲；另一种则是主要通过网络传播得以流行

的歌曲，也就是通常说的“网络歌曲”，它是由网内传播转至网外传播的。

FLASH 是音画结合的自娱自乐，它的魅力在于制作者可以把自己的感受和理念应用到制作中，使制作者的个性气质得到最大化的表现。

从卡拉 OK 到 MP3 再到 FLASH 技术，一些音乐传播者的专业身份开始淡化，非专业人士也能参与并改写音乐发展史。

（四）MIDI 技术用技术创造声音

MIDI 是 Musical Instrument Digital Interface（乐器数字界面）的缩写，它原指诞生于 20 世纪 80 年代初期的为解决电声乐器的通信问题而建立的通信标准，后指以计算机为工具，将多种乐器效果进行组合、叠加的电子音乐编码程序。MIDI 技术使音乐不再受制于传统的人声、乐器的物理属性，它能够模拟、制造出任何一种想象出来的声音，从而引起了电子音响合成技术的革命。

传统的人声不再成为音乐中的支配性力量，而是通过 MIDI 技术用预先编制好的数字化程序来操作电子乐器，演奏出难度极高的旋律，再通过后期的编辑、合成，给听众带来一种极为微妙复杂的音乐体验。电子音响合成技术促成了大批“网络音乐人”和“自由音乐人”的出现，在该技术的帮助下，一个人可以把他的想法应用于音乐实践：一个人就可以是一支乐队，一个人就可以完成从音乐的编写、演奏、演唱、制作到推广、发行等多个环节。音乐不再是一种严谨的逻辑，而变成了个人的书写。

三、音响传播——从自然到人为的变化

音响是指人声和音乐以外的自然界和人造环境中的所有声音，如风雨雷电声、鸟兽虫鸣声、水流火烧声、击打碰撞声等。音响本来存在于自然界之中，自然界中的音响是开放的、多层次的，信息量极为丰富。

音响作为不可或缺的声音系统，在声音作品中的作用包括：增强环境的真实性，直接渲染画面的氛围，表现人物的心境。

音响还可以通过主观化处理、超现实处理描摹想象中的世界，用来传达独特的象征意义。

我们从以恐怖和玄幻为主题的影视剧中可以深深地感受到，音响效果能够大大增强感染力和震撼力。

今天，在声音的传播过程中，特别是在声音节目的传播过程中，音响常常是一个重要的人为因素。

音响的人为性表现为现在声音节目中的音响常常是人为制作的。自然界中的音响是人类不可完全模拟的，人们在声音节目中通常用一种声音去模仿人们想象的另一种声音。比如，拟音师的工作是使用人工发声器模拟影视作品中所需要的音响效果，或通过录制的动作音响在后期加以处理，以达到影视作品中要求的但实际中无法直接录制的音响效果。

影视作品中的音响包括动作音响、自然音响、背景音响、机械音响、特殊音响等几种类型。动作音响是指人和动物行动所产生的声音，比如人走路的声音、打斗的声音和动物奔跑的声音等；自然音响是指自然界中的声音，如风声雨声、鸟语虫鸣等；背景音响通称群众杂音；机械音响是机械设备的运行发出的声音，如汽车、火车、轮船、飞机、电话、钟表等发出的声音；特殊音响是经过变形处理的非自然界的音响，经常在科幻片中使用。

上述音响在影视作品中常常由拟音师通过实践经验或想象在录音室里描摹。拟音工作是影视作品创作的重要组成部分，不可或缺。

第二节　声音的传播特征

广播曾经是传递声音的最主要的媒介，有过一段灿烂的历史，广受追捧，备受人们青睐。尤其是无线广播，每个家庭都曾梦想拥有一台“足不出户便能知天下事”的收音机。电视的出现、互联网的叠加都为广播的生存发展带来过危机和挑战，但是声音的传播始终没有停止，因为声音媒介具有独特的价值、听觉文本具有独特的传播魅力。

声音的传播成为受众当下的需求之一，是由于以下几个现实的社会因素促成了它的发展。

首先，生产水平的发展使人们不再被困于繁重的劳动，拥有了大量的空余时间。填满时间需要各种事物，听声音节目、感受美好情感就是其中一种。同时，城镇化、社会主义新农村建设扩大了声音传播的受众群。其次，近年来，私家车进入快速普及期，“移动人群”推动了城市广播的繁荣。再次，互联网的迅速推广为网络广播的发展提供了机遇，也为传统广播培养了大量年轻听众。最后，满足不同需求的类型化的声音内容越来越受欢迎。总之，声音依然有其传播价值，它在以下几个方面具备的特质正是人们需要它的原因。

一、声音的符号可以引起生物体感知

麦克卢汉曾经在其著作中描述过这样一个情节：“今晚”这个词的书写方式不多，但表演大师斯坦尼斯拉夫斯基曾要求年轻演员用五十多种不同的音调说这个词，并请在场的听众记下每次表达的思想感情有何细腻的差别。① 可见，声音可以传递情感。同时，声音的符号系统可以引起生物体的情感感知。1968 年，美国科罗拉多州天普布鲁尔学院曾做过一个实验——给植物听音乐。他们发现重金属摇滚乐使植物向音源反方

---

① ［加］马歇尔·麦克卢汉：《理解媒介：论人的延伸》，何道宽译，99—100 页，南京，译林出版社，2011。选入本书时有改动。

向倾斜或死亡，古典音乐吸引植物靠近扩音器，印度祈祷音乐会使植物茎秆弯曲超过60度。植物尚且能感受到声音的情感，更何况有复杂听觉感知系统的人类？美好的声音使人愉悦、激烈的声音令人紧张，这样的事例在生活中很常见。

二、声音具有单一性，唯一占用耳朵为感观通道

声音的单一性，是指它只占用耳朵这一个感观通道，只能听、不能看。听这个行为为我们带来了声音这种特殊的信息，几乎没有人为了安静而完完全全把耳朵堵住，所以听声音这件事显得很被动。人们可以较容易地拒绝观看，因为当你选择端详某个东西时，便意味着同时拒绝了仔细观察别的东西。但人们却很难拒绝听各种声音，因为当你选择听某个声音时，无法拒绝别的声音，耳朵这个通道对健全的人来说是很少缺席的一个信息接收器官。

有学者认为单一性是声音媒介的缺陷，因此单靠声音传播的广播被认为是在功能上不完备的一种媒介，广播似乎也一直致力于弥补没有视觉因素这一“缺陷”。但只能听、不能看也许是声音的传播在当下最有优势的特点，就是兼容。它只占用耳朵这一个感观通道，这个特点看起来平常，实际上却很有用，决定了受众在用眼睛阅读文字、图表等信息的同时还可以用耳朵收听声音传递的信息，这样的特性使得在媒介融合时代、信息多元的当下，声音传播仍然有生命力。

三、声音具有伴随性，适配受众多层次的注意力

第二次世界大战时期，BBC开播了一档“音乐伴你工作”节目，这个节目给当时军需工厂的工人提供一些器乐性的音乐，他们经常在做手工活动或者一些机械性工作的时候听音乐，而听音乐似乎能“刺激”工人的精神以提高生产效率。这一节目的成功促使BBC认识到广播作为伴随媒介的潜能。

在对受众注意力的占有上，不同的媒介体现出不同的特点。印刷媒介的受众必须付出足够的注意力，才能获取必要的信息并享受该媒介；视频媒介对受众注意力的占有相对印刷媒介要自由一些，但也要求受众必须在看；声音媒介与前二者不同，体现为对受众多层次注意力的适应性。当代生活的快节奏和多样化，凸显出声音媒介对听众注意力多层次的要求独有的适应性和宽容度。听众既可以集中全部的注意力，也可以处于半收听状态，甚至处于无意识收听状态。很多公共场所播放舒缓的音乐，为处于无意识收听状态下的人们提供轻松舒适的社会活动环境，满足了受众多样性的要求。

但是，声音仍能创造一种私人空间感，因为在选择听一个声音的同时，也就意味着有意注意其内容，引发相关联想，给自己创造了一个私人空间。这个与听众密切交流的私人空间，将人与周围的现实空间区隔开来。我们常在一些公共场合看到，戴着耳机的人的表情变化与周围的环境刺激关系不大，这正是因为他们待在声音创造的私人空间里。

四、声音带来想象的共振

声音传递信息，是用声音来还原和表现现实世界，是人类听觉感官的延伸，是利用声音来塑形，通过听众的想象来还原视觉等多感官体验。换言之，人们可以通过声音想象视觉上的形象。

在看电影或者电视的时候，因为视听手段共用，我们被影像所营造的氛围包围，很少有主动进行影像想象的意识。而当听到声音的时候，我们很容易在听的同时去寻找声源，并想象与声音相关的事物形象。当然，在阅读中，根据文字，我们也可以发挥想象。但比起文字，声音以其可感性而更具有引导想象的作用，为受众提供更为广阔的想象空间。

第三节　声音媒体及内容

一、广播——声音内容的传统来源

广播是指通过无线电波或导线传送节目的信息传播工具。其中，通过无线电波传送节目的称无线广播，通过导线传送节目的称有线广播。广播在英文中有两个常用单词：radio 是广播设备、收音机、无线电播送；broadcasting 是电台广播、播放、传播，强调播送行为。我国广播电台的英文名称多为 radio，比如中央人民广播电台(CNR，China National Radio)、中国国际广播电台(CRI，China Radio International)；境外广播电台的英文名称多为 broadcasting，比如 BBC(英国广播公司，British Broadcasting Corporation)、KBS(韩国放送公社，Korean Broadcasting System)。

广播自诞生以来，就成为声音节目的主要来源，也因便捷的交流性成为信息传递者和文化联结者。2011 年，联合国教科文组织将 2 月 13 日确定为世界广播日，因为 2 月 13 日是联合国电台成立的纪念日。自 2012 年起，联合国教科文组织、国际电信联盟与世界广播日委员会每年都会联合主办世界广播日主题活动，该活动先后在伦敦、巴黎、日内瓦等地举办。2017 年世界广播日主题活动在上海举办，人们期待不同的国家通过广播媒体在世界舞台上发声。可以说，广播事业诞生 100 多年来，其影响力依然不减。众多的广播电台每天通过电波播出声音节目，广播是声音内容的传统来源。

（一）传统广播电台拥有频率资源

广播电台拥有四种资源：频率资源、时间资源、受众资源、节目资源，其中的基本资源是频率资源。频率就是无线电波，从物理学角度讲，不同波长的电波传播特性不同：长波、中波主要依靠地面波传递；短波能被高空中的电离层折射、反射而传至很远的地方；超短波、微波能够穿透电离层，是直接波传播。长波适合短距离传输，短波适合长距离传输。为避免无线电波互相干扰，各国政府都通过立法在中近距离广播频段内划分出不同的播出使用区段(频道)，这些频道在实际播出时还要隔频使用。用无线电传播声音需要设备和知识，使用无线电还需要国家颁发执照，它并不像自媒体那样简单、易操作，因此传统广播电台拥有传递声音的技术优势。

同时，无线电波(或称无线电频谱)是一种有限的自然资源，而且是当今社会重要的战略资源，被广泛地应用于通信及其他领域中。电台数量的飞速增加、移动通信的发展、广播电视的发展、卫星通信的需要等，必然造成频率不够分配的局面。频率短缺又会限制无线电业务发展，因此需要科学地挖掘和管理无线电使用频率。

因为频率的分配使用及内容原因，在绝大多数国家，未经国家主管部门批准的无线电发信(包括试验发信)都是被严格禁止的。在我国，设置、使用个人业余电台必须严格遵守2012年11月5日颁布的《业余无线电台管理办法》的各项规定。因此，从电台频率资源角度理解，我国的广播电台拥有国家政策保障，有政府许可的传播能力。

我国影响力比较大的电台有中央人民广播电台，前身是于1940年12月30日在延安诞生的第一个人民广播电台——延安新华广播电台。1949年3月25日，延安新华广播电台(撤出延安以后改名“陕北新华广播电台”)开始在北平播音，使用“北平新华广播电台”呼号。1949年12月5日，正式定名为中央人民广播电台。中央人民广播电台是中华人民共和国国家广播电台，是中国最重要的、最具有影响力的传媒之一，与中国国际广播电台、中国中央电视台并称为权威的中央三大台。中央人民广播电台是唯一覆盖全国的广播电台，也是世界上拥有国内听众最多的广播电台。

中国国际广播电台创办于1941年12月3日，是中国向全世界广播的国家广播电台，其宗旨是“向世界介绍中国，向中国介绍世界，向世界报道世界，增进中国人民与世界人民之间的了解和友谊”。中国国际广播电台使用65种语言全天候向世界广播，是全球使用语种最多的国际传播机构。

（二）传统广播电台具备内容优势

中国广播自20世纪20年代出现后，已有近百年历史。国家政策的扶持、经验的积累与总结、人才的培养与聚集，使得传统的广播电台形成了一整套内容制作逻辑。广播依然是声音内容输出的重要媒体。

1. 无线广播奠定了音视频节目的内容架构

从节目元素来分类，广播内容分为广播语言节目、广播音乐节目和广播音响节目。

广播语言节目是指新闻、谈话、服务、教育、娱乐(曲艺、戏剧)等各类节目，是广播节目的主力，多数有信息的内容都是借助语言传达的。

广播音乐节目主要有专门音乐节目，作为节目间隔或是节目开头的标志乐，给广播语言节目配乐。

广播音响节目较少，音响内容常常作为广播语言节目和广播音乐节目的配合元素存在。广播音响有真实音响和效果音响。

上述节目的分类形式是从声音形态出发，若从节目内容看，广播的节目分类给电视节目及互联网节目的发展架构了基本思路。

传统广播有四大节目类型，这些节目类型目前在区分广播电台和网络节目的时候依然适用：新闻类节目被称为广播电台的台柱子，其成功与否代表着广播电台的水平，许多广播电台都强调“新闻立台”；文娱类节目是广播电台节目的半壁江山，其主力军是音乐节目、文学节目、曲艺节目以及戏剧、电影、广播剧节目，使受众获得娱乐和审美享受，陶冶情操；服务类节目指具有实用性的各类节目，在受众心中有“服务使者”的美称，广义上的广播电台节目都在提供服务，服务类节目特指传播可直接用于生活实践的知识、技能和资讯的实用性强的具体服务节目，其宗旨是通过传播信息解决受众的实际问题，满足生活需求；教育类节目是指以传播政治、思想、伦理和科学文化知识为主要内容，以推动社会主义精神文明建设为目的的节目，有两大类——教学类和社教类，前者主要是职业/专业教育类节目，后者主要是社会教育类或称公共教育类节目，教育类节目现在强调寓教于乐，是广播电台内容的后起之秀。

我国的广播电台大多是四大节目类型都播出，这样的电台叫综合类电台。只播出一两种节目的广播电台叫专业类电台，往往以新闻或者文娱内容为主。比如央广经济之声频率就是一个专门以财经信息为传播内容的新闻频率，而各地的交通和音乐广播则以路况服务和文娱内容为主。

随着媒介融合的深入，单一的节目形式已经被打破，各种内容之间呈现出功能融合的态势，这样的节目形式也较早地出现在了广播中。比如各地广播中兴盛的聊新闻、说新闻的节目比起新闻播报就多了娱乐性，也影响了电视乃至互联网的新闻节目策划。

2. 广播栏目化是音视频节目栏目化的开始

广播电台栏目即广播电台节目按周进行安排，把播出时间按计划分割，交付给各种栏目，有既定的播出时间和长度，有规律地周而复始地播出。各栏目在播出时形成各种各样的特点，造就了广播电台的繁荣。栏目化使广播电台播出管理更加有序，有利于发挥广播电台的多种功能——宣传功能、教育功能、监督功能、娱乐功能等，加强了广播电台与观众的互动交流。

广播栏目有自身的定位，是指制作人员对栏目的思想内容、目标受众、节目样式、制作风格等的划定，以及对栏目设置的目的和宗旨所做的事先规划。栏目定位要特别考虑受众需求，在策划时确定栏目的目标受众，在周密调查的基础上大致了解目标受众的兴趣与需求，根据栏目的宣传宗旨等要素确定栏目的整体风格。电视及互联网内容也相应强调了这些要点。

传统广播播出有时间策略，因为广播是线性播出，受众不能选择，于是就有了按照大部分受众的接受习惯相应地考虑栏目播出时间的策略。广播电台中至今还有黄金时间的概念，它是指广播电台播出时间中的一些特定时段受到较多受众的欢迎，在这些时段播出的节目一般能获得较高的收听率，也因此得到较高的广告收益。黄金时间是以受众为先导的设计与传播，体现了广播节目的受众导向。一般认为，依照节目面对的不同对象，广播的黄金时间是清晨、中午、傍晚和深夜等。这样的内容制作理念也影响到了电视。

但是，黄金时间的概念在网络音视频节目中消失。只有相对目标受众的黄金时间，没有绝对的黄金时间，因为今天的互联网内容实现了受众“我点我看”的收看形式。随着网络音视频节目内容目标化和对象化以及受众生活习惯差异化，没有黄金时间也是对受众接受习惯的尊重，是传播中考量精准受众的体现。

对于广播来说，栏目有一些不变的因素，这样的制作方式在电视与网络音视频节目中依然突出。栏目不变的因素是受众寻找到栏目的方法，如固定的栏目名称、节目内容、播出时间、节目长度、风格样式、结构模式、叙事方式、收听对象和相对固定的节目主持人等。传统的栏目化加强广播电台与受众的互动交流，使受众产生约会心理，即让受众心中留下深刻的印象并产生兴趣，关注栏目及其下次的播出时间。互联网时代，广播的传统经验依然保留，但是栏目已经没有了固定时间的约会心理，内容、主持人、特点成为网友守候栏目更新的原因。

（三）传统广播拥有并培育大量用户

广播媒介诞生时，曾引起报纸、杂志等印刷媒介的恐慌。广播媒介以其快速反应的新闻报道能力、简明易懂的话语和能够满足人们边听边做其他事的兼容性、伴随性而风靡一时。不过，电视的出现很快抢了广播的风头，广播的劣势显现出来：只闻其音不见其人，这让很多家庭花大量时间收看电视，很少再听广播；要有收音设备才能听到广播，人们觉得即使只随身带个巴掌大的收音机，仍不太方便。

社会的发展、技术的进步、受众需求的变化、市场经营的要求，推动和促进广播必须转变。在此背景下，面对生存压力，广播较早地进行了对应受众的内容改革。

20 世纪 90 年代，在广播频率增加的基础上，广播进行了窄播的尝试。窄播传播也称小众传播或分众传播，是相对于广播而言的一种传播形态。传统意义上的大众传播是面向广大未知的、不确定的受众进行大量的信息复制性传播，窄播则是大众传媒根据某些特别的受众的需要进行的有特别内容的传播。窄播和分众化的核心就是用不同的节目满足不同受众的不同需求，并且是满足单个受众或部分群体受众多元化收视收听需求和个性化收视收听需求的辩证统一。频道专业化是分众化策略的具体体现，在此背景下，类型化广播越来越受欢迎。

窄播和分众化的本质体现着两个转变：一是从“媒体中心”向最大限度地满足受众需求的方向转变，即要从以生产为核心向以消费为核心转变；二是从未知的、不确定的受众向特定的、确定的受众转变。

窄播的特点包括：传播对象细分化——找准目标受众群；传播内容专业化；传播定位服务化；传播方式互动化——利用辅助媒介进行双向传播等。

广播转向窄播的尝试，为中国的广播注入了活力。因为只有通过窄播，才能使专业电台、电视台能够较系统、详尽地发布某一专业信息资讯，使受众对这一领域有较全面的了解，方便地获取信息和需求。窄播解决了广播综合频率因时段、节目长度等因素不能对某一专业作按时、深度报道的问题，体现出以人为本、受众主导市场的现代传播观念，是传播人性化的表现。由于选择性的增强，受众在传播中的地位也随之提高。窄播也为互联网时代面向每个受众需求的声音传播提供了认识的前提。

一方面，广播的自我变革留住了受众；另一方面，受众的合适的收听空间——私家车进入快速普及期，“移动人群”推动城市广播繁荣。所以近年来，中国广播收听市场并未像平面媒体一样受到巨大冲击，受众规模相对稳定。

二、互联网——传播多元声音内容

1995 年 4 月，位于美国西雅图的 Progressive Networks 在其网页上放置了一个 Real Audio System 的试用版软件，提供“随选音效”服务，这一举措标志着网络广播的诞生。

网络广播又称互联网广播、网络电台，是新媒体和传统媒体融合的产物。它把传统意义上的电台搬到了网上，用户通过登录电台网站即可收听。网络电台不需要占用卫星轨道和频率资源，其播出效果受网络带宽的影响。可以这样理解：网络广播和传统广播同样是传播声音，但是前者改变了后者的基本传播技术。

现如今，新媒体的发展严重冲击着传统媒体，网络广播同样有这个势头。这也逼迫着传统广播开始思考未来的发展方向，积极利用互联网发展自身。比如现在在一些广播电台的直播中已经开始利用微信、微博和专属主页来配合节目进行播出，获得了不少年轻人的支持。当然，传统广播本身具有的权威性和专业性是不能随着对互联网的利用消减的，缺乏新闻性的广播是没有持久生命力的。

（一）网络广播提供多元的节目内容和节目来源

网络广播已经成为许多人日常最便捷的伴随者。在开车中、在地铁里、在走路时，人们可以随时打开蜻蜓 FM、喜马拉雅 FM、荔枝 FM 等网络广播应用，听新闻、听音乐、听小说、听外语等，节目的内容既来自传统媒体，也来自不计其数的自媒体从业者。网络广播能为很多想当电台主持人又当不了的网友提供一个展现自我、实现梦想的平台，人人都是主播、都可以发声影响一部分同道中人，这也正是它存在的重要意义之一。传统广播的专业工作者做节目的过程虽然考虑受众，但因缺乏互动环节，具有封闭生产的性质。而网络广播通过 PC、Pad、手机客户端使每个人都可以上传自己的节目、录音直接做节目，用户还可以评论、点赞、分享，极大地发挥了媒介的连接作用。

声音内容和图文、视频一样，在各个传播内容领域发挥作用。美国当地时间 2020 年 5 月 4 日 15 时，普利策奖评委会主席达娜·卡内迪通过视频的形式在官网正式公布了第 104 届普利策奖获奖名单。与往年不同的是，本届普利策奖在原有奖项的基础上新增了“音频报道奖”。因为新冠肺炎疫情，全世界的信息传播方式都在发生快速而深刻的变革，从普利策奖的这一调整也可见评委会对新媒体生态所作探索的肯定。

（二）网络广播满足受众多方需求

网络广播满足受众的主动选择需求。在传统广播中，受众只能在固定的时间锁定固定的频率接收广播传播的信息，并且难以参与到节目的互动当中。而在网络广播中，由于数字化的信息处理，所有节目都会被保存在信息库里，受众可以不受时间地点的限制，收听自己喜欢的节目，还可以作为信息的传播者。这真正锻炼了受众对于信息的自主选择能力。

网络广播容纳了多元的受众层次，特别是对年轻人的适配。在网络广播中，年轻人能更好地利用碎片时间去收听节目，并且大多选择轻松有趣的内容，声音节目的听众趋于年轻化。

网络广播满足了受众的表现欲。受众表现欲的满足可以分为两种情况：一种是听众的评论、点评能获得其他网友点赞、支持，甚至主播也会亲自互动赞许；另一种是人人当主播，网络广播提供了能够展示普通人能力的平台，并且有便捷的变现渠道，所以不少人选择在网络广播中提供独一无二的声音节目，积累一定的听众或者粉丝。

（三）网络广播提供新的节目概念

网络广播延续了传统广播的内容分类，并且节目类型之间产生融合共生的状态，更贴近受众，满足多元的需求。在众多节目中，知识付费的概念异军突起，成为网络内容赢利新的增长点。

知识付费是指内容创造者将书籍、理论知识、信息资讯等知识与自身认知积累融合，并对其进行系统化和结构化，梳理转化成标准化的付费产品。内容创造者借助知识付费平台所搭建的付费机制与业务模式将内容传递给用户，以满足用户自身认知提升、阶层归属、丰富谈资等需求。知识付费的本质是教育、出版、传媒三个领域的整合，它是一个新物种，是将知识变成产品或服务以实现商业价值。

知识付费从 2015 年起陆续在业界出现，如今拥有众多的爱好者。

2015 年，爱奇艺开启网络剧付费模式先河，《盗墓笔记》在用户吐槽声中狂赚付费用户；2016 年 4 月，知乎开启商业化尝试，推出付费语音问答功能——值乎；2016 年 5 月，分答的付费问答＋偷听模式爆火，上线 42 天付费用户超 100 万；2016 年 6 月，喜马拉雅 FM 上线付费音频《好好说话》，首日销售额破 500 万。在用户愿意为知识付费的大环境下，得到、知乎 Live、分答、在行以及蜻蜓 FM、喜马拉雅 FM 都成了用户获取知识的新平台。

知识付费缘于部分消费者想在快节奏的时代利用一切渠道充电的需求，广播以其伴随性被选中——人们可以在碎片化的时间里不占用视觉了解一些信息、资源和经验等。消费者通过互联网技术付费获取垂直领域的个性化信息、资源和经验等，达到认知提升、情感满足、阶层归属等目的。对于消费者来说，知识付费可以充电、节省时间成本、节约金钱成本、收获社交货币，一举多得。尽管有很多人认为知识付费并不是在传播原创知识，而是在贩卖焦虑，但是它确实满足了听众的一些要求，是回归用户价值导向的内容创作。

三、声音内容的生产制作

（一）口语传播注重情境修辞

口语传播应用范围广泛，人际沟通、新闻发布、演讲、跨文化交流都会应用口语，口语传播要特别注重情境，不同的场合需要相应的话语方式，也包括相应的副语言。同时，口语传播要注重修辞。

修辞的概念始于公元前 5 世纪的古希腊文明，其意主要是“语言艺术”。亚里士多德在《修辞学》中指出，修辞是在任何既定的情况下发觉所有可运用的说服方法的艺术。

修辞的概念提示的是如何根据语言各个要素的构成、特点、规律、规则等来提高表达的效果。语言是思维的外在形式，是思想、情感的重要载体，是人们最重要的交际工具。语言在准确把握了它的秘诀的人们口中会幻化出无数奇妙的世界，达到令人惊叹的传情达意的效果。修辞是说写者在语言交际活动中为顺利达到交际目的、努力适应听读者而选择和运用修辞手段的一种谋略设计。修辞追求的是语音、词汇、语法三重维度，即语言的声音美、词语的锤炼、句式的恰当运用。

（二）方言是传播策略

我国地域宽广、民族众多，所以语言种类特别丰富。据统计，我国仅少数民族语言就有几十种。汉语虽然有通行于全国的普通话，但各地方言仍然很活跃。汉语方言分区始于 20 世纪初，经历五次划分，最终在 1963 年划分出七大方言：北方方言、吴方言、闽方言、湘方言、赣方言、客家方言和粤方言。

成都和重庆是方言电视综艺节目出现最早的地方，且最活跃，有《串串香》《天府食坊》等节目。重庆的《山城棒棒军》、湖南的《越策越开心》在当地都有着很高的收视率。相较于中央台和省级卫视在节目制作方面的重金打造，地方台扬长避短，选择把本土化资源最大化使用。就是在这样的背景下，诞生了《唱歌拼输赢》《乡音对对碰》《方言英雄》《粤唱越响》《多彩中国话》《十三亿分贝》等成功案例。方言是众多媒体的传播策略，而网络直播中也有大量的方言，方言促成了不少网络流行词汇的产生，这已经是当下网络文化的一部分，并且也在影响主流文化。

我国实行推广普通话的方针政策，依据《中华人民共和国国家通用语言文字法》，方言传播的情景包括：国家机关工作人员执行公务需要的；传播过程需要，经广播电视部门批准使用的；戏曲、影视艺术需要使用的；出版、教学、研究需要的。当然，推广普通话与保护方言并不矛盾，普通话的推广有利于人们的沟通和联系，特别是在我国这样一个有众多方言的国度里，推广普通话十分重要。但是方言是文化遗产、文化符号、地方特色、民俗，具有特殊词汇语法的表现力，也需要获得保护和扶持。

（三）广播与互联网融合过程中内容日益繁荣多样

当下丰富的声音节目内容，是传统广播与网络广播共同作用的结果。在广播与互联网融合过程中，内容日益繁荣多样，收听越来越便捷。

1. 传统广播将节目移植入网络广播

大量的传统广播开设了自己的网络电台，资料显示，全国有 29 个省级广播电台、总台和 123 个地市级广播电台在网络上设置了电台。传统广播具备的内容优势保证了网络广播的质量——拥有权威的信息、专业的人才、完善的培养机制，所以节目受到各年龄段受众的欢迎。

传统广播在网络上的节目内容形式包括整体移植、选择整合后迁移和重新策划制作三类。整体移植的如在蜻蜓 FM 中各地广播电台都可上传其全天的节目，网络成为传统广播和受众互动的延伸渠道。选择整合后迁移的主要是一些传统广播的文娱专题节目，它们制作精良、保证版权，属于受众喜爱的优质节目。重新策划的如中国国际广播电台的一些节目，会根据数字媒体及网络环境制作更符合媒介特征的内容，也受到欢迎。传统广播在网络上的播出有很高的关注度，在蜻蜓 FM 中，CNR 中国之声的关注人数是 3000 万，而商业电台青苹果音乐台的关注人数只是其十分之一。

2. 商业网站提供网络广播服务

商业网站提供网络广播服务屡见不鲜，从早期的猫扑电台、QQ 电台到后来的酷狗电台、豆瓣电台等。这一类的网络广播大多以音乐为主，服务的对象主要是年轻人。它们不求广播内容的多样，只是借此来达到营销的目的。目前来看，它们的寿命比较短，关注度也相对较低，但是其在市场营销的方面为中国网络广播事业作出了贡献。

3. 个人创办网络广播

网络广播门槛低、包容性强，所以来自各个领域的 NJ 可以去制作自己感兴趣的节目，这些个人或小团体出于兴趣而创办的“播客”也是网络广播中数量最多的一类。这一类的网络广播以脱口秀居多，类型上偏音乐和娱乐，比较迎合年轻受众。同时，一些知识传播、外语学习节目等也吸引了不少相关专业的学生，提高了网络广播的专业性和可听性。

第十二章 融媒体视频形式

第45次《中国互联网络发展状况统计报告》显示，截至2020年3月，我国网民规模达到9.04亿，互联网普及率达到64.5%。其中，手机网民规模达到8.97亿，较2018年年底增长7992万。我国网民的人均周上网时长达到30.8小时。在这其中，我国网络视频(含短视频)用户规模达到8.5亿，占网民整体的94.1%；短视频用户规模达到7.73亿，占网民整体的85.6%。网络视频(含短视频)已经成为仅次于即时通信的第二大互联网应用类型。短视频平台在努力拓展海外市场的同时，与其他行业的融合趋势愈发显著。2019年12月，在手机网民日常使用的各类APP中，即时通信类APP的使用时间最长，占比为14.8%；网络视频(不含短视频)和短视频类APP的使用时长分别排在第二位和第三位，分别为13.9%和11%。这些数据表明，视频已经成为中国网民在移动互联网时代重要的信息接收渠道和日常表达方式。

一方面，随着融媒体技术的深度应用，新媒体的视频化趋势愈加显著。

视频化的沉浸式体验弥补了互联网在距离感上的不足，让线上的一切都更加立体化。“图像不仅是当代叙事的主因，左右着当代社会叙事格局，而且预示着传播科技对人类日常生活、感知方式、知识传播与叙事表达等方面影响的未来结局。”[①]对成长在网络时代的年青一代来说，数字化是他们从小就接触的认知方式。他们对互联网有着很深的依赖性，互联网已经成为他们进行信息交流的主要媒介。视频已经成为很多年轻人获得新闻、享受娱乐、进行社交表达甚至是购物的重要方式，短视频尤其受欢迎，已然成为互联网新崛起的流量入口。2019年7月，抖音短视频对外宣称，其日活跃用户超过3.2亿。在视频媒介陪伴下成长起来的一代感知世界的方式发生了变化，他们作用于世界的方式也相应地发生了变化。

另一方面，随着移动互联网的普及，视频内容的消费经历了一个从“场所”到“场景”的变化。

---

① 于德山：《新型图像技术演化与当代视觉文化传播》，载《现代传播(中国传媒大学学报)》，2018(4)。

在家庭中，在以电视为视频媒体终端的时代，人们消费视频内容的固定场所主要局限于客厅。电视是客厅这一家庭公共空间的视觉聚焦。如《电视时间性：一种电视本体论的构想与求证》一书所言，在客厅中被固定下来的空间位置使得电视的物体存在成为一种家具，同时不止于一种家具。电视的影像世界可以满足不同人群的喜好，这种满足达成了家庭成员完成看电视这种家庭活动的基础。电视在家庭中的空间主要体现在两个方面，一是在客厅中的物理空间位置，二是处于意识领域之中的空间建构。

而今天，视频的使用场景无处不在。移动互联网把一切碎片时间都利用了起来，但它也把一切时间都变成了碎片时间。除去睡眠，移动时代的用户几乎无时无刻不置身于视频内容消费场景中。清华大学彭兰教授在《场景：移动时代媒体的新要素》一文中提到，与PC时代的互联网传播相比，移动时代场景的意义大大强化，移动传播的本质是基于场景的服务，即对场景(情境)的感知及信息(服务)适配。换句话说，移动时代争夺的是场景。第45次《中国互联网络发展状况统计报告》显示，短视频类APP在17点到22点间出现使用高峰。由企鹅智酷发布的《快手抖音用户研究报告》显示，饭后和睡前是快手和抖音用户最多的使用场景，分别有64.1%和62%的用户会在这两段时间内刷短视频。“卫生间”和“床上”成为移动传播尤为重要的场景。会在碎片时间如上卫生间时和通勤路上使用APP的用户分别占到37.5%和10.9%。

此外，在视频媒介的使用中还有一个值得关注的现象——大小屏互动。在今天，电视中正在上演的故事，分分钟就能成为微博热搜；我们不必再对着节目内容或者网剧情节默默吐槽，大家可以一起参加弹幕的狂欢；也不必对纪录片《风味人间》里的各色美味无奈垂涎，打开手机APP就能立即下单同款美食。坐在沙发上，一边看着电视，一边使用手机或者iPad，已经成为很多家庭客厅的日常情景。

新媒体的视频化趋势和视频内容的消费场景拓展，都对融媒体时代的视频内容提出了更高的要求。无论是视频新闻、影像记录还是娱乐综艺节目，都在经历着融媒体时代的洗礼，呈现出新的面貌。

一、影像：新闻

受众的信息接收和传播行为的改变，对传统的新闻生产与传播提出了重大挑战。在移动互联网的大背景下，新闻呈现形式不断革新。新闻与短视频的巧妙结合，为新闻报道的发展提供了一个新的方向。一方面，网络短视频平台正在重塑新闻生产；另一方面，传统主流媒体也纷纷布局短视频平台，依托短视频进行新闻传播形式的新变革。

（一）梨视频的PUGC模式创新

短视频新闻以其碎片化的形式、丰富的内容和具有社交性的叙事方式弥补了传统新闻报道的不足，成为移动互联网时代用户获得新闻信息的重要渠道。每一种传播媒介的变化与革新都在重塑传播的讯息本身，同样的讯息在不同的媒介中会呈现不同的格式。新闻的生产模式和内容呈现方式在短视频端都发生了颠覆性的变化。

在传统新闻实践中，由于传播渠道的垄断，内容来源主要局限于专业记者和编辑。这种 PGC 的生产模式意味着专业制作和高质量的内容输出，也意味着传统媒体的新闻生产很难借力用户内容资源。

网络时代，技术赋能，用户主动性和能动性得到激发，UGC 模式的新闻短视频扮演着越来越重要的角色，尤其在突发类和非时政类新闻短视频生产中优势明显。从 PC 时代的 UGC 视频网站到移动时代的各类短视频应用，视频制作的主要实践者都是普通用户。只要有新闻发生，用户就随时拿出手机录制视频，上传至短视频平台或者社交媒体，成为新闻报道最前沿。然而，UGC 新闻短视频在第一时间提供丰富新闻素材的同时，也面临着“信源真实性被质疑”“拍摄质量欠佳”等问题。

以梨视频为代表的 PUGC 模式将 PGC 与 UGC 相结合，扬长避短，提供了解决问题的思路，已经成为主流的短视频新闻生产模式。

梨视频是一个资讯类的短视频平台，由澎湃新闻前 CEO 邱兵创办，于 2016 年 11 月正式上线。2019 年 8 月，“学习强国”学习平台与梨视频签署正能量内容传播战略合作协议。根据协议，通过“学习强国”平台，用户可以浏览由梨视频提供的短视频内容。作为“学习强国”的首个市场化短视频内容合作方，梨视频目前每天生产独立版权内容的资讯短视频超过 1000 条，日均视频播放量超过 10 亿，在全球管理着超过 6 万名核心拍客，遍布全球 525 个主要城市和国内 2000 多个区县。[①]

梨视频 PUGC 模式的第一步是普通用户拍摄，贡献海量视频素材；第二步是专业力量筛选、编辑，提高输出视频的质量。用户参与、机构创作配合平台运营，既为用户提供了展示表达的机会，也为平台提供了源源不断的素材来源，同时保证了新闻生产制作的相对专业性。

在具体运营实践中，梨视频的 Spider 拍客系统是 PUGC 模式的重要支撑，从派题、审核求证、专业编辑系统、审核发布系统到稿费支付都在后台统一完成。

及时的稿费及奖励支付，是鼓励用户成为拍客的有效方式。在人人皆记者的时代，拥有足够多的拍客、获取足够丰富的 UGC 新闻素材，是短视频新闻平台发展的基础。

有效率的派题和审稿，是保证短视频新闻质量的关键。通过向各地的拍客团队征集“主题视频”，鼓励他们自行拍摄相关新闻素材的派题方式，保证视频平台的内容能够紧跟热点、具有针对性，而不仅仅是用户“个性化的表达”。梨视频平台的内容大部分由用户自主拍摄，上传到梨视频平台之后要面临平台的审核或二次剪辑。审核包括三重内容。

一是核验真伪。检验信息的真伪、拍客身份的真伪，防止假新闻和恶意设置争议话题误导受众。

二是判断价值。按照新闻价值或者平台推广方向对拍客上传的视频素材进行挑选，

---

① 资料来源：http：//media. people. com. cn/n1/2019/0829/c14677-31325686. html，访问日期：2020-12-29。

进行二次剪辑。梨视频对内容编辑的要求是：99.9%的视频控制在90秒内，片头7秒迅速切入全片最精髓，背景优选节奏感明亮的配乐，字幕简洁明了。

三是最终审核。对二次剪辑后的视频重新审核，确定无误后上传发布。

经过多次审核，能够挑选出最精练的素材，配合专业剪辑生产出最优质的视频，从而提高平台整体的视频质量。

（二）《新闻联播》的短视频突围

从1978年1月1日正式开播以来，《新闻联播》作为国内关注度、影响力最高的电视新闻栏目，在中国政治生活和社会生活中发挥着极其重要的作用。在四十多年的发展历程中，从内容到包装、从样态到语态，《新闻联播》一直在不断更新、不断前进。

随着移动互联网的普及和融媒体技术的更新迭代，原有的单一、线性的传播形态被颠覆，新闻舆论工作也面临新的挑战和机遇。如今，新闻客户端及各类社交媒体、短视频平台成为众多年轻人的第一信息来源。因此，推动媒体融合发展，更好地传递主流声音、提升传播效果，成为《新闻联播》面临的一项紧迫课题。

2019年7月29日，中央广播电视总台新闻新媒体中心推出《主播说联播》短视频栏目，用年轻人喜爱的通俗语言来点评当天节目中的重大和热点新闻，丰富了新闻的表现形式。权威媒体与网络用语结合在一起所呈现的“反差萌”，引发了网友热烈互动。2019年8月24日，《新闻联播》入驻抖音及快手短视频平台。截至2020年7月，《新闻联播》在抖音的官方账号已经发布了超过200个短视频作品，收获2700多万粉丝。主持人李梓萌在短视频中介绍了《新闻联播》入驻快手的原因：《新闻联播》开播至今已经四十多年了，可能比很多“老铁”的年龄还要大。快手的Slogan是“记录世界，记录你”，《新闻联播》每天都在记录中国，记录真正追求幸福与进步的中国人。在这一点上，《新闻联播》和快手是一样的。主持人康辉表示，很多人感叹《新闻联播》好像不是过去那个《新闻联播》了，其实《新闻联播》还是那个《新闻联播》。该高大上绝不低姿态，该接地气也绝不端架子。高大上的内容如何通过接地气的方式适应网络用户的媒介接触习惯，传统的大屏长视频如何碎片化变身吸引小屏用户的注意力，《新闻联播》的探索给人们带来了重要启示。

1. 强化用户意识，重塑媒体与用户的关系

传统媒体在与受众的关系中一直处于主动地位，受众只能接受媒体发布的新闻，选择空间有限。移动时代颠覆了媒体与受众的关系，传播资源盈余的同时，注意力资源愈发稀缺。用户不再主动寻求媒体的新闻报道，而要媒体推送他们所需要的各类信息。对媒体来说，以用户为中心、强化用户意识是大势所趋。媒体必须重构与用户的关系，主动寻找自己的用户，稳定用户和不断拓展新用户。①

---

① 陈力丹、史一棋：《重构媒体与用户关系——国际媒体同行的互联网思维经验》，载《新闻界》，2014(24)。选入本书时有改动。

强化用户意识离不开对用户体验的深刻洞察与把握，把握用户体验的第一步是分析用户需求——分析用户的媒介使用习惯和媒介使用场景，分析用户的信息需求，发挥自身优势，帮助用户从海量的新闻资讯中找到最实用、最有价值的信息，进而为其提供便捷的生活服务与个性化选择，体现融合后的媒体价值。在此基础上，获得用户共鸣，提高用户对媒体的黏性。

《主播说联播》并不是简单地将长视频"切碎"发布在短视频平台上，而是采用了短评论的形式，每期视频内容长度控制在一分钟左右，采用竖版视频呈现，配以字幕和背景音乐，符合短视频的传播特点，既契合了短视频用户碎片化的浏览习惯，又能够以"划重点"的形式关照并解读当天电视新闻中的重要内容。《新闻联播》的短视频新闻内容和形式进行有针对性的调整，优化了用户的媒介使用体验，有利于实现大小屏联动，进一步放大主流声音、提高舆论影响力。

2. 注重用户参与，推动持续深度融合

不同的媒介形式吸引着不同的用户群体。据《快手抖音用户研究报告》显示，抖音和快手短视频平台的用户构成以 24 岁以下的年轻人为主，而这恰恰是《新闻联播》以往受众构成中数量较少的群体。年轻用户以浏览、点赞、转发、评论等方式直接对视频内容进行反馈。通过与用户的互动，短视频内容得以传播、扩散，主流媒体新闻舆论的传播力、引导力得以加强。

要获得年轻用户的关注与参与、在短视频新闻中有所突破，传统媒体要在内容编排、叙事风格上进行转变。传统的电视新闻内容风格对于快手、抖音等短视频平台来说显得严肃有余、活泼不足。

在内容选择上，《新闻联播》掌握着最权威的时政新闻视频资源，是最重要的时政新闻发布平台，因此其新闻内容多以意义重大的硬新闻为主。而短视频产品在内容选择上并不囿于节目本身，通过联系社会热点拓展了新闻内容的叙事空间，并且与电视新闻内容呼应、联动，增强了舆论引导效果。例如，《新闻联播》曾播发"国家主席习近平签署主席令，在庆祝中华人民共和国成立 70 周年之际，授予 42 人国家勋章和国家荣誉称号"的新闻。同一天，在抖音平台更新的《主播说联播》中就提到了"湖南农业大学举行开学典礼，中国工程院院士袁隆平出席并致辞，学生欢呼尖叫，上演'大型追星现场'"。关注年轻人的热门话题"追星文化"，称赞《新闻联播》报道中的 42 位国家勋章和国家荣誉称号获得者是"真正的偶像"，表明"这才是追星该有的样子"。

在内容呈现的设计上，平日里在电视中字正腔圆的央视主播们在短视频中突然变得活泼起来。短短的新闻评论中网络热词、爆梗张口就来，搭配上生动、自然的表情动作，营造出年轻用户熟悉的社交媒体氛围，提升了用户对评论内容的认同感，自然也能获得用户的积极配合和踊跃互动。例如，2019 年 12 月 27 日的《主播说联播》中，主持人康辉介绍了"长征五号"运载火箭复飞成功的消息，不但将"长征五号"运载火箭称为重量级"胖五小哥"，还表情骄傲地介绍"胖五"经历过挫折，时隔两年后上演了"王者归来”，最后举手比 V 称赞“胖五威武”。这段视频获得了超过 185 万点赞，用户也在评论中排队刷起“胖五威武”“祖国威武”。又例如，在 2020 年 7 月 21 日获得 176 万点赞的短视频“当想上联播的火箭军战士得知心愿达成，看到这一笑，心都化了”，呼应前一天《主播说联播》的内容——抗洪一线的火箭军战士问记者这个采访是否能上《新闻联播》，希望通过节目弘扬火箭军的抗洪精神。在抗洪相关新闻的宏大叙事下，短视频新闻内容突出了宏大主题中“人”的要素，小人物的真实生活更能获得情感与价值的认同。新媒体激活了每一个用户的价值，个人的视角、情感与体验被发现、重视。从这个角度来说，《新闻联播》的短视频探索是一种更具深度的媒介融合。

《新闻联播》的短视频探索是卓有成效的，不但在短视频平台获得大量的粉丝，而且与电视新闻形成有效互动。据来自中央广播电视总台的数据显示，2020 年上半年《新闻联播》收视份额高达 35.52%，创近五年新高。其中，中心城市 18～29 岁观众的收视增长率最为惊人，同比增幅达 139%。

（三）“Vlog＋新闻”的形式探索

Vlog 是 video blog 的缩写，是一种集文字、音频、图像于一体的剪辑美化后的视频日记，现在已经成为许多年轻人记录生活、表达个性的流行方式。Vlog 往往采用第一视角的方式进行内容记录，可以打造良好的沉浸式体验，容易引发受众的共鸣。Vlog 与新闻报道结合起来，开启了一种新的视频新闻形式——“Vlog＋新闻”。

2019 年 3 月 5 日，人民日报官方微博推出“人民日报新媒体记者两会 Vlog”，记录了人民日报新媒体记者的“两会”一天。这种新鲜的“Vlog＋新闻”的“两会”报道模式引起了热议，获得了上千次转发。2019 年 11 月 9 日，央视新闻官方微博推出主持人康辉的第一支 Vlog，迅速登上微博热搜。这段“明天要出趟远门”的“Vlog＋新闻”在微博平台获得了超过 8 万次转发和 150 万点赞，在 B 站的播放量突破 250 万。随后，康辉跟进采访习近平主席出访希腊、巴西的“Vlog＋新闻”持续在微博和 B 站更新，多次登上微博热搜。“Vlog＋新闻”的形式也多次在抗击新冠肺炎疫情的报道中使用，记录下抗疫一线的新闻画面。例如，在央视新闻客户端推出的《武汉观察：总台记者 Vlog》中，记者作为 Vlog 的主角，实地探访疫情下的武汉，全方位展现了武汉的生活。

虽然 Vlog 本身并未超越短视频的范畴，而是对短视频形式的一种丰富和拓展，但是“Vlog＋新闻”与传统新闻和短视频新闻相比，仍具有鲜明的特点。

第一，“Vlog＋新闻”的形式改变了传统电视新闻的叙事模式，打破了刻板印象，拉近了新闻与受众间的距离。

戈夫曼的拟剧理论认为，每个人的日常行为都是在扮演一定的角色，简单说就是“人生如戏”。每种角色的成功扮演都需要一定的舞台布景和配角，戈夫曼将其称为“情境”。[①] 无数独立的情境影响着人的行为。相比于传统电视新闻和短视频形式结合的《主播说联播》，在“Vlog＋新闻”中，主角实现了从主持人到 vlogger 的转变。在传统的电视新闻中，主持人是采用第三视角去播报、评论新闻；而在 Vlog 中，主持人则采用第一视角去发现、记录与探究。在“Vlog＋新闻”模式下，新闻报道的地点不再局限于新闻直播间和专业的新闻发布会场，行走的路上、新闻现场甚至是家里都可以成为录制 Vlog 的地点。其内容也不局限于新闻事件本身，任何相关的事件都可以入镜成为报道内容。越是生活化的内容，越是揭秘传统新闻行业背后故事的内容，往往越能引发用户的关注。在第一支 Vlog 中，康辉向大家展示了央视新闻主播出发前的各种装备——西装、雨伞、话筒，以及满是行程记录的公务护照等。这样的形式打破了原本独立的电视新闻制作的内外情境，拆掉了立在电视新闻制作的台前与幕后之间的“墙”，消弭了传统电视新闻带给用户的距离感，满足了用户窥探“后台”的好奇心，自然能够获得用户的积极反馈。在央视新闻 B 站账号发布的 Vlog 下面，我们可以看到这样的留言：我能感受到祖国母亲在非常努力试着融入现在的年轻人，这样的国家凭什么不爱呢？

第二，“Vlog＋新闻”从第一视角“发现、记录和对话新闻事件”，带给用户前所未有的沉浸感受。

2010 年，美国南加州大学的德·拉·佩娜及团队提出了沉浸式新闻的概念。沉浸式新闻是一种生产新闻的方式，通过这种方式，人们可以获得新闻故事中所描述的事件或情景的“在场”体验。中国人民大学李沁教授认为，沉浸式新闻是基于沉浸传播的一种新闻模式，“沉浸传播是一种全新的信息传播方式，它是以人为中心、以连接了所有媒介形态的人类大环境为媒介而实现的无时不在、无处不在、无所不能的传播”。[②] 沉浸式新闻像是一个在客观基础上的主观创作过程，新闻早已不再是我说你听，也不再是对事实的直接记录，而变成了沉浸式体验、参与式创作和全民直播的狂欢。在“Vlog＋新闻”中，主播和记者化身 vlogger，以参与者和探访者的身份记录新闻事件、直接传递感受，带给受众“身临其境”的“在场”体验，为受众营造一种参与感，进而获得受众的认可和情感共鸣。2019 年“两会”期间，《中国日报》新媒体推出的“小姐姐的两会初体验”系列 Vlog，从初次参与报道“两会”的记者小彭日常化和个性化的视角出发，对受众关注的“两会”热点议题进行解读，节奏轻松明快，内容新鲜有趣。记者“小姐姐”在 Vlog 里和网友们讨论工作时的着装搭配，与受众实现实时互动，在某种程度上拓展了“Vlog＋新闻”的社交属性，进一步增强了受众的在场感。

随着媒体融合的不断深化，碎片化的媒介接触场景越来越多，内容生产的便捷性和社交分享的便利性使得短视频成为移动时代受人青睐的获取新闻和表达自我的方式。

---

① 刘海龙：《大众传播理论：范式与流派》，448 页，北京，中国人民大学出版社，2008。选入本书时有改动。

② 李沁：《沉浸媒介：重新定义媒介概念的内涵和外延》，载《国际新闻界》，2017(8)。

“短视频将成为未来新闻发布的主要方式。”①

新闻短视频是传统新闻实践和以网络短视频为代表的移动互联实践融合的产物，在融合的过程中，短视频形式与新闻内容的磨合仍在继续。在新闻报道中，短视频与电视新闻长视频各有所长。复旦大学李良荣教授认为，适合用短视频技术表达的新闻应该具有生活化、人性化和社交化三个方面的特点。对新闻事实的呈现可以采取短视频的方式，但类似调查性新闻报道这样的深度内容仍需要长视频的支持。

媒体融合是一个过程而非终点，新闻短视频将不断融合传统新闻实践与移动互联网技术的特征和优势。媒体融合的目的是与用户建立直接联系和紧密关系，且只要用户需求在变，媒体融合就会不断推进。媒体融合时代，新闻的视频表达要以用户为中心，找到吸引用户和服务公众的平衡点。这是目标，也是出发点。

二、影像：记录

（一）纪录片的融媒体探索

纪录片以影像展现自然风貌、人文历史、社会百态和生活现状，是我们了解世界的一扇窗口。在中国电视纪录片的发展过程中，曾经涌现了众多里程碑式的经典作品。以 2005 年央视推出的《故宫》为标志，中国纪录片开启了工业化、大片化的制作发展阶段；以 2012 年在央视播出的《舌尖上的中国》为标志，中国纪录片又实现了从制作单一作品到打造纪录片 IP 的飞跃。

媒介融合的深度发展，为纪录片带来了挑战与机遇。一方面，受众的收视习惯发生了改变，传统的电视屏幕编播模式面临交互式点播冲击，深刻动摇了以电视为核心的传播格局；另一方面，纪录片《我在故宫修文物》《风味人间》成为网络热点，在豆瓣上分别获得 9.4 和 9.1 的高分，说明优质纪录片仍然拥有广阔的受众市场。

1.《如果国宝会说话》的短视频呈现

单纯地把电视端的纪录片内容搬到新媒体上播放并不是媒介融合，从生产到播放的全环节的跨媒介融合正在实现。

2018 年，央视纪录频道首次提出 V9 视频（微视频）概念，即在制作上采用央视原创、委托定制、全民创作的新形式，在传播上横跨网络移动端和电视端。央视纪录频道还在“央视纪录”微信公众号中设置了提案征集 H5 专区。作为对 V9 视频的第一次探索，央视纪录频道推出的《如果国宝会说话》在创作之初就站在融媒体的角度进行策划、选题。

《如果国宝会说话》采用了短视频、微纪录的呈现形式。该纪录片一共 4 季、100 集，每集只有 5 分钟左右。它摒弃了传统文物纪录片中高冷的学术性词汇和神秘猎奇的氛围渲染，语言通俗易懂，每集讲述一件国宝的故事，让观众从这 100 件国宝中认

① 李良荣：《短视频将成为未来新闻发布的主要方式》，载《青年记者》，2018(30)。

识中国古人的创造力。

《如果国宝会说话》采用了多个传播渠道：在新媒体端，央视、央广的多个新媒体平台同步更新播出；在电视端，央视纪录频道每天播出一集。在第二季中，该纪录片还增加了“融媒体声音”，定制了音频节目内容，通过耳机就能听到国宝讲故事。

短视频叙事适应了移动时代碎片化的媒介接触模式，从大屏跨到小屏，获得受众青睐。人民日报海外版刊文称：“《如果国宝会说话》通过微纪录的方式，将厚重的中华文明与互联网的碎片化传播相结合，向观众展现了蕴藏在文物背后的深邃历史与精彩故事，堪称中华文明的视频索引库和向世界展现中国悠久历史与文化的标杆。”

2.《风味人间》的跨媒介叙事

积极拥抱数字技术、扩展叙事领域和内容层次、增强互动性和参与性、为受众带来全新的体验——跨媒介叙事的探索，是纪录片在融媒体时代的华丽转身。亨利·詹金斯在《融合文化：新旧媒体冲撞》一书中首次提出跨媒介叙事的概念。可以这样理解：每一种媒介对于阐明整个故事都有其特殊的贡献。跨媒介叙事并不是单纯的信息扩散和对同一内容的简单重复。[①] 一个故事穿越不同的媒介平台层层展开，不同的媒介平台对于核心叙事的表现手法不尽相同，每一个媒介平台都通过提供新的差异化的形式对整体叙事做出贡献，它强调作者、文本和受众的参与、互动和共享。

纪录片《风味人间》在卫视频道和腾讯视频平台播出之后，《风味实验室》随即上线。节目中，导演和多位作为“风味体验员”的明星嘉宾一起探寻美食文化、介绍美食知识，其中探讨的话题就来自刚刚播出的纪录片本身。时长10分钟左右的微纪录片《风味原产地》介绍纪录片中呈现的食材的来源，挖掘各地独特的美食。微信公众号“风味星球”则在社交媒体上对众多“风味”系列的媒介内容进行整合，并每日推送关于“风味世界”的各色美食和相关的纪录片作品。“风味”的故事在不同的媒介文本中层层展开，彼此相连。再加上线下与商场超市合作的“风味食材”推荐、游戏《风味小馆》等，进一步对《风味人间》内容进行差异性延展。

一般来说，传统纪录片在一个文本或是单一的媒介中就已经穷尽，无法通过不同媒介的呈现来达到内容的相互补充。而纪录片的跨媒介叙事则扩展了自身的叙事领域和内容层次。一方面，不同媒介平台的内容在定位上做到差异化，能够获得更多细分市场受众的注意力；另一方面，多样化的内容层次让叙事具备高度的互动性和参与性，为受众提供全新的体验。[②] 受众可以在任意环节参与其中，可以观看视频、参与讨论，也可以参加线下的各种活动。同时，延长产业链的方式拓展了纪录片的赢利空间。

---

① 文卫华：《融合文化下的传播策略与收视形态探析——以美国电视连续剧〈迷失〉为例》，见《中国传媒大学第三届全国新闻学与传播学博士生学术研讨会论文集》，中国传媒大学研究生院，中国传媒大学国际传播研究中心，2009。

② 姜常鹏：《纪录片的跨媒介叙事——以〈风味人间〉等作品为例》，载《当代电视》，2019(7)。

（二）生活记录的短视频表达

法国哲学家雷吉斯·德布雷曾从媒介的角度将人类社会定义为三个时代：书写时代、印刷时代和视听时代。此刻，我们正站立在一个视听文化占主导地位的时代。从口语传颂的传奇故事，到笔墨印刷留下的所思所想，再到影像记录的动人瞬间；从QQ空间、博客，到微博、微信朋友圈，再到快手、抖音……记录生活的方式一直在朝着“可视化”方向发展。

丰富的生活给了个体无限的素材，数字技术迭代和短视频平台创新又不断将影像表达的门槛降低。用影像记录不再是各路媒体的专属，也不再是严肃新闻的专属。影像开始重新回归生活，成为每个人自我表达的窗口。“记录美好生活”“记录世界、记录你”，短视频平台提炼的这些口号，恰如其分地满足了网民的表达诉求。无论是日常生活片段的随手记录，还是忍不住想要分享的生活趣事，个体“渴望被看见”，而短视频恰恰提供了一个简单易行的方法。通过碎片化的影像，主我与客我实现互动。

在短视频记录生活中，Vlog是一种以第一人称自述视角对个人真实生活经历进行个性化、主题化拍摄和剪辑的短片。2018年，各大视频平台纷纷开始发力推动Vlog的发展：B站发起了30天Vlog挑战；抖音宣布了“Vlog10亿流量扶持计划”，并且悄悄将短视频时长从15秒延伸至15分钟。新冠肺炎疫情期间，武汉本地博主林晨同学在B站发布了“武汉UP实拍，封城后的24小时”Vlog，介绍“空城”武汉的物价、交通、生活状态。这条Vlog在B站上收获了876万次播放、超过73万点赞和16.8万分享。作为疫情期间武汉封城后最早发布的Vlog之一，它记录了当时的武汉街景和居民生活、分享了作者的态度和情感：“这是我见过人最少的武汉，但却井然有序。无论如何，这里依然是一千万人的家。”这为广大受众提供了了解武汉当时实际情况的第一手资料。

与一般短视频相比，拥有更长的时长、更高的技术门槛的Vlog更加受到年轻人的欢迎。Vlog的包装制作更加精美，也有越来越多的年轻人不仅用Vlog记录生活，更尝试成为一个专业的vlogger。从某种程度上说，Vlog的影像记录是一般短视频走向更加专业化的道路的起点。

（三）融合的影像记录与边界拓展

无论是专业化生产的纪录片还是作为微纪录的短视频，都在融媒体时代获得了新生与发展的重要力量。

纪录片作为视频表达的重要形式，既需要足够的空间来铺展内容与分量，也需要灵活的形式来表达和扩散。纪录片的核心价值是优质内容，其衍生出来的短视频作品已然成为精品短视频作品中的重要一支。短视频的核心优势在于碎片化的“轻内容”呈现和便捷的移动社交体验，有利于优质内容的价值实现。纪录片与短视频的融合探索，实现了彼此的优势互补。

纪录片与短视频的融合也拓展了纪录片的边界。麦克卢汉在《理解媒介：论人的延伸》中说到，任何媒介或者技术的“讯息”，就是由它引入人类事务的尺度变化、速度变化和模式变化。短视频的发展和广泛应用引起的尺度变化之一，就是纪录片的概念尺度。传统的电视纪录片有着相对严格的界定，而微纪录、纪录短片、纪实短视频等媒介融合后的片段式记录正在模糊纪录片的边界。

影像记录融合的最终目的是让更多的人以各种形式接触到优质的内容产品，也是让更多的人能够更好地记录生活、表达自我。纪录片正在走向全民创作，那些在微纪录的创作中积累了经验和创作能量的记录者未来也会反哺长视频制作，释放令人惊喜的生产力。

三、影像：娱乐

（一）电视综艺的融媒体探索

1. 打造融媒体内容矩阵

媒体融合时代，综艺节目的价值开发不局限于电视，应针对不同媒介平台的特点，结合用户的媒介接触习惯，开发具有差异性的产品并有针对性地投放。有越来越多的综艺节目打通内容制作环节，结合电视、视频网站、短视频平台以及微博、微信等社交平台的需求，实现内容素材的多重编辑、多次生产，打造了节目内容的融媒体矩阵。以湖南卫视制作的原创新形态声乐演唱节目《声入人心》为例：在电视平台，投放的是完整的视频节目；在视频网站，投放的是完整的视频节目和花絮；在微博、微信，投放的是预告、花絮、话题、活动等图文和短视频。电视作为视频播放介质，其高清大屏幕、优异视听效果能够给受众带来更好的观看体验，尤其是对《声入人心》这类音乐节目来说。但是受限于播出时长，电视节目只能节选最精彩的部分，投放在视频网站的内容则是对电视内容的补充。在芒果 TV 与腾讯视频两个播放平台上，观众不仅能够看到与电视平台相同的内容，还能看到更多的花絮，通过花絮更立体、更细节化地观看节目内容，满足受众的个性化内容需求，增强受众黏性。

2. 拓展融媒体参与形式

湖南卫视推出的生活服务纪实节目《向往的生活》是近些年来热门的“慢综艺”，其以安静、悠闲又具有烟火气的内容获得受众的认可和共鸣。《向往的生活》积极探索了节目与受众的互动。嘉宾出场时，荧屏上会显示其微博账号；节目官方微博、微信公众号也会不定期出现在荧屏上；甚至节目中出现的小动物也都有微博账号，与受众展开拟人化互动。

除了线上互动以外，节目还增加了“读信”环节。曾有一名在武汉医院工作的医护人员来信说，作为蘑菇屋的忠实粉丝，希望吃到嘉宾做的红烧肉。信件读完，节目嘉宾立刻视频连线写信的粉丝，节目组跨越 2000 千米，将做好的红烧肉从西双版纳送到武汉。节目也呈现了这个感人故事的结局：粉丝收到了红烧肉，吃得很开心。

（二）“云综艺”的尝试

在融合媒体背景下，传统电视媒体与新媒体平台逐渐融合，这不仅是技术手段、传播方式的融合，也涉及制作理念的变革和内容的创新。新冠肺炎疫情期间，“云综艺”对融媒体综艺节目的制作进行了一次前瞻性的探索。

所谓“云综艺”是指以云技术作为节目数据存储、传输、共享、处理、编辑的方式，借助移动智能媒体终端，由嘉宾自我录制完成的综艺节目。① 它打破了传统综艺节目录制的空间限制，把嘉宾的私人生活空间变为节目的录制现场。在节目中，嘉宾自己用移动设备拍摄并上传视频，并借助社交媒体实现互动交流以及节目制作和播出过程中的多屏互动。

湖南卫视率先展开对“云综艺”的探索。2020 年 2 月 7 日 22 点，团队打造的“云综艺”《嘿！你在干嘛呢？》开播；23 点，团队打造的“云综艺”《天天云时间》开播。“云综艺”的特点是能够迅速成型并制作完成，没导演、没摄像、没台本、没化妆……操作上看起来略显简陋，但是在叙事内容上做到了吸引受众。一方面，节目内容紧密结合新冠肺炎疫情期间大家关注的“居家话题”，也关注抗疫进展、组织公益捐赠活动；另一方面，私人化的特点拉近了节目与受众之间的距离。例如，在《天天云时间》的“云公益”板块，嘉宾凭借自己的实力答题，获胜者获得“防疫知识达人”称号，节目组会以其名义捐赠医疗物资。“云综艺”的拍摄地都是嘉宾的家里或者是个人直播间，话题也更倾向于嘉宾的私人生活，满足了受众对明星居家生活的好奇心。

然而，在迅速解决库存节目不足的问题后，人们发现并不是所有的综艺节目都适合“云制作”，一些强调竞技性、专业性、多人现场互动的综艺节目在“云制作”中显然水土不服。例如，《歌手》和《王牌对王牌》能够形成差异化的优势特征，在目前的融媒体技术条件下，节目效果必然会大打折扣。

无论如何，“云综艺”都是一次有益的尝试，符合融媒体生产的规律，从节目的制作到播出都体现出融媒体特点，而且突破了单纯视频消费的属性，增加了更多的社交功能。

四、5G 时代对视频媒体的展望

无线通信技术在过去 20 年中迅速发展，从 2G 的话音时代到 3G/4G 的数据时代，目前正快速步入 5G 的万物互联时代。每一次信息传输技术的迭代都会带来传播环境的变迁。2019 年 6 月 6 日，随着 5G 牌照的发放，我国正式进入 5G 商用元年。IMT-2020(5G)推进组② 2019 年 7 月发布的《5G 新媒体行业白皮书》指出，5G 以全新的网络架构提供 10Gbps 以上的带宽、毫秒级时延、超高密度连接，实现网络性能新的跃升。5G

---

① 赵晖、于欣彤：《电视“云综艺”的探索、问题与对策》，载《当代电视》，2020(4)。

② IMT-2020(5G)推进组于 2013 年 2 月由工业和信息化部、国家发展和改革委员会、科学技术部联合推动成立，组织架构基于原 IMT-Advanced 推进组，成员包括中国主要的运营商、制造商、高校和研究机构。该推进组是聚合中国产学研用力量、推动中国第五代移动通信技术研究和开展国际交流与合作的主要平台。

的速率是4G的10～100倍，时延仅仅是4G的五分之一，连接数密度是4G的10倍，峰值速度比4G高出20倍。5G技术能够使得媒体行业实现实时高清渲染和大幅降低设备对本地计算能力的需求，可以使大量数据被实时传输，降低网络延时，不仅可满足超高清视频直播的要求，还能让AR(增强现实)、VR(虚拟现实)对画质和时延要求较高的应用获得长足发展。

（一）展望之一：融媒体视频的沉浸化发展趋向

目前的4G技术已经能支持视频直播，但高清视频传输能力有待提高。5G技术的高速率与低时延能够进一步提升移动实时视频的清晰度和流畅度，提升用户的视频观看体验。目前，5G技术已经应用于保障重要庆典和会议的移动超高清视频直播。同时，5G技术的高速率与低时延促进了超高清实时互动的实现，推动AR、VR等沉浸式技术落地。视频和直播互动将变成最基础的传播形式，媒介内外一切在线、时时在线，最终实现"泛在直播"。戴上VR头盔，受众的视觉、听觉和空间方位感与场景同步，极大地增强了人们在虚拟世界的沉浸感，实现注意力排他。

我们可以从两个角度对"沉浸"的概念进行理解。其一，指一种用户的"高峰体验"，也可称"心流体验"。心理学家米哈里·契克森米哈赖在20世纪60年代提出"心流"的概念。所谓"心流"可以被理解为个体对某一活动或事物表现出浓厚的兴趣、可以完全投入其中的一种情绪体验，它强调了一种专注的用户体验。其二，指基于VR技术、结合特殊的叙事手法构建媒介图景，使用户的感知淹没在计算机生成的虚拟数据中，达到沉浸在某种意识空间中的效果，强调沉浸环境的构建。这两个理解的角度又不是全然分开的，利用VR等媒介技术对沉浸环境进行构建有利于达到"心流"体验的沉浸状态，也有利于这种沉浸状态持续更久。

视频传播的沉浸化发展在今天已有多种体现，VR新闻、VR纪录片都已经成为备受关注的业界发展热点。从"心流"体验的角度来看，经常能带给我们沉浸感的媒介体验大多来自网络游戏、直播以及短视频平台如快手、抖音等。我们沉浸其中，专注于在当前的目标情境下感到愉悦和满足，忽略时间和空间的限制，凭乐趣将自己代入到新的情境，达到身心一体的愉悦体验。刷抖音的时候，我们仿佛感受不到时间在流逝。除去即时通信类APP，网络视频(不含短视频)和短视频类APP已经成为中国网民使用时间最长的APP。我们以VR新闻、VR纪录片以及受人瞩目的慢直播与VR全景直播为例，作简要的介绍。

1. VR新闻与VR纪录片

VR的全称为Virtual Reality，即虚拟现实。VR新闻就是利用VR技术进行新闻报道，使受众身临其境地感受新闻第一现场，为社会个体呈现了真实状态，带来一种身临其境的视觉体验。2015年，纽约时报率先发布了全景VR视频新闻。2016年全国"两会"期间我国媒体推出的VR视频新闻，是VR技术在我国新闻报道领域的首次尝试。2019年，央视新闻客户端推出《VR频道》。通过VR新闻方式，广大网友有机会以全景视角置身时政新闻的发生现场，真实地感受热点新闻。2019年全国“两会”期间，《VR频道》推出了VR Vlog形式的《一分钟速览全国政协新闻发布会现场》，通过快慢相间的移动延时和创意转场等后期特效，向用户提供新鲜的全景视角。

以360度全景镜头营造空间叙事的VR纪录片，正在成为中国纪录片的一种新样式。新华社瞭望周刊社、新华社新媒体中心、新华社海军支社共同制作了我国第一部军事题材VR纪录片《制胜！中国海军陆战队》。戴上VR眼镜，受众可以以一名战士的视角与海军陆战队员们一同冲锋、登陆，沉浸式体验海军陆战队员的生活。观众的视野受到VR头戴设备的限制，屏蔽掉了其所处环境空间的其他信息，从而使观众沉浸在纪录片中，能够最大限度地获得代入感和强烈的在场感。

无论是VR新闻还是VR纪录片，都是通过VR技术的应用带给受众“第一人称”视角的沉浸式体验。沉浸式体验吸引了用户的注意，实现了良好的传播效果。

2. 慢直播

2020年1月29日，央视利用5G技术对武汉火神山、雷神山医院建设进行慢直播。没有主持人，也没有解说字幕，只有几个固定镜头，24小时不间断直播，短短两天时间观看人数突破5000万，超5000万“云监工”共同见证疫情之下的中国速度。慢直播是相对于通常的连线直播而言的，它的“慢”体现在时间节奏上，借助直播设备对实景进行24小时实时记录，并原生态呈现。

受到节目时长的限制，传统电视中的“快直播”一般是与新闻节目搭配使用，我们看到的是经过采编人员和主持人的策划选择之后所呈现的内容。进入直播和退出直播由节目把控，受众被动接受。受众对直播内容的注意力被引导和强制打断，难以形成沉浸感。慢直播对场景进行持续同步展示，受众可以随时查看现场的情况，进入和退出全凭自己决定。镜头所示即目之所及，现场围观工地建设进度让受众产生在场感和参与感。同时，慢直播在某种程度上也满足了受众猎奇的心理，使受众愉悦地沉浸其中。

3. VR全景直播

与慢直播相比，VR全景直播是更具沉浸式体验的网络直播。

VR全景直播跳出平面视频的视角框定，由用户来决定内容，而不是由内容来决定用户。无处不在的监控摄像头、基于位置的服务(LBS)，让虚拟和现实交融于互动之中，使人沉浸在直播中。在2016年里约奥运会上，奥林匹克广播服务公司首次使用VR技术制作了85小时的直播信息，构建了一个VR的“直播奥运”。2019年，新中国成立70周年阅兵活动首次采用多机位VR全景直播。新华社客户端VR直播矩阵采用12个机位，集齐VR＋5G＋8K三种技术，提供导播切换视角与自由选择不同机位，360度无死角立体展示阅兵现场。用户可以用手机观看VR全景直播，通过放大、缩小与前、后、左、右的移动实现指尖切换，选定观看视角，体验身临其境的现场感。

（二）展望之二：融媒体视频的IP化发展趋向

以通信技术发展为背景，媒介技术的革新、传播生产力的提高促使传播资源也呈现指数型增长。技术的发展一方面改变了媒介内容的生产和传播方式，另一方面也重置了受众的媒介接触习惯和行为偏好。

传播资源的盈余主要体现在两个方面：一方面，技术的发展促进了“媒介多元化”，极大地丰富了媒介内容的供给。5G 技术提供 100 倍的网络能耗效率提升，使得 5G 网络能够在维持低功耗、强续航的条件下容纳更多的设备连接，实现毫秒级时延，万物互联将成为现实，即默认万物时时在线。在人工智能新闻生产与分发的加持下，更多的行为数据将被实时转化为信息，并实现个性化定制推送。另一方面，受众完成从单一媒介内容消费者到内容生产者、消费者统一的转变，化被动为互动，化内容接受为实时反馈、交流共享，受众本身也提供了数量可观的媒介内容。

在传播资源走向盈余的背面，是注意力资源的愈发稀缺。一方面，受众作为独立个体的自主意识被激活，其主体性和能动性得到释放，传受双方地位发生变化。就像陈力丹教授所说的那样：“以前媒体端什么菜，受众吃什么菜；现在是受众点菜，媒体做菜；甚至媒体还要猜出受众想吃什么菜、爱吃什么菜，做好给受众端上来。”①如果无法端上让受众满意的菜，受众就不买账，媒介就无法在激烈的竞争中占据优势。另一方面，移动互联网给用户提供了利用一切碎片化时间的可能，但也把一切时间都变成了碎片化时间。碎片化的媒介接触削弱了内容接触的深度，带来的是支离破碎的时间和被割裂的注意力。

把用户留住，获得用户的持续关注，才能最大限度地实现传播效果和开发媒介价值。5G 时代的视频媒体要吸引用户的注意力，与用户建立长久、亲密的连接，进而形成稳定的媒介影响力，就要适当转换思路。从制作单一视频节目转向开发和建设视频 IP，是值得参考的思路。

IP 是 Intellectual Property 的缩写，意为知识产权，在动漫、音乐、影视、游戏等多个领域被广为应用。它是指人类在社会实践中创造出的智力劳动成果的专有权利。在文化产品市场中，IP 更倾向于指具有可开发性并且具备增值价值的创意资源和文化事项，它随着文化生产的结构转型和跨媒介叙事的兴起而产生。对于视频产品来说，高品质且有吸引力的内容、跨平台分发扩散和互动能力、内容的可延展性和可持续开发价值是判断其能否成为 IP 的三个重要因素。

1. 视频新闻的 IP 化

传统视频媒体的核心价值在于优质内容的持续稳定输出，融媒体时代视频媒体的核心价值则在于让内容变成精准了解受众需求、能够为受众提供优质服务、具有独特

---

① 陈力丹、史一棋：《重构媒体与用户关系——国际媒体同行的互联网思维经验》，载《新闻界》，2014(24)。

价值的视频产品。而成功的视频新闻产品越来越呈现出IP化趋势。

《新闻联播》多次成为热门话题，并登上微博热搜。2019年7月29日，中央广播电视总台新闻新媒体中心推出《主播说联播》短视频栏目；8月16日，《新闻联播》微信公众号上线；8月24日，《新闻联播》入驻抖音及快手短视频平台。一连多个动作加快了《新闻联播》的跨媒体叙事节奏，致力于放大《新闻联播》IP价值。

新媒体平台为《新闻联播》进行媒介融合探索和IP开发提供了巨大的创造空间。传统的电视新闻节目内容在新媒体平台进行延展，能够实现对内容价值的多次开发。专门为移动端和社交媒体平台打造的短视频栏目《主播说联播》，在央视新闻客户端、央视新闻官方微博、央视新闻微信公众号、央视新闻抖音号、《新闻联播》抖音号等新媒体平台同步播出。《新闻联播》微信公众号中设置三个菜单栏，分别是“正直播”“主播说”和“划重点”。除了在“主播说”里同步更新《主播说联播》，还在“划重点”里推出《联播划重点》，回顾总结当天《新闻联播》节目中的重点内容，并且采用符合微信公众号内容传播规律的“视频＋文字”形式。“正直播”则是按照新闻内容将每天的《新闻联播》节目剪辑成每段几分钟的短视频，以适应用户碎片化的时间分配，方便用户查找、观看和二次传播，满足用户对各类信息的需求。

《新闻联播》作为电视新闻中的旗舰栏目、最重要的时政新闻发布平台，掌握着最权威、最独家的时政新闻视频资源，却难以吸引“小屏用户”的注意力。但是借助融媒体技术的发展展开跨媒介叙事，为用户提供具有针对性的内容，便可发挥《新闻联播》的内容优势，进一步提高《新闻联播》在年轻受众中的IP影响力。

2. 纪录片的IP化

2012年，《舌尖上的中国》在央视惊艳亮相，好评如潮，每一季“舌尖”都挣足了观众的期待。依托《舌尖上的中国》扎实的受众基础，2016年推出的《舌尖上的新年》大电影获得了8.4的豆瓣评分。除此以外，天猫平台与第二季达成独家合作，同步首发每期节目中的食材和美食菜谱；第三季开发了《舌尖上的中国》手游。似乎从“舌尖”系列的火爆开始，人们发现原来纪录片也可以成为有巨大市场价值的IP。融媒体时代，纪录片创作主体开始有意识地将目光投向纪录片IP的打造，积极地对传统电视纪录片与新媒体的合作进行探索，开发纪录片的IP产业价值链。

由腾讯视频出品的美食纪录片《风味人间》从策划之初就定位在打造风味系列IP，目前已经播出两季。以《风味人间》为主，以《风味实验室》《风味原产地》等一系列衍生节目为辅，配合社交媒体平台的官方微博、微信公众号和知乎账号“风味星球”，相互补益的内容矩阵逐渐成形。围绕着人间美味的故事，内容矩阵几乎涉及与美食有关的全部题材，为受众提供了多元化的媒介选择与多层次的美食讯息。后续推出的《风味小馆》模拟经营手游，进一步延伸了风味系列IP的价值链。

高质量的纪录片内容吸引了受众的目光，后续的内容和产业链开发又牢牢留住了受众，这充分延续了作品的长尾效应，为纪录片带来超出核心内容的多渠道收益来源。

事实上，这也在某种程度上保障了纪录片本身的内容质量和艺术审美水平，不必过度地在纪录片中植入或者插播广告来获得收益。整个IP开发的核心依然是纪录片本身，没有优质的内容，IP开发只能是空中楼阁而已。

3. 综艺节目的IP化

像打造影视剧IP一样，IP化发展逐渐成为我国电视综艺价值开发的核心方向。打造品牌化、市场化、产业化的节目体系，延长节目价值链，成为综艺节目IP化发展的重要路径。《向往的生活》《中餐厅》《声入人心》《上新了·故宫》等电视综艺节目通过整合两微一端、网站视频、APP应用等多种形式的传播载体，以及整合线下活动和资源，持续释放综艺节目的IP价值，打造综艺品牌。

2018年在北京卫视热播的文化类综艺节目《上新了·故宫》以"文化探秘＋文创运营"逻辑为核心。在节目内容方面，每期围绕特定线索探秘历史人物和故事，挖掘故宫的文化魅力，为开发文创产品寻找灵感。在产品开发方面，《上新了·故宫》和五粮液、麦当劳、小米、百雀羚等合作方共同开发出了包括美妆、睡衣、香薰、无线耳机等文创产品。在营销推广方面，《上新了·故宫》在线上采取众筹的营销模式，节目组跟淘宝众筹合作打通下游产业链，每期节目中的文创新品都能在淘宝网限量预购。消费者根据自己意愿为产品支付最低价格，价格匹配后交易达成，再投入生产。

形式活泼、观照现实，细节和历史严丝合缝。故宫的文化底蕴加上创新的节目形式，成功打造了《上新了·故宫》IP，第一季和第二季节目在豆瓣上均获高分评价。综艺节目受欢迎的同时，也给故宫文创产品的开发带来了可观的收益，沉浸式场景让节目成为营销的重要入口，T2O(TV to Online)的IP化模式拓展了节目的商业边界。通过场景设置，综艺节目不但强化了用户体验，也提供了超越单纯观赏体验的商品营销服务。

（三）展望之三：5G时代融媒体视频的创新路径

打造产品沉浸式体验和IP化发展，都是5G时代融媒体视频的重要探索方向。对于视频产品的创新发展来说，以下几点都值得大家关注。

首先，优质的内容是构建沉浸式体验的基础。

沉浸状态是外部场景和主体认知共同作用的结果。技术应用、内容形式的建构只有符合特定的个体认知，才能达到高峰体验的效果。好故事、好内容才能让用户自愿"深陷其中"。在5G技术的推动下，VR、AR等沉浸式技术越来越多地参与到视频创作和呈现中。新媒体平台的开发为视频提供了更加多样化的播放渠道。形式越多、媒介渠道越多，对优质内容的需求就越旺盛。优质内容永远是稀缺资源，内容越是优质，其商业价值和效应就越大。

融媒体时代的内容创作不是闭门造车，创作者要意识到用户不会自动上门，自己需要主动寻找用户，要对用户需求进行深度把握。以受众需求制定内容表达与传播策略，利用大数据实时获得用户反馈数据，最终实现定制化内容生产。这也契合了互联网思维以用户为中心的核心理念。以《风味人间》为例，策划依托腾讯视频酷云数据对市场进行预判，将《风味人间》的主要受众定位在对美食有较高追求的年轻群体，其年龄分布在20～30岁。在播出阶段，《风味人间》每周在浙江卫视和腾讯视频同步更新播出。节目组以分钟收视曲线的调查数据为依据，同时结合腾讯酷云和弹幕反馈的内容，对后续播出的内容进行实时调整。边播边调整创作，这是对纪录片产品与用户互动的创新探索。此外，与纪录片形成内容矩阵的新媒体平台内容也会对用户的关注热点积极进行内容上的反馈，体现了对用户的服务意识。

其次，良好的用户体验是技术创新应用的方向。

随着5G落地，数字技术和新的影像技术正在推动媒介融合向纵深发展，视频的制作技术和呈现方式都在展现新的面貌。利用VR技术、高清视频技术带给受众第一视角的沉浸体验，并不是技术创新的全部意义。在了解用户的基础上精确投递，以恰当的形式将更好的产品迅速传递到用户的手中；提供平台，尊重用户的自我表达、释放用户的创作才能，与用户共创价值、共享价值。无论是媒介的使用体验还是媒介的参与体验，只有提供良好的体验，才是积极的技术应用。

最后，不同的场景适配推动视频功能平台化。

影响用户体验的除了技术基础条件，还有使用场景。《场景革命》提到场景的本质是对时间的占有，拥有场景就拥有消费者的时间，就会轻松占有消费者心智。城市化进程带来的长时间公共交通通勤、高强度工作带来的短间歇碎片化休息模式，营造了短视频碎片化媒介接触的场景。移动传播的本质是基于场景的服务，在5G技术加持下，视频的发展将突破原有的单纯的信息传递场景，视频尤其是短视频开始拥有平台化功能。“短视频＋”“直播＋”模式正在延伸到各个领域，与电子商务、知识付费和社交的融合将带来更多元的功能和使用场景。

波兹曼在《娱乐至死》中提到，19世纪后期，广告商和新闻记者发现，一张照片不仅胜过1000字，而且从销售情况来看好处更多。对于无数美国人来说，“看”取代了“读”，成为他们进行判断的基础，而这一切都是因为照片为文字信息找回了失去的语境。视频所营造的沉浸场景的体验，也会取代今天单纯的看和听，成为我们进行判断的基础。在未来无处不视频、无时不视频、时时在直播的沉浸媒介时代，视频媒介无疑将迎来更广阔的应用空间，而视频产品要思考的就是如何在广阔的发展空间中找到自己的位置。

第十三章　融媒体内容管理新变

媒体内容具有双重属性：它是在市场上流通的产品，需要寻求经济价值，迎合受众与市场；它又是物化的精神产品，是文化的载体与传播媒介，对人的精神世界有塑造、引领等作用。尽管“内容为王”作为媒体行业提升传播力和变现力的“金科玉律”已在业界叫响了几十年，但媒体内容的双重属性决定了其发展并不是单纯由媒介和市场挑选、推动的。内容发展必须遵循国家的法律法规、历史习俗，需要有政府规制的管理。

政府规制也称政府管制、政府调节，指通过多种行政行为调节部分领域，其基于市场失灵现象而存在。

各国政府对媒体内容的规制常包含两个主要方面，一是对媒介主体的传受行为进行规范与约束，二是规定允许与禁止传播的事项。目前各国政府对媒体内容的规制宽严不一，但是无一例外对色情、暴力、恐怖主义等违法、有悖社会伦理道德和公序良俗的内容普遍予以限制，对有上述行为的传播者会采取禁止措施或实行法律制裁。

20 世纪 70 年代，我国媒体开始进行市场化的尝试，欲打破媒介内容单一的宣传教化的作用，探索赢利的可行性。这种尝试既需要迎合受众、走向市场，又需要引导受众、做好耳目喉舌。两个功能的发挥不协调曾使媒体内容出现过失范，国家对媒体内容的规制也应运而生。

第一节　我国内容管理政策回顾

一、我国媒体内容管理始于新闻出版业

1978 年年底，人民日报等八家中央新闻单位联合向财政部递交报告，要求试行“事业单位，企业化管理”，即一方面依然行使政府公共服务的职能，另一方面希望通过适度的自主经营获得一些经济收入，以弥补政府财政补贴之不足。财政部批准了这一报告，明确几家新闻单位实行“企业经营，独立核算，盈余留用”“包干上缴，结余留用”。

次年 4 月，财政部又将这一做法推向全国，在其颁发的《关于报社试行企业基金的实施办法》中，再次明确报社是党的宣传事业单位，在财务管理上实行企业管理的办法。自此，我国报业开始大步走向市场。

20 世纪 80 年代中期，“事业单位企业化管理”的制度在全国多数中央和省级新闻单位普遍实行。到 1993 年，有一半以上的地市级报社也实行了独立经济核算。稍后，广播电视业也开始了这一进程。①

由于媒介发展的限制，当时广播电视未在全国普及，受众的注意力主要集中于出版物。学者袁亮在《出版学概论》中定义出版物是“用文字、图画、声音和其他符号表述精神内容，通过印刷或非印刷的方式复制在可供携带的载体上向公众传播的作品”。②20 世纪 80 年代，出版物主要是纸质出版物与音像出版物。部分纸媒为了扩大销量，争相增加副刊。同时，通俗杂志也大行其道，它们中的一部分以金钱、色情、暴力等为噱头吸引受众关注。20 世纪 70 年代末，音像制品被引入我国市场。到 1986 年，我国出版发行的录音带达 7000 万盒，品种有 2000 多个。1986 年还出版发行了近十万盘录像带。有的音像出版单位出版的录音带内容荒诞、格调低下、庸俗无聊、胡编乱造；有的为了赚钱，随意超越国家规定的出版范围；有的不尊重、不维护作者和表演者的正当权益，甚至不署作者姓名等。在市场上，盗版音像制品一度泛滥。

1980 年，甘肃省出版局和甘肃省工商行政管理局联合发出通告，加强对出版物的管理。通告规定，严禁出售、出租业经取缔的反动、淫秽、荒诞的书刊、画册、图片，违者依法严肃处理。1982 年 5 月，文化部、公安部、工商行政管理总局发出《文化部、公安部、工商行政管理总局关于严禁出租港澳台连环画等书刊的通知》。随后，全国多地相继出台地方管理规范，对新闻出版业的内容进行规制与管理。

1997 年，国务院颁布《出版管理条例》。同年 12 月 30 日，《电子出版物管理规定》出台，此管理规定界定电子出版物是指以数字代码方式将图文声像等信息编辑加工后存储在磁、光、电介质上，通过计算机或者具有类似功能的设备读取使用，用以表达思想、普及知识和积累文化，并可复制发行的大众传播媒体。媒体形态包括软磁盘(FD)、只读光盘(CD-ROM)、交互式光盘(CD-I)、照片光盘(Pho-to-CD)、高密度只读光盘(DVD-ROM)、集成电路卡(ICCard)和国家新闻出版署认定的其他媒体形态。

我国出版法规的变化有两个标志。第一个标志是 1979 年颁布的《中华人民共和国刑法》，从刑法开始，违反法律规定出版的各类出版物，情节严重的将受到刑事制裁；第二个标志是《出版管理条例》，这是我国第一次以专门法的形式将出版物禁载内容系统化地确定下来。

---

① 吴海荣：《我国传媒的核心竞争力：内容为王——解析 20 年来我国传媒经营管理的演变》，载《广西大学学报(哲学社会科学版)》，2006(4)。选入本书时有改动。

② 袁亮：《出版学概论》，38 页，沈阳，辽宁教育出版社，1997。

随着内容管理实践的不断推进，我国出台过多部对新闻出版物管理规范的规定和办法：2008年，《音像制品制作管理规定》、修订版的《电子出版物出版管理规定》正式实施；2010年，新闻出版总署下发《关于加强养生保健类出版物管理的通知》；2011年，《订户订购进口出版物管理办法》出台；2015年，《内部资料性出版物管理办法》正式施行。

2016年2月4日，国家新闻出版广电总局、工业和信息化部发布《网络出版服务管理规定》。该规定自2016年3月10日起施行，对网络出版范围做出界定：(一)文学、艺术、科学等领域内具有知识性、思想性的文字、图片、地图、游戏、动漫、音视频读物等原创数字化作品；(二)与已出版的图书、报纸、期刊、音像制品、电子出版物等内容相一致的数字化作品；(三)将上述作品通过选择、编排、汇集等方式形成的网络文献数据库等数字化作品；(四)国家新闻出版广电总局认定的其他类型的数字化作品。

综合分析上述出版内容管理政策的衍变可以看出：首先，出版物内容必须符合法律规定。传统出版环节仍需要大量的把关人进行内容的选择过滤，依法依规选择适合读者接受的内容。其次，出版物需要经过大量的复制。随着技术进步，出版物复制材料和信息知识的方式发生了很大变化，从纸质印刷发展到网络传输、从文字形式发展到视听甚至是通过虚拟现实的方式观看出版物。成规模的复制更要求出版物内容在各个传播环节层层把关。最后，出版物以各种形式面向广大的受众，实现经济价值、社会价值、文化价值，对其进行管理的法律法规还会随着实践的拓展不断推进。总之，出版物的内容管理规定为广电、互联网的内容管理打下了基础。

二、广播电影电视内容管理快速推进

从1986年至今，我国广播电影电视法治建设加快了步伐。有关电影的法规有国务院1996年6月颁布、2001年12月修订的《电影管理条例》，2016年11月全国人大常委会通过的《中华人民共和国电影产业促进法》等。我国已基本形成了由国务院1997年8月颁布的《广播电视管理条例》《广播电视设施保护条例》等法律规定构成的广播电视法规体系，包括宪法、法律、行政法规、地方性法规、部门规章和地方政府规章，这些法律法规在广播电视制作、传播等各个环节都体现着国家的管理意志。

(一) 广播电视制作的禁播与限制播放规定最为常见

在广播电视制作、传播管理方面，我国主要有禁播规定、审查规定、限制播放规定、直播和群众参与直播节目规定等。这些规定直接决定了广播电视内容是可以制作、传播还是要随时下架，故它们是受众讨论最多的管理规定。

我国对广播电视节目的管理流程从审查制度开始。审查制度包括两种：一种是播出机构审查，即广播电台、电视台对其播放的节目内容进行播前审查；另一种是政府部门审查，即对用于广播电台、电视台播放的境外电影、电视剧，由国务院广播电视行政部门进行审查。

《广播电视管理条例》明确规定：广播电视传播的内容不得危害国家的统一、主权和领土完整；不得危害国家的安全、荣誉和利益；不得煽动民族分裂，破坏民族团结；不得泄露国家秘密；不能诽谤、侮辱他人；不能宣扬淫秽、迷信或者渲染暴力；不能播出法律、法规禁止的其他内容。

近年来，受众对限制播放规定并不陌生，如广电管理部门对涉案剧、直播节目的限制播放等。

2004 年 4 月 19 日，国家新闻出版广电总局发布了《关于加强涉案剧审查和播出管理的通知》，规定：所有电视台的所有频道(包括上星频道和非上星频道)正在播出和准备播出的涉案题材的电视剧、电影片、电视电影，以及用真实再现手法表现案件的纪实电视专题节目，均安排在每晚 23：00 以后播放，特殊需要的需向总局专项报批。涉案剧往往改编自真人真事，具有宣传英雄事迹和普法的作用。然而，一些剧集为了追求冲击力，往往展示纯案件、展现犯罪过程、暴露侦破手段，还存在血腥暴力内容，故而受到限制。

群众参与直播是依据 1999 年国家新闻出版广电总局发布的《群众参与的广播电视直播节目管理暂行办法》进行管理。开设群众参与的直播节目，必须经过审批、备案，必须具备“延时装置”“储存电话”等技术保障措施，对导演、导播、电话编辑、节目监制等编播人员都有一些要求，有比较完善的节目操作程序和管理规定，有处理不测情况的应对预案等。未经批准擅自开设直播节目的要责令立即停止播出，并予以通报批评。发生政治性事故的，应当暂停该栏目，并予以行政处罚，对单位负责人和直接责任人予以行政处分。此处的直播是指有群众参与的广播电视节目的直播，与当下借助互联网设备进行的直播并不相同。

（二）“限娱令”屡次出台与公众对“限制娱乐”的误解

进入 21 世纪之后，我国各地方电视台为迎合受众需求，走市场发展道路，不断增加娱乐类节目的播出次数和时间。一方面，这些娱乐类节目在丰富群众精神生活上做出了巨大贡献。另一方面，一些电视台为了吸引受众，出现了节目内容导向上的偏差。例如照搬港台娱乐节目模式，节目内容低俗、庸俗；在一些情感服务类的节目特别是婚配节目和家庭调解节目中，栏目组为了追求刺激性，自编、自演，制造骇人噱头。此外，还存在节目形态雷同等问题。这些问题已经严重地影响了观众的精神生活、影响了人们对于精神世界的追求和审美，甚至影响了社会道德与社会规范的执行。

国家新闻出版广电总局于 2011 年 7 月专门召开了“关于防止部分广播电视节目过度娱乐化”座谈会，会上专门邀请各大卫视的相关负责人参与讨论对“限娱令”的意见。国家新闻出版广电总局 2011 年 10 月下发《关于进一步加强电视上星综合频道节目管理的意见》，新闻出版广电总局 2013 年 10 月下发《关于做好 2014 年电视上星综合频道节目编排和备案工作的通知》，这两份文件及后续下发的管理意见包含了对娱乐节目播出时间和内容的管理规范，因而被媒体及大众称为“限娱令”。其中，《关于做好2014年电视上星综合频道节目编排和备案工作的通知》规定了娱乐节目内容的制作要求，被媒体称为“加强版限娱令”。当然，所谓的“限娱令”，并不是限制娱乐，也不是限制娱乐节目。

“限娱令”涉及的电视台很多，涉及的电视节目更多。从中央电视台到上星地方台的各类节目，都存在着各种各样的问题。凡是存在问题的栏目，都要进行整改。政策出台的目的是平衡社会效益与电视台利润，要坚持社会效益与经济效益的有机统一，建立起科学、客观、公正的节目综合评价体系。

三、融合内容管理在探索中推进

近年来，网络媒体的内容管理政策在国际上受到越来越多的重视，因为互联网的媒体功能和角色说到底是以新闻传播和信息服务为核心的内容服务，内容政策是网络媒体政策的核心部分。同时，媒介融合对传统管理模式提出了巨大挑战。受众接收信息的习惯发生了明显的改变，在互联网内容中驻足的时间越来越长，微博、微信、互联网广播、视频直播、短视频等网络应用几乎零门槛地向网民开放。另外，自制内容增势强劲，受众的价值取向逐步多元。在这其中，无效甚至有害的信息日益泛滥。适当过滤和清除违法违规、违反公序良俗的网络信息，对于营造风清气正的网络环境来说是必要的。

内容审查是世界各国互联网管理的普遍做法，但是大多数国家采用事后追惩模式，即在网络违法行为和违法结果发生以后，才以反推的形式审查内容的合法性并采取法律追责。

我国对网络信息实行普遍审查制度，包括事前审查、事中审查和事后审查。其中，事前审查具体包括网络监管者对境外网站的事先判断和技术隔离：通过路由器过滤和网络系统扫描，对不良信息实行阻断；通过敏感词预防机制，阻止网络用户通过网络平台生产和传播不良内容。我国对网络内容实行事前审查的基本政策依据，是1997年颁布的《计算机信息网络国际联网安全保护管理办法》。

人们将负责网络信息监管的群体称为“网络警察”。1998年公安部正式成立“公共信息网络安全监察局”，标志着我国“网络警察”的诞生。目前各级政府几乎都建立了“网络警察”系统。广义上的“网络警察”不仅仅存在于公安部门，网信办、宣传部也有大量负责网络内容监控和信息审查的人员。在网络信息审查手段上，以文字、图片、视听识别技术为主，人工翻查为辅。在网络信息审查对象上，网络平台、网络“大V”是重点，普通网民也随着网络自媒体的扩张而日益进入监管者的视野，尤其是一些规模比较大的网络群组。

对于网络内容，我国颁布了多项法规、措施进行监管。

2000年，国务院出台《互联网信息服务管理办法》。

2004年，《最高人民法院、最高人民检察院关于办理利用互联网、移动通信终端、声讯台制作、复制、出版、贩卖、传播淫秽电子信息刑事案件具体应用法律若干问题的解释》出台。

2007年，《互联网视听节目服务管理办法》与时俱进地将网络视听节目管理纳入法治化轨道。

2016年，全国人大常委会审议通过《中华人民共和国网络安全法》。

2017年5月，国家互联网信息办公室发布《互联网信息内容管理行政执法程序规定》，确立了包括管辖、立案、调查取证、听证、约谈、决定、执行等环节在内的一套完整的执法程序，并且对各环节的职权、措施做了详细规定，为强化网络内容监管提供了政策依据。

2017年8月，国家新闻出版广电总局发布《国家新闻出版广电总局关于规范报刊单位及其所办新媒体采编管理的通知》，要求从事IPTV业务需要四证齐全，包括网上传播视听节目许可证、网络文化经营许可证、ICP证和移动增值业务许可证。其中，网上传播视听节目许可证由国家新闻出版广电总局颁发。从事IPTV业务必须与有牌照的公司合作，否则就属于违法，总局可以对其清查取缔。

2017年10月，国家网信办出台《互联网新闻信息服务单位内容管理从业人员管理办法》，要求从事互联网新闻信息采编发布、转载和审核等内容管理工作的人员必须接受政府安排的相关培训，培训的重点内容是马克思主义新闻观、党的舆论政策、网络安全政策、职业道德等。这从根本上加强了网络内容发布管制。

2018年，针对网络视听节目制作、播出不规范的问题，《国家新闻出版广电总局办公厅关于进一步规范网络视听节目传播秩序的通知》明确要求：不得擅自对经典文艺作品、广播影视节目、网络原创视听节目作重新剪辑、重新配音、重配字幕，不得截取若干节目片段拼接成新节目播出；网上片花、预告片等不得出现包括“未审核”版或“审核删节”版等不妥内容。

在融合内容管理中，知识产权保护机制也渐趋完善。知识产权也称“知识所属权”，指权利人对其智力劳动所创作的成果和经营活动中的标记、信誉所依法享有的专有权利。因其数字化、网络化、全球化的传播特点，互联网使得知识产权遭受前所未有的挑战。许多人对于网络内容的认知是共享、免费，甚至认为网络内容可以随意“CTRL C”+“CTRL V”，忽视了对知识产权的尊重和保护。

2020年修正的《中华人民共和国刑法》和2021年生效的《中华人民共和国民法典》规定了知识产权类型，确定了知识产权犯罪的有关内容，从而确定了中国知识产权的刑法和民法保护制度。《中华人民共和国商标法》《中华人民共和国著作权法》《国家版权局办公厅关于规范网络转载版权秩序的通知》等多项法律及规定，都强调了保护知识产权。近年来，受众明显感受到网络付费内容越来越多。尽管目前互联网视听用户中仅有约一成为付费用户，但也说明网络视频版权保护已经发挥了一定的作用，同时表明用户开始形成为版权付费的意识。

第二节　内容管理须适应媒介融合形势

在介绍媒介融合概念的演变时，我们曾提到迈阿密大学传播学院的 Bruce Garrison 和 Michel Dupagne 设计的媒介融合模型，这一模型认为融合效果的产生是技术、经济和规制三者共同作用的结果。

我们也可以这样理解：规制是可变量，其发展变化与技术、经济相关，媒介技术与新经济方式的发展势必带来规制的相应调整。在媒介内容管理上，内容管理方法是不断变化的规制，必须适应媒介融合的现实与数字经济的要求。

在 2019 年春节联欢晚会上，主持人不再以“中央电视台”的呼号引出春晚，开场的主持词是：“全世界的观众、听众朋友们，这里是中国中央广播电视总台，又一个己亥猪年如期相见，2019 年春节联欢晚会陪您过年。”从中央电视台到中央广播电视总台，一个简单的呼号的变化体现了广播电视管理规制随媒介融合现实发展而进行的深刻变化：2018 年 3 月，我国根据《深化党和国家机构改革方案》组建中央广播电视总台，撤销中央电视台(中国国际电视台)、中央人民广播电台、中国国际广播电台建制。对内保留原呼号，对外统一呼号为“中央广播电视总台”。2018 年 4 月 19 日，中央广播电视总台举行揭牌仪式，在原央视台址、央广台址、国际台台址分别挂牌。而早在 2004 年，全国各地的电台和广播电视台就开始迈出合并的步伐。最早有重庆广播电视集团挂牌，继而有湖南、山东、北京等十余家省级广播电视台在 2018 年之前完成了合并。

广播电台和电视台的合并不是仅仅改了一个名字，其牵涉的是在媒介技术这一生产力发展下媒体管理制度、设备人力、制作输出等的深刻变化。研究者认为，中央广播电视总台的成立意味着我国广播电台和电视台的合并改革接力到了最后一棒。这一改革不仅会影响中国传媒格局，也将对全球传媒格局产生重大影响。

前文回顾了我国的内容管理政策变迁，内容管理政策的变化的根源是媒介融合的时代需要。

一、新闻出版与广播电视管理部门有各自发展轨迹

我国的新闻出版与广播电视的媒介管理部门经历了从各自发展到融合发展再到各自发展的过程，部门调整的原因正是不断变化的媒介与传播发展现实。

与媒介发展水平相当，新闻出版管理部门的确立早于广播电视管理部门。现在的中华人民共和国国家新闻出版署，前身为中央出版局。中央出版局成立于 1931 年年底，隶属于中华苏维埃共和国临时中央政府。1949 年 2 月成立的中共中央宣传部出版委员会，是中共中央宣传部主管出版事业的机构。1949 年 11 月，中央人民政府新闻总

署和中央人民政府出版总署成立，直属政务院领导，而业已成立9个月的出版委员会改制为出版总署下设的出版局，平行部门还有广播事业局。此后，出版管理体制几经变化，直至1982年7月成立文化部出版事业管理局。1985年，在文化部设立国家版权局，同时将文化部原出版局改称国家出版局。1987年1月，新闻出版管理部门改为中华人民共和国新闻出版署，它是全国新闻出版系统进行行政管理的职能部门，为国务院直属机构。2001年，新闻出版署改为中华人民共和国新闻出版总署，升格为正部级，为国务院直属机构。新闻出版管理部门与广播电视管理部门于2013年合并，2018年起不再属于国务院直属机构，而由中宣部统一领导。

广播电视管理部门也经历过多次变迁。1949年6月，中共中央成立中央广播事业管理处。1949年11月，成立广播事业局，隶属于当时的新闻总署。1952年短暂改称中央广播事业局，由政务院文教委员会管理。1954年至1966年，广播事业的管理部门依旧称广播事业局，但其宣传业务直接由中宣部领导。1967年至1981年，广播电视管理部门称中央广播事业局，列为中央直属部门。从1977年开始，中央广播事业局划归国务院领导，其宣传业务由中宣部领导。1982年至1985年，改制为广播电视部，是国务院组成部门。1986年，广播电视部与文化部电影局合并为广播电影电视部，这一建制延续到1997年。1998年至2013年1月，广播电视管理部门为国家广播电影电视总局，是国务院直属机构。

从上述发展历程不难看出，随着传播实践的发展，广播电视管理部门的级别逐渐升格，而新闻出版管理部门的级别经历了从升到降的过程。在媒介管理中，形成了"两制"管理办法。"两制"是指对传媒业同时具有规制权力的党的系统的领导体制和政府系统内部的行政体制，简言之，党和政府共同管理媒介。中央和各级党委宣传部在政治思想上管理媒介，政府主管部门对媒介进行监管。相应地，媒介传播过程与传播内容要与党和政府的立场统一，坚持社会主义原则，坚持社会主义核心价值观。

二、新闻出版与广播电影电视合并管理，力图提升文化与传媒产业合力

我国政府对新闻出版和广播电影电视合并管理从2013年开始。根据2013年3月发布的《国务院机构改革和职能转变方案》文件精神，新闻出版总署与国家广播电影电视总局合并，组建"国家新闻出版广播电影电视总局"，随后更名为"国家新闻出版广电总局"，为国务院直属机构。

为推进政府事务综合管理与协调，国务院按政府综合管理职能合并政府部门，组成超级大部的政府组织体制，这一做法被称为大部制改革。大部制即大部门体制，其特点是扩大一个部所管理的业务范围，把多种内容有联系的事务交由一个部管辖，从而最大限度地避免政府职能交叉、政出多门、多头管理，目的是提高行政效率、降低行政成本。国务院大部制改革方案一经公布，"国家新闻出版广播电影电视总局"这个长达14个字的新部门名称立刻引起了广泛关注和热议。经"两会"代表委员讨论后，将

“国家新闻出版广播电影电视总局”更名为“国家新闻出版广电总局”。

在媒介融合背景中文化大发展的诉求下，新闻出版管理部门和广播电影电视管理部门的合并便于有效履行政府职能，解决、应对发展过程中不断出现的新问题、新考验。机构改革并不是简单地合并名称，其核心在于职能转变。国家新闻出版广电总局是一个涵盖新闻、出版、广播、电影和电视领域的国家管理部门，其主要职责是统筹规划新闻、出版、广播、电影和电视事业和产业发展，监督节目的内容和质量，负责著作权管理等；其主要历史任务是进一步推进文化体制改革，统筹新闻、出版、广播和影视资源。

三、新闻出版与广播电影电视再次分开管理

2018 年，新闻出版与广播电影电视再次分开管理，因为经过几年的实践，对国家新闻出版广电总局的“新闻出版”与“广播电影电视”两项主要工作“两张皮”的说法越来越多。广播电视与电影的制作、发行等市场规律及相应的管理规律有很多特殊之处。以前新闻出版总署的管理权限大致涉及新闻、报刊、版权、出版、印刷复制、游戏、动漫等领域，其某些方面的职能与中宣部、文化部甚至国家广电总局均有交叉。

2018 年 3 月，十三届全国人大一次会议表决通过了关于国务院机构改革方案的决定，设立中华人民共和国国家广播电视总局，为正部级国务院直属机构，其主要职责是贯彻党的宣传方针政策，拟订广播电视管理的政策措施并督促落实，统筹规划和指导协调广播电视事业、产业发展，推进广播电视领域的体制机制改革，监督管理、审查广播电视与网络视听节目的内容和质量，协调推动广播电视领域走出去工作，负责广播电视节目的进口、收录和管理。

伴随着我国互联网视听内容的发展，国家加强了对互联网信息服务的管理，国家新闻出版广电总局的管理也从 21 世纪初开始触及互联网领域。2004 年，国家新闻出版广电总局发布了《互联网等信息网络传播视听节目管理办法》。2007 年，国家新闻出版广电总局联合信息产业部发布《互联网视听节目服务管理规定》，并发布《广电总局关于加强互联网传播影视剧管理的通知》及《广电总局关于重申禁止制作和播映色情电影的通知》。2009 年，国家新闻出版广电总局发布《关于加强互联网视听节目内容管理的通知》。从政策发展来看，国家新闻出版广电总局对网络音视频的监管手段主要是行政手段，包括发布行政办法和通知，监管范围由对互联网音视频提供商的审批转向对互联网音视频内容的管理，管理方式向全程动态管理方向发展。

近年来，随着新技术在传播领域的广泛应用，广播电视及互联网等各类传播平台上的视听节目呈现出快速发展态势。这些节目丰富了人们的精神文化生活，但不良视听节目也频现。国家新闻出版广电总局对问题的处理十分迅速，处理方式日益专业化和严格化，出台一系列重拳举措。无论是限韩令、限星令、加强版限娱令，还是遏制天价片酬、清理虚假代言，无论是对网剧、网络综艺、网络大电影的下架，还是对直

播、短视频等的监管，都体现了对媒介社会规范层面的调整。这有利于保障媒体融合的有序发展及其与社会的良性互动。

在2018年3月国家广播电视总局成立的同时，中共中央印发的《深化党和国家机构改革方案》将国家新闻出版广电总局的新闻出版管理职责和电影管理职责划入中宣部，同时加强中宣部对中央网信办的领导。中宣部的管理权限进一步扩大，成为我国媒体融合发展的主要管理机构，也即在“两制”管理方式中强调党对媒体的管理。出版业是宣传思想教育的重要阵地、是文化强国建设的重要力量，中宣部的领导强化了出版的文化属性和意识形态属性，这也是媒体融合发展之下复兴和繁荣民族文化的大势所趋。

四、三网合一背景下网络与广播电视内容管理合并的难度

网络与广播电视技术融合经历了三个阶段——广播电视数字化发展、网络的广播电视转向、三网合一。三网合一也称三网融合，是指电信网、广播电视网、互联网的合而为一。三网合一并不意味着三大网络的物理合一。在向宽带通信网、数字电视网、下一代互联网演进的过程中，通过技术改造，三大网络的技术功能趋于一致，业务范围趋于相同，网络互联互通、资源共享，能为用户提供语音、数据和广播电视等多种服务。

三网融合应用广泛，遍及智能交通、环境保护、政府工作、公共安全等多个领域。手机可以看电视、上网，电视可以打电话、上网，电脑也可以打电话、看电视。三者之间相互交叉，形成你中有我、我中有你的格局。三网融合有利于节约资源、降低成本，极大地减少基础建设投入，并简化网络管理、降低维护成本；有利于信息服务由单一转向多媒体综合业务，可使消费者得到更多的实惠；可带动投资、消费、就业，拉动经济增长。

三网融合进程在我国自20世纪90年代开始。1997年4月，国务院在深圳召开了全国信息化工作会议，首次提出三网的概念，当时的三网指的是电信网、广播电视网、计算机网。2001年3月通过的《中华人民共和国国民经济和社会发展第十个五年计划纲要》提到“促进电信、电视、计算机三网融合”，这是三网融合第一次在国家的五年计划中被明确提出。2005年10月，“十一五”规划明确要求，未来五年要加强信息基础设施建设，推进三网融合，这是我国从国家战略层面推动三网融合的开始。2008年5月24日，工业和信息化部出台的《关于深化电信体制改革的通告》指出，要以业务融合为切入点，积极推进三网融合，鼓励业务交叉竞争，是为中国第四次电信体制改革。2010年，三网融合进入实施阶段。尽管网络已经从2G进化到了4G、5G，但三网融合仍然步履维艰。

三网融合实施困难的原因多样，体制机制问题和网络技术限制，内容管理也是影响三网融合进程的重要因素。在我国，广电产业与电信产业分属两个部门：广电产业

由国家广播电视总局主管，电信产业由工信部主管。广电部门的职能是：监管广电服务机构并管理其进出，对广电节目、试听节目等的内容及质量进行审查；电信部门的职能是：统筹推进国家信息化工作，组织制定相关政策并协调信息化建设中的重大问题，促进电信、广播电视和计算机网络融合，指导协调电子政务发展，推动跨行业、跨部门的互联互通和重要信息资源的开发利用、共享。两个部门的职能有诸多不同之处，所以必须要加强对互联网传输内容的管理和控制，对于节目源的审批和播出要负有社会责任。国家新闻出版广电总局于2010年5月对网络广播电视台的开办条件、性质定位及申报资格都做出了明确的要求，进一步推动了网络视听节目服务的健康有序。

第三节　信息安全与国家战略

国家安全传统意义上只涉及军事安全和国防安全，现其内涵已拓展到更多的安全领域。2014年4月，中央国家安全委员会第一次会议首次提出总体国家安全观：既重视外部安全，又重视内部安全；既重视国土安全，又重视国民安全；既重视传统安全，又重视非传统安全；既重视发展问题，又重视安全问题；既重视自身安全，又重视共同安全。同时，会议首次认定国家安全体系包括11种安全：政治安全、国土安全、军事安全、经济安全、信息安全、文化安全、社会安全、科技安全、生态安全、资源安全、核安全。

信息安全原指军事信息的安全，20世纪90年代网络发展后，其内涵逐渐向计算机安全方面延伸扩展，指信息化系统的安全，即确保国家信息的保密性、完整性、可用性、可控性，防止信息被蓄意或者偶然的非法授权泄露、更改、破坏。

在信息时代，社会对信息技术的依赖达到前所未有的程度，人的活动离不开信息技术的支撑和保障。特别是大数据概念出现后，人们所有的网络生产生活行为都可被当作数据信息记录并分析。大数据有三个来源——人、机、物。人的数据指人类在网络世界中的任何活动及其产生的数据，包括文字、图片、视频等；机的数据指计算机、机器系统产生的资料和信息，大多数会以文件、数据库或多媒体等形式存在，也包含计算机、机器自身产生的日志、审计等自动生成的信息资料；物的数据指各类数字，如摄像头、麦克风等设备所采集的数据信息。可见，大数据所包含的信息与人们的活动的关联性很强，数据的分析及预测能力也越来越强，通过信息就能窥探个人的生活甚至国家的战略。因此，有效地维护国家信息安全，就是维护国家的政治、经济、文化安全，就是维护国家安全。

政治安全方面，互联网信息的传播是超越国家地理界线限制的，网络谣言传播、网络恶意攻击、网络恐怖主义都会影响国民的认知和价值观构建，使国家的政治安全受到很大的威胁。经济安全方面，随着经济科技一体化的发展，在Web3.0技术下，无处不联网，互联网科技逐渐关系到国计民生，网络病毒传播、网络不实信息、网络诈骗威胁、数据隐私的泄露都会影响国家的经济安全。文化安全方面，西方国家利用新型传播技术进行意识形态的网络渗透，冲击他国文化，给国家文化安全造成了严重的威胁。因此，只有维护好国家信息安全，才能维护好国家安全。近年来，因为网络技术的国际化以及网络内容的相互渗透和影响，各国都加强了对于网络信息的管理。

首先，各国出台互联网与信息安全治理的法律法规，如美国制定了《隐私保护法》《确保网络空间安全的国家战略》等维护国家信息安全的相关法律法规，德国出台了《网络安全战略》《网络安全法》等。各国有关网络安全的法律法规，都将煽动种族仇恨、引起国家主权丧失等种种危害国家安全的网络信息作为内容监控、核查对象。其次，各国均成立信息安全监控机构行使监管责任，如德国内政部下设联邦刑警局、新加坡专门设立网络警察、澳大利亚成立传播和媒体管理局等，履行网络信息安全治理职责。再次，通过监控预警从源头上对不安全信息进行筛查。例如，韩国是世界上最早设立互联网审查机构的国家，该国普遍推行网络实名制，在网络空间进行实名登记与审查；新加坡政府根据《互联网操作规则》保持对网络信息的审查权，禁止网民在网络上发表和交流威胁国防和公共安全、不利于团结及与主流价值观相违背的信息。最后，利用技术手段监测预警、建立网络信息安全系统等也是一些发达国家构建网络信息安全机制的手段。①

总之，网络空间是人类新的社交、生存空间，随着世界对网络的依赖程度越来越深，网络信息安全已经成为各国国家发展战略的重要组成部分。近年来，网络空间的治理逐渐成为全球治理领域的重要分支。任何国家都无法独善其身，国际网络信息安全治理共享共治已受到国际社会的重视，网络空间国际秩序与规则建设、全球网络信息安全治理国际合作体系建设已提上日程。

---

① 易臣何、陈钇伤：《浅析发达国家网络信息安全治理实践》，载《中国社会科学报》，2019。选入本书时有改动。